2014-2015年世界软件产业发展蓝皮书

The Blue Book on the Development of World Software Industry (2014-2015)

中国电子信息产业发展研究院 编著

主 编／王 鹏

副主编／安 晖

人民出版社

责任编辑：邵永忠　刘志江

封面设计：佳艺堂

责任校对：吕　飞

图书在版编目（CIP）数据

2014～2015年世界软件产业发展蓝皮书/王鹏 主编；

中国电子信息产业发展研究院 编著．—北京：人民出版社，2015.7

ISBN 978-7-01-014987-5

Ⅰ.①2… Ⅱ.①王…②中… Ⅲ.①软件产业—产业发展—白皮书—世界—2014～2015 Ⅳ.①F416.67

中国版本图书馆CIP数据核字（2015）第141398号

2014-2015年世界软件产业发展蓝皮书

2014-2015NIAN SHIJIE RUANJIAN CHANYE FAZHAN LANPISHU

中国电子信息产业发展研究院　编著

王　鹏　主编

人 民 出 版 社 出版发行

（100706　北京市东城区隆福寺街99号）

北京艺辉印刷有限公司印刷　新华书店经销

2015年7月第1版　2015年7月北京第1次印刷

开本：710毫米×1000毫米　1/16　印张：14.5

字数：242千字

ISBN 978-7-01-014987-5　定价：68.00元

邮购地址　100706　北京市东城区隆福寺街99号

人民东方图书销售中心　电话（010）65250042　65289539

代 序

大力实施中国制造2025 加快向制造强国迈进
——写在《中国工业和信息化发展系列蓝皮书》出版之际

制造业是国民经济的主体，是立国之本、兴国之器、强国之基。打造具有国际竞争力的制造业，是我国提升综合国力、保障国家安全、建设世界强国的必由之路。新中国成立特别是改革开放以来，我国制造业发展取得了长足进步，总体规模位居世界前列，自主创新能力显著增强，结构调整取得积极进展，综合实力和国际地位大幅提升，行业发展已站到新的历史起点上。但也要看到，我国制造业与世界先进水平相比还存在明显差距，提质增效升级的任务紧迫而艰巨。

当前，全球新一轮科技革命和产业变革酝酿新突破，世界制造业发展出现新动向，我国经济发展进入新常态，制造业发展的内在动力、比较优势和外部环境都在发生深刻变化，制造业已经到了由大变强的紧要关口。今后一段时期，必须抓住和用好难得的历史机遇，主动适应经济发展新常态，加快推进制造强国建设，为实现中华民族伟大复兴的中国梦提供坚实基础和强大动力。

2015 年 3 月，国务院审议通过了《中国制造 2025》。这是党中央、国务院着眼国际国内形势变化，立足我国制造业发展实际，做出的一项重大战略部署，其核心是加快推进制造业转型升级、提质增效，实现从制造大国向制造强国转变。我们要认真学习领会，切实抓好贯彻实施工作，在推动制造强国建设的历史进程中做出应有贡献。

一是实施创新驱动，提高国家制造业创新能力。把增强创新能力摆在制造强国建设的核心位置，提高关键环节和重点领域的创新能力，走创新驱动发展道路。加强关键核心技术研发，着力攻克一批对产业竞争力整体提升具有全局性影响、带动性强的关键共性技术。提高创新设计能力，在重点领域开展创新设计示范，推广以绿色、智能、协同为特征的先进设计技术。推进科技成果产业化，不断健全以技术交易市场为核心的技术转移和产业化服务体系，完善科技成果转化协同推进机制。完善国家制造业创新体系，加快建立以创新中心为核心载体、以公共服务平台和工程数据中心为重要支撑的制造业创新网络。

二是发展智能制造，推进数字化网络化智能化。把智能制造作为制造强国建设的主攻方向，深化信息网络技术应用，推动制造业生产方式、发展模式的深刻变革，走智能融合的发展道路。制定智能制造发展战略，进一步明确推进智能制造的目标、任务和重点。发展智能制造装备和产品，研发高档数控机床等智能制造装备和生产线，突破新型传感器等智能核心装置。推进制造过程智能化，建设重点领域智能工厂、数字化车间，实现智能管控。推动互联网在制造业领域的深化应用，加快工业互联网建设，发展基于互联网的新型制造模式，开展物联网技术研发和应用示范。

三是实施强基工程，夯实制造业基础能力。把强化基础作为制造强国建设的关键环节，着力解决一批重大关键技术和产品缺失问题，推动工业基础迈上新台阶。统筹推进"四基"发展，完善重点行业"四基"发展方向和实施路线图，制定工业强基专项规划和"四基"发展指导目录。加强"四基"创新能力建设，建立国家工业基础数据库，引导产业投资基金和创业投资基金投向"四基"领域重点项目。推动整机企业和"四基"企业协同发展，重点在数控机床、轨道交通装备、发电设备等领域，引导整机企业和"四基"企业、高校、科研院所产需对接，形成以市场促产业的新模式。

四是坚持以质取胜，推动质量品牌全面升级。把质量作为制造强国建设的生命线，全面夯实产品质量基础，提升企业品牌价值和"中国制造"整体形象，走以质取胜的发展道路。实施工业产品质量提升行动计划，支持企业以加强可靠性设计、试验及验证技术开发与应用，提升产品质量。推进制造业品牌建设，引导企业增强以质量和信誉为核心的品牌意识，树立品牌消费理念，提升品牌附加值和软实力，加大中国品牌宣传推广力度，树立中国制造品牌良好形象。

五是推行绿色制造，促进制造业低碳循环发展。把可持续发展作为制造强国建设的重要着力点，全面推行绿色发展、循环发展、低碳发展，走生态文明的发展道路。加快制造业绿色改造升级，全面推进钢铁、有色、化工等传统制造业绿色化改造，促进新材料、新能源、高端装备、生物产业绿色低碳发展。推进资源高效循环利用，提高绿色低碳能源使用比率，全面推行循环生产方式，提高大宗工业固体废弃物等的综合利用率。构建绿色制造体系，支持企业开发绿色产品，大力发展绿色工厂、绿色园区，积极打造绿色供应链，努力构建高效、清洁、低碳、循环的绿色制造体系。

六是着力结构调整，调整存量做优增量并举。把结构调整作为制造强国建设的突出重点，走提质增效的发展道路。推动优势和战略产业快速发展，重点发展新一代信息技术产业、高档数控机床和机器人、航空航天装备、海洋工程装备及高技术船舶、先进轨道交通装备、节能与新能源汽车、电力装备、新材料、生物医药及高性能医疗器械、农业机械装备等产业。促进大中小企业协调发展，支持企业间战略合作，培育一批竞争力强的企业集团，建设一批高水平中小企业集群。优化制造业发展布局，引导产业集聚发展，促进产业有序转移，调整优化重大生产力布局。积极发展服务型制造和生产性服务业，推动制造企业商业模式创新和业态创新。

七是扩大对外开放，提高制造业国际化发展水平。把提升开放发展水平作为制造强国建设的重要任务，积极参与和推动国际产业分工与合作，走开放发展的道路。提高利用外资和合作水平，进一步放开一般制造业，引导外资投向高端制造领域。提升跨国经营能力，支持优势企业通过全球资源利用、业务流程再造、产业链整合、资本市场运作等方式，加快提升国际竞争力。加快企业"走出去"，积极参与和推动国际产业合作与产业分工，落实丝绸之路经济带和21世纪海上丝绸之路等重大战略，鼓励高端装备、先进技术、优势产能向境外转移。

建设制造强国是一个光荣的历史使命，也是一项艰巨的战略任务，必须动员全社会力量、整合各方面资源，齐心协力，砥砺前行。同时，也要坚持有所为、有所不为，从国情出发，分步实施、重点突破、务求实效，让中国制造"十年磨一剑"，十年上一个新台阶！

工业和信息化部部长 苗圩

2015 年 6 月

前　言

　　半个多世纪以来，全球软件产业蓬勃发展，经历了软件产品出现、软件产品独立、解决方案兴盛、产业快速发展等阶段。1949 年，以第一批独立于客户的软件公司成立为标志，软件产业开始萌芽。二十世纪六十年代，以软件产品的出现为标志，软件产业步入起步阶段，其后越来越多的独立软件公司不断涌现。二十世纪九十年代，个人计算机的出现开拓了市场空间，全球软件产业迈入快速发展阶段，年均增速在 15% 以上。进入二十一世纪，受世界经济低迷影响，软件产业增速放缓，进入稳定增长期。2014 年，世界软件产业实现业务收入 1.5万亿美元，同比增长 5%。

一

　　2014 年，世界软件产业发展的内外环境正发生深刻变化，主要面临以下形势：

　　第一，全球正处于新一轮技术创新和产业变革浪潮之中，软件产业作为当前全球创新最活跃、渗透性最强、带动作用最广的领域之一，随着软件服务化、服务产品化进程不断加快，产业形态、组织形式及研发、制造、服务等模式发生重大变革，产业发展的跨领域、协同化、联盟化趋势更加突出。

　　第二，市场环境机遇与挑战并存。全球经济进入深度转型调整阶段，政治、经济、产业等环境发生重大变化。外部形势的波动直接导致市场需求萎缩，产业竞争更加激烈，资源要素约束趋紧。同时，软件产业也面临新兴技术快速发展、企业跨界融合的重要机遇。新技术、新模式及新业态的发展已经成为整个产业新增长点。IT 企业纷纷启动跨界战略，加速合作发展步伐，促进信息技术、网络、业务、产品之间加速融合。

　　第三，在一体化、跨界融合趋势下，企业加快并购整合步伐。并购整合是企业迅速获取更多客户、更多收入、更先进技术的重要路径，也是企业快速进入新兴领域的重要手段，从而补全和整合自身的产品和服务体系，打造整合化的产品和服务研发标准平台。全球IT巨头纷纷加快云计算、大数据、移动互联网等领域并购整合力度，完善自身业务体系和生态布局。

二

在此形势下，赛迪智库研究编撰了《2014—2015年世界软件产业发展蓝皮书》。本书在总结世界软件产业整体发展情况上，从产业运行、行业发展、重点区域、企业情况等多个维度对世界软件产业发展进行剖析，并对2015年世界软件产业发展趋势进行展望。全书分为综合篇、行业篇、区域篇、企业篇和展望篇共5个部分。

综合篇，从2014年世界软件产业整体发展情况、发展特点等展开分析，并对热点事件进行评析。

行业篇，选取基础软件、工业软件、信息技术服务、嵌入式软件、云计算、大数据、信息安全等7个行业进行专题分析，对各行业领域2014年整体发展情况进行回顾，并从规模、结构、技术、市场、企业等角度总结发展特点。

区域篇，对美国、欧洲、日本、韩国、印度、中国等区域进行专题研究，分析各区域产业整体发展情况、发展特点、主要行业发展情况。

企业篇，选取了基础软件、工业软件、信息技术服务、嵌入式软件、云计算、大数据、信息安全等7个行业的骨干企业，结合2014年财报分析其发展情况和竞争策略。

展望篇，在分析2014年世界软件产业发展的基础上，对2015年世界软件产业整体的发展趋势以及基础软件、工业软件等重点行业的走势进行展望。

2015年，世界软件产业发展进入新阶段，面临着新一轮技术创新和产业变革浪潮。面对全球软件产业发生深刻变革、发展环境日趋复杂，我国软件产业发展既面临着难得的历史机遇，又面临重大挑战。对世界软件产业发展情况进行梳理，有助于分析产业发展的新趋势性要求，为提高我国软件产业发展的质量效益提供参考，加强全球创新资源掌控和应用能力，更好地发挥产业在国民经济中的支撑和引领作用。

目 录

行 业 篇

区 域 篇

企 业 篇

展　望　篇

综 合 篇

第一章　2014年世界软件产业发展状况

一、产业规模

从全球软件产业的外部发展环境看，2014年，世界经济弱势复苏，仍处在国际金融危机后的深度调整过程中，结构调整远未到位、人口老龄化加剧、新经济增长点尚在孕育、内生增长动力不足等制约经济发展的深层次问题没有得到根本解决。联合国、世界银行、英国共识公司等主要国际组织纷纷下调对世界及主要经济体经济增长率预测值，预测2014年世界经济将增长2.6%，增速比2013年提高0.1个百分点。从各国发展情况看，发达经济体经济运行分化加剧，发展中经济体增长放缓。美国第一季度GDP环比折年率出现严重下跌，下降幅度为2.1个百分点，二、三季度增长率分别为4.6%和5.0%，预计全年经济增长率为2.4%，略高于2013年水平。欧元区一、二、三季度GDP环比增长率分别为0.3%、0.1%和0.2%，一直处于停滞的边缘，预计全年经济增长率为0.8%。受消费税上调引发的消费潮影响，日本第一季度GDP环比增长率为1.4%，二、三季度分别下降1.7和0.5个百分点，预计全年经济增长率在0.2%左右，面临技术性衰退风险。除了印度，韩国、印度尼西亚、新加坡和中国香港等多数发展中经济体经济增长普遍放缓。

从产业发展内部看，以云计算、移动互联网、物联网、大数据等为代表的新兴领域创新活跃，发展迅猛，正逐渐摸索出市场认可的商业模式，迅速走向应用落地阶段，并与各业务领域加速融合渗透，成为推动产业变革的重要力量和拉动产业增长的新增长点。IT技术的迅速发展使人工智能、智能制造、工业互联网等新兴热点领域受到广泛关注，吸引各大投资集团竞相进入。各国政府高度重视这些领域的发展，将其视为新的战略制高点，出台各种新政策促进新技术的研发创新和应用推广。谷歌、苹果、甲骨文、西门子等 IT 巨头纷纷加快云计算、大数据等领域并购整合力度，并与自身业务体系进行整合，构建新的生态体系，打造新的竞争优势。

整体来看，产业发展内部的积极因素无法对冲全球经济的缓慢复苏给软件产业的增长带来较大压力，尤其是作为主要经济体的欧盟和日本经济增长停滞不前导致需求增长乏力、新兴市场经济国家需求释放不足带来的重要影响。2014 年，全球软件产业保持平稳增长，全球软件产业规模达 15003 亿美元，同比增长 5%，高于 2013 年和 2012 年增速。但受全球经济复苏缓慢、新兴经济体市场需求释放不足、IT 深化转型等因素影响，全球软件产业还未恢复到 2011 年两位数增长的水平。

表 1-1　2011—2014 年全球软件产业规模及增速

年度	全球软件产业规模（亿美元）	同比增速
2011年	13161	10.5%
2012年	13635	3.6%
2013年	14289	4.8%
2014年	15003	5.0%

数据来源：赛迪智库整理，2015 年 3 月。

尽管软件产业整体呈现放缓的态势，增速仍高于硬件制造行业，其在全球 ICT 产业中的比重不断上升。Gartner 数据显示，2014 年，包括终端设备、数据中心系统、企业软件、IT 服务、电信服务在内的全球 ICT 支出超过 3.75 万亿美元，增速为 2.1%，低于 2013 年 2.3 个百分点。其中包括企业软件和 IT 服务的软件产业规模达 12730 亿美元，同比增长 10.6%。2014 年全球软件产业规模达 15003 亿美元，占全球 ICT 支出总额的 40%，较上一年提高 8.2 个百分点。

二、产业结构

全球软件产业分为软件产品和软件服务两大类。其中，软件产品包括基础软件、应用软件、嵌入式软件、工业软件、信息安全软件、新兴软件等；软件服务包括信息系统集成服务、信息技术咨询服务、数据处理和存储服务、数字内容、呼叫中心等。

近年来，在信息网络技术快速发展尤其是云计算模式应用加速推动下，软件服务化进程加速推进。服务化推动软件产品的购置、开发、部署、维护模式发生改变，推动软件技术架构、企业组织结构和商业模式进行重大调整，产业进入转型调整期。当前，软件即服务（SaaS）和按需定制软件（Software-on-demand）等新业务模式正成为主要的软件服务模式，一次性收取许可费的商业模式正在被按年、月甚至按次计算收取服务费取代。同时，软件流通方式和交付模式也将发生彻底的变化。软件正在从产品转变成服务，软件产业正在变成服务业。客户购买的不再是以前的软件产品，而是企业提供的服务。用户关注的焦点不再是软件架构及其实现方式，而是通过服务获取所需的功能。软件供应商与客户的关系随之转变，软件厂商从之前的产品提供商转变成为服务提供商，为用户提供软件的维护、升级等服务。软件服务化以其更高的性能、更好的服务、更低廉的价格等优点成为软件产业发展的必然趋势。

在软件服务化趋势的推动下，信息技术服务蓬勃发展，在产业整体中所占比重有所提高，在产业发展中的地位和价值不断上升。同时，业务创新日益活跃，云计算、大数据、移动互联网、社交服务等新产品、新业态、新模式不断出现并迅速发展，推动业务向多元化发展。数字化平台开发运维、业务数据存储处理、系统集成、咨询服务、服务外包等信息技术服务日益成熟，与传统产业结合更加紧密，在经济增长的作用不断增强。2014年，全球信息技术服务规模达9560亿美元，占全球软件产业规模的比重为64%，同比增长3.2%；软件产品实现收入5443亿美元，占全球软件产业规模的比重为36%。

三、行业结构

传统领域主要指基础软件、工业软件、嵌入式软件、信息安全软件、传统信息技术服务等。这些传统领域市场需求广泛，在云计算等新兴技术推动下加速融合创新，呈现平稳增长的态势。

近年来，基础软件随着市场对于IT产品和服务的需求复苏恢复增长。在发展格局上，全球基础软件仍以美国为主导，90%以上的操作系统、数据库管理软件等基础软件和大部分通用套装软件被美国所垄断，绝大部分产品标准的控制权也掌握在IBM、微软、甲骨文等美国企业手中。微软、IBM、甲骨文、惠普、谷歌、红帽、苹果等几个巨头占据全球市场90%份额的格局。其中，微软在服务器、桌面操作系统、移动终端操作系统、办公软件等领域优势突出，Windows系列和Microsoft office分别垄断了90%以上的桌面操作系统和办公套件市场。IBM的主要优势在于服务器操作系统、数据库、中间件，其数据库DB2和中间件在行业一直处于领先地位。甲骨文的核心优势领域是数据库、中间件，Oracle数据库行业排名第一，Oracle中间件是除了IBM之外的另一寡头垄断者。

随着工业软件技术趋于成熟，工业软件市场增长较为平缓，新兴国家和经济体对工业软件的需求成为全球工业软件市场的亮点。工业软件发展主要依赖于工业企业自身需求，美国、欧盟和日本由于工业信息化起步早，其工业软件体系完备，拥有全球工业软件领域的核心技术和标准，成为全球工业软件发达国家和地区。近年来，在云计算技术飞速发展的推动之下，工业云服务市场迅速升温，越来越多的企业级软件厂商推出在公有云平台上部署的SaaS服务。这些服务逐渐形成面向具体行业的工业云服务平台。物联网的发展催生了一种面向工业领域的新型云服务——工业互联网。

随着信息化程度的不断加深以及网络的普及，全球信息安全形势日益严峻，系统漏洞、重要信息丢失泄漏等事件不断发生，信息安全上升为很多国家的国家战略。旺盛的市场需求推动信息安全市场快速发展，2014年，全球信息安全市场规模为960亿美元，同比增长约为12%左右。长期以来，美国和欧盟在全球信息安全市场中占据绝对主导地位。其中美国作为全球信息化程度最高的国家，在信息技术的主导权和信息网络的话语权等方面占据先天优势，在政府信息系统的信息安全体系建设以及政策支持方面也处于全球领先行列。从信息安全企业的发展来看，美国的信息安全厂商在竞争中的主导优势更加突出。赛门铁克、迈克菲、卡巴斯基等全球领先的信息安全厂商几乎都来自美国，并且这些企业的产品体系几乎囊括包括访问控制类、内容安全类以及网络安全产品类等各类信息安全产品和服务，在信息安全领域的各类竞争中拥有着绝对垄断地位。

在全球IT支出持续增长以及移动互联网、社交网络服务、云计算和大数据的驱动下，2014年，全球信息技术服务市场增长稳中有增，市场规模达到9560亿美元，同比增长3.2%。其中系统集成、运维服务已经先于信息技术服务总体市场进入发展成熟期，增速逐渐放缓，全球信息技术服务产业主要以美国、欧盟、日本为主，其中美国市场份额占全球产业总体份额的40%以上。信息技术服务领域，形成了以 IBM、HP、富士通、埃森哲、CSC 等为代表的全球大型专业服务集团企业。其中，IBM 提供信息技术咨询服务、推广运维、基础架构、技术设计和培训服务等全业务流程的服务；HP 公司以技术服务、技术设施技术外包、业务流程外包和应用服务为主；富士通以系统集成、技术支持、离岸开发、咨询服务为主；埃森哲以信息技术咨询为主。这些大企业在支持与维护、专业服务等各个领域展开全方位的竞争，并通过并购等方式扩大实力和规模。

新兴领域主要指 BI 软件、智能终端软件、云计算、大数据等，这些领域在政策支持和需求增长的推动下，快速发展，成为全球软件产业发展的新引擎。

BI 软件，在大型企业以及中小型企业旺盛需求和云计算、大数据、社交媒体等新兴技术的驱动下，在经历了 2009 年的低潮后，迎来了爆发式增长期，已经超过 ERP 和 CRM，成为最具增长潜力的领域。Gartner 于 2014 年公布的最新数据显示，2013 年，包括 BI 平台、企业绩效管理 CPM 套件、分析应用和先进的分析方法等全球商务智能与分析软件实现收入 144 亿美元，相比于 2012 年的 133 亿美元，增长 8%。BI 软件领域中，SAP、Oracle、SAS、IBM 和微软等国际软件大企业成为市场的主导。Gartner 数据显示，2013 年，SAP 仍以 21.3% 的份额成为商业智能软件市场的领军者，甲骨文以 13.9% 位居第二，IBM、SAS 和微软分别以 12.7%、11.8%、和 9.6% 位列第三、第四和第五。五大主导厂商占据了整个市场 69.2% 的份额。

随着信息技术的迅速发展以及以智能手机为代表的智能终端设备如雨后春笋般迅速普及，智能终端应用软件蓬勃发展。尤其是基于 Android 系统的应用软件已经不仅仅局限于手机产业，近年来已经迅速扩展到其他相关领域，如平板电脑、车载系统、电视 STB、智能电器，等等。苹果 App Store 模式迅速将原本分散的产业链资源整合起来，开拓了全新的细分市场，更好地促进面向手机、平板电脑等移动智能终端的应用软件的发展。根据移动应用研究机构 appFigures 发布的最新报告，截至 2014 年年底，苹果 iOS 应用数量达 121 万，应用开发者数量接近 30 万名。在智能终端应用软件发展过程中，产业链各方积极发力智能终端操作系统平台，将其作为竞争的新焦点。2014 年，已经初步形成了以苹果 iOS 和谷歌 Android 为核心控制力的两大生态系统（平台＋应用），基于两大生态系统进行的应用软件开发、销售等占据着绝对领先的市场地位。

云计算、大数据经过前几年的炒作进入落地实施阶段，成为产业发展的热点和新增长点。2014 年，全球云计算服务市场规模达到 1528 亿美元，较 2013 年的 1310 亿美元增长 17%。SaaS 服务（软件即服务）成为增长最快的领域，市场份额占比达到 49%。美国在"云计算"领域仍是领导者，其产品与技术成熟度较高，市场发展极为迅速，政府应用较为普及。拥有亚马逊、IBM、微软等一批云计算标杆企业，这些企业在技术研发、商业模式、市场推广方面已取得成功的经验，基本掌握了云计算领域的关键技术，主导全球云计算的发展。欧洲是云计算应用市场的跟随者，云计算应用进展较快，很多企业、医院、当地政府和中央政府放弃计算机主机而采用云计算服务，社会资本加速进入该领域。日本政府积极推进云计算发展，将其视为经济和产业转型的重要举措。日本的云计算技术创新主要由运营商主导，应用集中于电信、金融与教育领域。

大数据已跨过基础设施建设带来的规模性高速增长阶段，进入应用发展阶段，在各行业应用逐步成熟，应用价值不断提升。2014 年全球大数据市场规模达到 285 亿美元，同比增长 53.2%。企业逐渐认识到大数据带来的重要变革，加大投入，据统计，2014 年大企业对与大数据有关的项目的平均开支为 800 万美元。从各国发展情况看，欧美等发达国家拥有先发优势，处于产业发展领导地位，中国、日本、韩国、澳大利亚、新加坡等国家分别发挥各自在数据资源、行业应用、技术积累、政策扶持等方面的优势，紧紧跟随，并在个别领域处于领先。谷歌、亚马逊、脸谱等互联网企业龙头和甲骨文、IBM、微软等传统 IT 巨头，通过投资并购的方式不断加强大数据领域布局，初步形成贯穿大数据产业链的业务闭环，并在各行业拓展应用。

四、区域布局

以美国、欧盟、日本为代表的发达国家经济发展基础雄厚、网络等基础设施完善、ICT 技术创新能力强，多年来是全球软件产业发展的主要聚集地和创新发源地。美国是全球软件产业的主导，垄断全世界的操作系统及数据库市场，掌控全球软件产业的核心技术和标准，占据产业链的高端。美国也是全球最大软件生产国和软件消费国，其软件产业规模约占全球软件产业的 1/3。近年来，美国软件业务收入在 2009 年增幅下滑至负 2.6% 的历史最低点后，开始维持上升态势。从重点领域看，美国软件产品主要分为系统基础设施软件、应用软件、软件开发工具三大类，其操作系统、数据库管理软件等基础软件及大部分通用套装软件、高端软件产品占据着全球90%以上的市场份额。信息技术服务方面，主要以高端信息技术咨询服务、数据分析处理服务为主。从重点企业看，全球软件企业前5强IBM、微软、惠普、甲骨文、埃森哲都是美国企业，前10位中的7家公司总部都设在美国。大批实力强大的软件企业奠定了美国在全球软件产业中的领导者地位。

欧盟十分重视软件产业发展，在全球软件产业发展中位列第二，占全球软件产业收入比重达25%以上，并在一些重要领域保持全球竞争优势。2009年以来，受欧债危机影响，欧盟软件产业规模增幅减小，但仍是全球软件产业发展的重地。欧盟的软件产业涵盖了信息化应用、服务外包、网络软件、嵌入式应用等关键领域和重点产品。尤其在应用软件方面，欧盟的通信软件、企业管理软件方面在国际市场上占有较高的市场份额。同时，作为一个区域经济联合体，欧盟根据成员国的特色，确定各自的重点发展方向，促进软件产业发展方面，如法国的数据服务、数字内容在全球处于领先地位，英国的信息服务产业市场化发达，爱尔兰在工业软件、中间件、安全软件以及客户服务、远程学习、呼叫中心等领域占据国际领先地位。欧盟拥有很多实力雄厚的跨国IT企业，西门子、达索系统、博世集团等知名企业成为欧盟软件产业发展的重要支撑。

日本软件产业发达，是全球第三大软件市场，占全球软件产业收入比重为10%。依靠国内巨大的需求市场和软件技术人才优势，日本软件快速发展，产业规模从2006年的980亿美元增长到2009年1125亿美元，年均增速在10%以上。近两年来，受经济不景气影响，日本软件产业增速放缓，在全球软件产业中所占的比重降低。从行业领域看，日本采取以硬件带动软件和信息技术服务业的发展战略，软件产品以嵌入式软件为主。依托电子、电气、汽车产业方面领先的技术优势，日本加速推进嵌入式软件技术与传统行业的融合渗透，从而在信息家电、智能导航、移动通讯等智能化的产品开发上形成独特优势。日本软件企业大部分都是电子信息制造商下属的软件公司，松下、东芝、日立、索尼、富士通等知名的跨国公司均建立了自己的软件公司，研发的软件产品通过通信、计算机、家电、精密电子设备等各类产品出口销往世界各地。

以印度、韩国、中国等为代表的发展中国家发挥后发优势，软件产业迅速发展，成为全球软件产业的新增长极。以印度为例，印度利用自身优势大力发展软件外包，已成为世界最大的软件接包国和仅次于美国的第二大软件出口国，在全球外包市场上占据领先地位。统计数据显示，1990 年至 2012 年间，印度软件和信息技术服务业年产值从 1.9 亿美元增长至 1008 亿美元，年均增速高达 33.6%。其中，服务外包占据了整个出口额的绝大部分市场，信息技术外包和业务流程外包分别占 57.2% 和 27.4%。从服务外包重点领域看，印度在全球业务流程外包和知识流程外包领域占据主导地位，业务流程外包约占世界 50% 的份额，知识流程外包约占世界 70% 的份额。印度成为金融服务、医疗卫生服务、人力资源外包等传统领域以及动漫、游戏开发等新兴领域服务外包的成熟目的地。

中国软件产业以 20% 以上的增速高速增长，成为新兴市场的重要代表和拉动全球软件产业复苏的重要引擎。工业和信息化部运行局发布的统计数据显示，2000 年至 2014 年间，我国软件产业收入规模从 593 亿元增长到 3.7 万亿元，14 年间软件产业规模增长了 61 倍。同时，软件产业收入在电子信息产业中所占比重不断上升，由 2000 年的 5.8% 提高到 2012 年的 35.9%。软件产业对国民经济的支撑与带动作用显著，成为驱动经济增长的新动力。从发展的重点领域看，我国形成较为完整的软件产业链，在中间件、嵌入式软件、工业软件、管理软件等领域形成自己的独特优势，发展势头较好，涌现出东方通、用友、金蝶、宝信等一批龙头骨干企业，形成一批自主知识产权产品，在各个行业领域取得较好应用。

五、企业格局

在市场 IT 需求仍显疲弱的背景下，全球主要软件厂商通过业务、组织、人事等多方面的调整，加快自身转型，实现了较快发展。微软仍是全球软件厂商的佼佼者，2014 财年实现营业收入 868.33 亿美元，同比增长 12%，实现净利润 220.74 亿美元，高于 2013 财年的 218.63 亿美元。甲骨文显示出较强的市场竞争力，实现收入 383 亿美元，同比增长 3%。IBM、赛门铁克、惠普等老牌 IT 企业由于转型调整包袱较重，呈现不同程度的负增长。

随着云计算市场的逐渐成熟，云服务成为全球软件厂商转型的重要方向和业务的新增长点。专业云服务提供商 Salesforce2014 财年收入为 40.7 亿美元，比 2013 年增长 33%，这一增速在全球主要厂商中遥遥领先。微软确立了"移动为先，云为先"的发展战略，加大云服务的投入，企业级云服务收入超过 44 亿美元，增速高达147%。IBM加快业务向云计算、大数据等高价值领域的转移，尽管整体收入下滑，云业务收入增势明显，2014年云业务的收入达到70亿美元，同比增长60%。SAP加快从ERP和CRM开发商向基于云的商业应用供应商转型，2014财年云计算业务营收首次突破10亿美元大关，达12.9亿美元，同比增长56%。

表1-2 2014财年全球主要软件厂商收入增长情况

企业	2014财年营业收入（亿美元）	同比增长（%）	2014财年云服务收入（亿美元）	同比增长（%）
微软	868.3	12	44	147
甲骨文	383	3	11	23
IBM	158	−7	70	60
SAP	207.7	4	12.9	56
赛门铁克	66.8	−3	−	−
惠普	1115	−1	−	−
Salesforce	40.7	33	−	−

数据来源：赛迪智库整理，2015年3月。

从全球软件企业竞争力看，竞争力格局基本稳定，微软竞争力排名第一。Gartner用独特的评估方式——"魔力象限"对企业竞争力进行排名，水平方向代表"愿景的宏大与完整性"，垂直方向代表"执行能力"，通过四个象限将企业领域的厂商分为四个象限"挑战者"、"参与者"、"远见者"和"领导者"。调查显示，2014年微软在软件领域竞争力排名第一，在愿景和执行力上全球领先。主要原因是微软的办公平台Office 365各个组件之间都有很好的整合性，而且易用性很好。在同一"领导者"象限中，还有IBM、Jive、ibco软件的产品与之竞争。

社交、云计算、大数据等新兴领域的企业表现出很高的成长性。以Facebook为例，2014年财报显示，Facebook全年营收为124.66亿美元，同比增长58%，净利润为29.40亿美元，同比增长96%。Facebook在广告推送中大量使用大数据技术，其广告营收比2013年同期增长了60%以上。

第二章　2014年世界软件产业发展特点

一、产业进入周期性转型期

随着软件服务化、服务产品化进程不断加快，原有软件产品开发、部署、运行和服务模式正在改变，软件技术架构、企业组织结构和商业模式面临重大调整，产业进入周期性转型期。企业在集中力量加快支持现有系统架构的技术创新的同时，适时利用云端/订阅式服务的价格优势来拓展并提升业务。能够很好地利用云计算加快向行业解决方案提供商转型的企业获得了明显的竞争优势，取得了较快发展。同时，近年来由于云计算、大数据、移动互联网、人工智能等新技术、新业态的发展和驱动，软件和信息技术服务产业和市场均发生了重大变化，软件和信息技术服务企业纷纷通过技术创新或者并购来支撑云计算、大数据、物联网等新技术、新模式的发展，基于企业原有的业务进行改造和转型升级，激发出更多的创新活力。其中，在软件行业的全球前十大厂商中首次出现了纯云计算技术厂商 Salesforce.com 便是最好的例证。在 2014 年 Gartner 发布的全球软件厂商排名中，甲骨文因受到云计算相关业务表现平淡的影响，排名第一位滑到第二位，实现收入 296 亿美元，在全球市场的占有率为 7.3%。Salesforce.com 作为专业云服务提供商，2014 年实现营收超过 38 亿美元，年均增速达 30% 以上，首次跻身全球软件厂商排名第十，并成为全球软件 500 强企业中增势最突出的企业。

二、IT 巨头加快并购整合步伐

并购整合是企业迅速获得更多客户资源、吸收和引进更先进技术以及获取更多收入和利润的重要路径，也是企业快速跨界和拓展新的领域的重要手段，从而能够补全和整合自身的产品和服务体系，打造整合化的产品和服务研发标准平台，在整个产品和服务的生命周期中实施自身标准，在与其他厂商的竞争中进一步巩固自己的领先优势。在一体化、跨界融合趋势下，IT巨头纷纷加快云计算、大数据、移动互联网、信息安全、人工智能等领域并购整合力度，完善自身业务体系和生态布局。

在人工智能领域，谷歌以32亿美元收购Nest，加快智能家居布局，与部分智能设备厂商单凭远程控制为卖点，仅将移动应用照搬到家用设备中后就大肆炒作"智能概念"相比，Nest从恒温器和烟雾探测器等北美地区家庭必需的家用设备出发，通过搜集用户使用习惯等数据信息实现设备自动算法控制，依托智能化手段强化设备核心功能，在家用智能设备领域具备独特的创新优势。谷歌此次收购Nest，并不是单单看中其现有智能家居产品，更是有意图地在为应对未来多种智能设备"智能互联"营造全新生态体系的超前布局。在多数智能设备厂商仍然停留在通过移动终端远程控制智能设备，或着力宣传单个智能设备的时候，谷歌已经借助于其Android平台在移动终端领域的成功经验，通过在智能设备各个重点领域广泛布局开放式平台，吸引合作伙伴和第三方开发者，着力打造不同类型智能设备之间智能互联的全新开放式生态体系，意在构建未来泛在化的信息服务体系。苹果以30亿美元收购Beats Electronics，短期来看是为了巩固自身的音乐相关的硬件业务，中期来看能够挽回苹果公司音乐下载服务收入下滑的态势，打造更加专业和时尚的流媒体音乐服务，使得产品、服务能够更好地满足用户需求，在市场中占据有利地位，长期来看符合苹果公司未来发展智能音乐硬件的战略方向，期望能够与苹果智能手表iWatch无缝对接，提升用户体验。

在云计算领域，IBM收购云计算公司Cloudant，Cloudant的主要产品是NoSQL数据库产品，可以将数据库交给亚马逊、Rackspace或IBM旗下的SoftLayer那样的云服务供应商托管，然后供企业用户租用，收取包月服务费。收购旨在应对亚马逊的云计算业务竞争。谷歌收购云端监测服务企业Stackdriver，云端计算正在逐渐变得商品化，它的收费持续呈现降低趋势，而且现在各家服务供应商在核心计算和储存服务方面提供的选择也不多，无法实现差异化竞争，Stackdriver的领先优势将使谷歌云端平台在市场中领先一步。惠普收购云计算软件开发商Eucalyptus Systems，Eucalyptus的开源软件能帮助企业管理者管理企业数据中心，而其方式与利用亚马逊的云计算平台类似。惠普的 HP Helion 产品基于 OpenSatck，这是一种不同的云计算软件标准，拥有自己的 API。

在大数据领域，谷歌收购了英国大数据公司 Rangespan，该公司的软件使零售商和供应商能利用当前的数据动态地调整库存，合作伙伴包括英国大型零售商 Tesco、Argos 和 Asda 等，收购 Rangespan 将有助于谷歌提高对零售商的吸引力。Facebook 收购语音识别初创公司 Wit.ai，该公司已经创建了一种自然语言处理 API，能够帮助开发人员把语音和文本变成可操作的数据，使得大数据与语音识别技术能够有效结合。

在移动互联网领域，Facebook 以 190 亿美元巨资收购 WhatsApp，通过本次收购使得 Facebook 能够应对以微信、LINE 和 KakaoTalk 等为代表新型移动社交平台迅速发展带来的挑战，同时，本次并购也使得 Facebook 获得了全球范围内的用户规模的优势，既阻击了微信等竞争对手的全球化进程，同时也启动了在中国这个全球最具潜力移动互联市场的布局。此外，收购 WhatsApp 符合 Facebook 国际化的战略，WhatsApp 是国际化程度极高的移动社交应用，在很多新兴市场都有不错的表现，Facebook 可以借助 WhatsApp 打入这些新兴市场。VMware 以 15.4 亿美元收购移动设备管理公司 AirWatch，能够为企业提供移动设备及设备内容方面的管理，通过雇主对员工使用智能手机和平板电脑安全性的需求来拓展业务和提高收入，也有利于公司积极布局移动互联网安全市场。

三、软件产业新兴业态迅猛发展

软件产业中新模式、新业态的发展已经成为整个产业新增长点。以云计算为例，其潜力不断释放，得到很多大型风险投资机构的亲睐。据机构预测，2017年，云计算行业的规模将从 2013 年的 474 亿美元增长到 1070 亿美元，年均增速在 20% 以上。物联网则被称为是下一个万亿美元级的信息技术产业，Gartner 预测，2015 年市场规模将达到 695 亿美元，2020 年市场规模将突破 2630 亿美元。移动商务、移动广告、应用内购物、应用即服务模式等因素成为移动互联网迅速增长的重要因素，预计 2016 全球移动互联网规模将达 7000 亿美元。

云计算市场新的竞争格局正在形成。全球市场，亚马逊一家独大的格局被打破，微软和 IBM 两家巨头在云计算领域大幅扩张，2014 年第一季度收入几乎和

AWS 持平，增幅远超亚马逊和谷歌。第二季度，微软和 IBM 云服务收入分别增长 164% 和 86%，高于亚马逊（49%）和谷歌（47%）。国内，阿里巴巴、浪潮、腾讯等云服务巨头纷纷通过建立产业联盟、价格战等手段吸引上下游企业和开发者，力图打造涉及用户引入、商业模式、营销渠道的生态体系。

移动应用与社会生活加速融合。尤其是手机支付的兴起拓展了更多的移动应用场景，带动移动电子商务高速发展。其中，O2O（Online To Offline，即在线到离线/线上到线下）、位置服务等移动应用与本地化服务相结合，成为连接线上线下的重要平台，对用户出行、餐饮、娱乐、购物等方面带来较大便利。O2O 模式还引发商业模式创新热潮，2014 年 8 月 29 日，万达、腾讯和百度联合成立电子商务公司，新公司将以线上线下（O2O）移动商务服务为主要业务方向。

企业级安全市场快速增长。随着携程、京东商城、如家等企业核心数据泄露、安全漏洞被曝光等事件频频发生，中国企业级信息安全市场迎来重要变革，从 2C（面向个人）向 2B（面向企业）转变。金山、瑞星等传统信息安全厂商以及联想、网秦、趋势科技等公司也纷纷推出了各自的企业级安全产品。

随着互联网、移动互联网的高速发展，企业和消费者希望随时随地获取服务的需求在迅速上升。传统硬件和软件屡屡遭遇挑战，为迎合市场需求，传统 IT 企业大力布局云计算、大数据等新型业态，并通过并购等方式加速扩张，争夺市场份额。IBM 剥离 X86 服务器业务，把业务重心转移到高利润的云计算和大数据等高端服务，并且收效明显；微软对市场策略及渠道进行了全面的"整改"，加快向云端全面转移。用友、金蝶等国内企业也加速云转型并通过本土化的跨界结盟寻求差异化竞争优势。用友旗下畅捷通公司以"全球领先的小微企业管理云服务与软件提供商"为定位，推出了"畅捷通云平台与小微企业管理云服务"、"工作圈"；UAP 中心推出了"UAP Mobile"和"UAP Cloud"。金蝶通过发布金蝶 PLM V13.1 创新管理平台，以 K3/Cloud 为基础成立"ERP 云服务事业部"，与腾讯 QQ 结盟共同推出针对小微企业的互联网转型升级创新管理应用组合等，加快 SaaS 云服务转型步伐。

四、移动应用软件蓬勃发展

根据移动应用研究机构 appFigures 发布的最新报告，截至 2014 年年底，谷歌应用商店 Google Play、苹果 iOS、亚马逊安卓应用商店排名前三的应用商店应用数量总计 294 万，集聚开发者数量超过 75 万人。其中，谷歌应用商店 Google Play 以超过 143 万应用数量和近 40 万名开发者位居第一；苹果 iOS 位居第二，应用数量达 121 万，应用开发者数量接近 30 万名；亚马逊安卓应用商店排第三，应用总量为 29.3 万，增幅为 90%，开发者数量接近 5 万。appFigures 报告还显示，排名前五的 iOS 应用是企业、食品 / 饮料、时尚、社交网络和目录；而在 Google Play 中，前五大应用是游戏、摄影、音乐、商业和娱乐。移动应用的爆发式增长带来可观的收入。以苹果 iOS 应用为例，2014 年为开发者带来超过 100 亿美元的收入，累计创造就业机会超过 62.7 万。

表 2-1　主要应用商店应用数量及开发者规模

主要应用商店	应用数量（件）	开发者规模（人）
谷歌应用商店Google Play	143万	38.8万
苹果iOS应用商店	121万	30万
亚马逊安卓应用商店	29.3万	4.8万

数据来源：应用跟踪平台 appFigures ，2015 年 3 月。

开源软件主导移动应用软件发展。通常，开源软件为开发者提供开发工具和开发环境，开发者可以很方便地开发、修改、测试自己的软件。这些开源软件组件，能够有效降低软件开发成本，避免资源浪费，且具有很高的灵活性和敏捷性。据 Gartner 数据显示，2014 年开源智能手机操作系统所占市场份额将高达约 65% 以上，开源在移动应用软件行业中不断壮大。

在智能手机领域，Android 是最成功的开源操作系统，它不仅成为市场占有率最大的移动终端操作系统，更重要的是它不断的吸引着大量的第三方开发人员、手机制造商的加盟，以及全球手机用户的关注。Android 自诞生以来始终受到热捧，它独特的开源性、系统廉价性和提供给第三方大自由度的创新空间，以及不受硬件约束的优势，获得了广大开放社群的支持。而除了谷歌 Android 以外，包括微软、诺基亚、英特尔、三星、Mozilla 等高新技术公司都在移动开源领域蠢蠢欲动。

随着开源在移动互联网领域的作用越来越明显，开源与移动应用软件逐渐变成相辅相成的关系。移动互联网的快速发展为开源软件的发展带来了良好机遇。

五、软件对各领域的影响深化发展

继智能手机、平板电脑被软件重新定义之后，越来越多 IT 产品正在不断被软件重新定义。软件定义的网络、数据中心、存储、路由器等新思想、新概念和新产品不断涌现。不仅传统的电视机、冰箱、鞋子、手表、眼镜等消费产品被软件重新定义，汽车（如特拉斯汽车）也在被谷歌等 IT 企业重新定义。随着服务引领产品、软件主导硬件的发展态势正重塑信息技术产业格局，以及软件对经济社会转型升级的作用愈发凸显，软件重新定义世界的进程加快发展。

随着软件的应用普及，软件越来越以服务的形式进入传统行业，与金融、零售、交通、医疗、教育等传统领域结合日益紧密。尤其是云计算、移动互联网、大数据等新业务、新模式迅速发展，加快向各个传统领域渗透，衍生出很多新业态。

软件产业与传统产业的融合的广度和深度将继续加强，云计算、大数据、物联网将在政务领域、公共服务行业和企业级市场实现产业化、规模化发展，价值不断提升。互联网与金融、餐饮、打车、家电、娱乐、食品和航空等传统行业深入融合，O2O 模式快速发展，倒逼传统行业变革和创新。金融、制造、能源等传统企业纷纷开始建设私有云计算应用。

操作系统在支持多平台多设备、运行多种类型应用、交互性、安全性、细节功能、操作界面等方面不断推进，以适应终端和平台多样化、应用丰富化、社交化等新趋势。中间件与虚拟化、大数据等技术加快融合，提供完整的产品集合和技术栈，支撑多变的应用、数据、业务逻辑。信息安全与云计算、移动互联网、大数据、社交等加快融合，增强复杂安全问题的防御能力和快速响应能力，应对新技术的发展给信息安全带来新的挑战。管理软件领域，云计算的快速普及使甲骨文、SAP、金蝶、用友等国内外管理软件厂商通过打造云服务平台加快云计算与传统管理软件产品的融合，将传统软件产品以服务模式提供。

六、操作系统、信息安全、管理软件、开源软件等领域技术创新迅猛

操作系统领域，微软、ARM、谷歌等巨头均发布新操作系统，在细节功能改进、多平台多设备支持、交互性、用户体验等方面有较大提升，深之度、阿里巴巴、中科院、普华等国内厂商发布的新操作系统在界面、应用等多方面有较大改进。信息安全领域，针对复杂安全问题的安全防护能力和相应速度获得较大提升，如赛门铁克推出全新的高级威胁防御（ATP）集成解决方案线路图，以解决复杂安全问题。管理软件领域，传统管理软件越来越多与云计算结合并以云服务方式提供，如甲骨文新的 Oracle Cloud Platform、SAP 与中金数据联手推出基于 SAP HANA 的 hybris 全渠道电子商务托管云解决方案等。开源软件领域，以谷歌、甲骨文、微软等 IT 巨头为主导，新的开源项目不断推出。

表 2-2 　2014 年软件领域产品创新情况与特点

企业	发布时间	创新进展	涉及领域	新产品发布/新技术主要特点
中科院软件研究所	1.15	COS	操作系统	可广泛应用于个人电脑、智能掌上终端、机顶盒、智能家电等领域，拥有界面友好、支持多种终端、可运行多种类型应用、安全快速等优势。
赛门铁克	2.26	NetBackup 7.6	信息安全	是业界唯一专为企业级规模而设计的备份产品，可容纳成百上千台虚拟机和 PB 字节，同时为用户提供比标准恢复速度快400倍的虚拟机恢复。
奇虎360	2.28	360XP盾甲	信息安全	提供补天热补丁引擎、程序加固引擎、关键程序隔离引擎，力争永久加固保护XP电脑。
甲骨文	3.27	Java技术Java 8	管理软件	是Java SE 8平台规范的生产就绪版本，包括自该平台1996年推出以来最重大的Java编程模型升级。通过Java 8平台，客户可以更快速地部署应用、分析处理运行中的数据并实现快速响应

（续表）

企业	发布时间	创新进展	涉及领域	新产品发布/新技术主要特点
金蝶	4.9	Apusic智慧云平台（ACP）	中间件	是企业级PaaS平台，融合中间件、虚拟化、大数据等技术，可提供完整的产品集合和技术栈支撑多变的应用、数据、业务逻辑
微软	4.10	OSX和iOS平台的Office套件更新	办公软件	此次更新修复了两大平台版本上的大量漏洞，OSX平台已支持下载微软最新版本的云存储客户端应用OneDrive。
赛门铁克	5.8	全新的高级威胁防御（ATP）集成解决方案线路图	信息安全	通过安全解决方案间的协同整合，帮助用户解决最为复杂的安全问题。
Linux基金会	7.4	可定制，开源的车载系统平台Automotive Grade Linux	开源软件	基于Tizen车载系统项目，包括控制空调、导航、中控屏幕、媒体回放等组件。能满足需要汽车系统配备额外功能和能力的人群，将成为未来车载系统开源标准平台。
甲骨文	7.24	Oracle Linux 7.0发布	开源软件	提供"第三代坚不可摧的内核UEK"等新特性和新的默认文件系统。
惠普	8.7	Helion托管虚拟私有云（VPC）精简版	云计算	提供基本的云功能，能够以较低价格吸引新的客户，并为老客户提供更简单的服务选择。
金蝶	7.29	金蝶K/3 Cloud发布全渠道创新营销解决方案	管理软件	帮助企业整合线上与线下渠道、直销与分销、电商与移动电商，并实现电商与ERP财务、供应链的集成，帮助企业打造高效的线上线下渠道业务协同，加强企业对营销全通路的集中管控能力。
IBM	8.4	基于云的解决方案及人才与变革咨询实践	信息技术服务	帮助企业利用分析与人力科学发掘顶级人才、深化员工互动以及管理转型变革，从而提供与众不同的客户体验。
谷歌	8.8	Google发布Android L开发者预览版	开源软件	新版本支持Google Fit，是另一个Google I/O发布的产品，提供标准的API来让手机传感器和穿戴设备收集健康应用的数据。
金蝶	8.12	金蝶PLM V13.1创新管理平台	管理软件	新版本以"打造最易用的PLM"为理念进行了全新的开发与设计，涵盖22项创新设计、9大全新功能、52项体验改进，致力于为用户打造互联网化的简洁易用、更人性化、更整合的全新PLM平台。

（续表）

企业	发布时间	创新进展	涉及领域	新产品发布/新技术主要特点
甲骨文	8.15	社交关系管理全面支持LinkedIn平台	管理软件	客户能够在Oracle SRM平台内发布、参与及分析LinkedIn活动并实现活动执行的自动化。同时，Oracle社交云也正式加入了LinkedIn的合作伙伴计划。
红帽	8.25	开放虚拟应用（Open Virtual Appliance for Red Hat Enterprise Linux OpenStack Platform）	开源软件	该应用基于Linux OpenStack平台，让使用VMware基础架构的企业组织能够在概念验证过程中，更轻松且迅速地布署与评估红帽企业Linux OpenStack平台。
SAP	8.29	与中金数据联手推出基于SAP HANA的hybris全渠道电子商务托管云解决方案	管理软件	合作初期，双方将首先着眼于向化工行业客户提供基于SAP HANA的hybris全渠道电子商务解决方案和相关服务，未来计划在中国市场拓展至更多产品类型和行业领域，开展更为广泛的战略合作。
Twitter	9.7	社交购物	移动互联网	Twitter推出一项新服务，允许移动用户在Twitter消息中直接购物。
普华	9.18	国产操作系统3.0版本	操作系统	基于Linux内核的普华系列操作系统3.0，包括桌面PC操作系统和服务器操作系统，较之前的1.0和2.0版本，3.0版本在操作界面、应用丰富度等多方面有了较大改进。
腾讯	9.24	X5浏览服务	互联网	面向APP领域开放共享腾讯自主升级研发的X5内核，建立了业内首个开放的浏览服务平台。
甲骨文	10.1	新的Oracle Cloud Platform	管理软件	新的升级的PaaS能帮助客户将现有的应用程序和数据库从on-premise方式便捷地部署到云中，应用程序在过程中变得更加现代化、更有效率及更低成本。
微软	10.1	新一代操作系统Windows 10	操作系统	全平台操作系统，可以运行在手机、平板、台式机以及Xbox One等设备中；在功能上，新系统保留了Windows 8的触控特性，并在一些细节功能上进行了调整。
ARM	10.9	mbed OS	操作系统	将弥合各类计算系统芯片之间的种种差异，从而帮助高层应用程序顺利与传感器以及其它装置实现交互。
爱立信	10.9	开源浏览器及OpenWebRTC	开源软件	是iOS上唯一的WebRTC浏览器；OpenWebRTC是一个灵活的跨平台WebRTC客户端框架，可用于构建本地WebRTC应用和浏览器后端。

（续表）

企业	发布时间	创新进展	涉及领域	新产品发布/新技术主要特点
谷歌	10.16	Android 5.0	操作系统	新版本采用全新Material Design设计风格，支持多种设备，拥有全新的通知中心设计，支持64位ART虚拟机，实现不同数据独立保存。
阿里巴巴	10.21	发布YunOS 3.0，推出Cloud Card服务架构	操作系统	YunOS 3.0主打卡片式桌面和语音搜索功能，采用创新的CloudCard服务架构，可以通过第三方应用的接入，智能分析用户的使用习惯，为用户智能的生成个性化的卡片流。
红帽	10.27	红帽存储服务器3	开源软件	可充分适应数据密集型企业的任务负载，满足包括大数据、运营分析、企业文件共享与协同等在内的数据处理。
微软	11.1	新版Outlook for Mac	管理软件	更新集成了邮件、日历和联系人功能，需通过Office 365订阅服务使用。
红帽	11.10	红帽卫星6	开源软件	是一个综合性解决方案，它通过配置软件分发、补丁和配置管理，以及物理、虚拟和云环境的订阅管理为红帽系统提供完整的生命周期管理。
红帽	11.12	Red Hat Enterprise Linux (RHEL) 的7.0正式版本	操作系统	为Red Hat的下一代操作系统，提供包括服务器、系统及总体Red Hat开源体验等方面的改进。
腾讯	11.12	新一代微信电话本	互联网服务	更新了两个功能，一个是支持网络条件下的免费通话，包括2G网络。另一个功能是，在对方无法接通情况下，可以将音频转向语音信箱。
网御星云	11.19	新一代网关产品ngfw-phase2	信息安全	该产品成功实现了从ngfw到ngfwphase2的进化过程，并从用户角度出发，解决了传统ngfw产品一直没有解决的问题，使ngfw技术获得了新生。
IBM	11.21	智能安全组合产品	管理软件	适用于保护云环境中的人员、数据和应用安全。基于IBM投资的云计算、安全和分析软件和服务构建而成的该全新产品，采用先进的分析功能，专门用于保护企业、公共云和私有云以及移动设备内——统称为混合云模型——企业最为关键的数据和应用安全。
浪潮	11.24	PS 11新版本	信息技术服务	基于平台构建满足灵活扩展的需求，在加强内部业务精细化的同时，扩展互联网应用、移动应用的部署，增强产品易用性。

（续表）

企业	发布时间	创新进展	涉及领域	新产品发布/新技术主要特点
天融信	11.28	NGFW全新第六代猎豹产品	信息安全	产品具有高精度识别、2—7层高性能安全处理、APT攻击防御、智能安全管理等多项特性。
微软	11.28	HDInsight 正式版上线	管理软件	在Java、.NET等环境中开发，用户无需购买和维护硬件，只需为服务付费，并且可以按需扩展至PB级别。
英特尔	12.3	开源通信系统	信息技术服务	系统名为"ACAT"，即"辅助情境感知工具包"(Assistive Context Aware Toolkit)，是专门为史蒂芬·霍金量身打造的，同时也可适用于全球300万罹患四肢瘫痪和运动神经元病的患者。
IBM	12.4	新一代基于IBM云的数据服务DataWorks，dashDB和Cloudant	信息技术服务	新服务提供了诸多关键的核心功能，能帮助企业从"在数据上工作"转变为"让数据为业务工作"，确保企业可以更便捷地应用更为可靠的信息。
英特尔	12.9	提供硬件、软件和云计算支持的物联网平台	物联网	旨在统一并简化物联网的连接性和安全性，提供一个可重复的软硬件构建单元基础，这有助于供应商将物联网试验项目推向大规模部署。英特尔还将与埃森哲、戴尔等众多公司建立合作关系，以活跃物联网生态系统。
浪潮	12.9	面向中小企业的虚拟化整合方案、桌面云方案和备份容灾方案	信息技术服务	旨在云计算、大数据新技术趋势下涌现的中小企业新需求新特点，再造企业基础架构，缩减企业运营成本。
微软	12.11	Insights for Office	办公软件	微软将必应搜索技术整合至Office中，称为"Insights for Office"（Office见解）。在WordOnline中，Webified版本的Word内置了多种浏览器，用户可以在内置搜索框中查找到所需内容信息。
谷歌	12.22	Cloud Dataflow	开源软件	Dataflow Java SDK使开发人员可以看到它的实现方式，并合理使用该SDK开发运行在本地或其它云上的服务。
深之度	12.20	Deepin 2014.2 RC	开源软件	提供全球最为流行的20种语言支持，使用户能无任何语言障碍的使用系统。

七、龙头企业加速并购增强竞争实力

2014年，在全球软件产业转型调整的背景下，以谷歌、IBM、甲骨文等为代表的IT巨头展开大手笔并购，利用融资并购补齐自己的产业短板、进一步加强优势环节的竞争实力，或构建自己掌控的生态系统。Facebook以220亿美元完成了Whatsapp的收购，创2014年收购金额的最高值；谷歌以32亿美元收购了智能家居公司Nest Labs，成为谷歌历史上规模第二大的收购；甲骨文以53亿美元收购Micros，创五年来最大一笔交易。以资本为纽带的大规模并购整合，体现了近几年软件业已进入新的调整期，软件业正在酝酿新的变局。

表2-3 2014年国外软件领域典型并购案例

序号	企业	收购金额	收购企业	收购细节及可能的战略目的
1	谷歌	32亿美元	Nest	智能家居是产业发展的新热点，很多巨头都涉足了智能家居领域，收购Nest给谷歌带来进军一个重要的新市场的跳板。
2	Facebook	220亿美元	Whatsapp	10月，Facebook完成了Whatsapp的收购，成为2014年最巨额的收购。收购Whatsapp将加大Facebook在移动领域的押注。
3		20亿美元	Oculus VR	Facebook收购沉浸式虚拟现实技术厂商Oculus VR，作为对未来计算的长期投资，博未来"计算平台"。
4	苹果	30亿美元	Beats专属魔音耳机	苹果以30亿美元的价格收购了流媒体音乐订阅服务提供商Beats Music和Beats耳机生产商Beats Electronics，进一步进军可穿戴领域。
5	微软	25亿美元	Mojang	Mojang是总部位于瑞典斯德哥尔摩的游戏开发商，微软收购这家公司及其代表作Minecraft，更深地介入游戏行业。
6		1亿美元	Parature	云软件厂商Parature可以帮助企业用户管理帮助服务和提供其他的客户支持服务。此次收购使微软增强了Dynamics CRM产品线。

（续表）

序号	企业	收购金额	收购企业	收购细节及可能的战略目的
7	IBM	–	NoSQL数据库企业Cloudant	Cloudant将成为IBM新组建的信息与分析事业部的一部分。IBM计划将BigCouch服务用于其大数据与分析产品和服务中。IBM还将把这项服务集成到自己的移动应用开发工具MobileFirst产品组合中。
8		–	Cognea	IBM收购了人工智能初创公司Cognea,并为此投资10亿美元成立了新的沃森部门。Cognea开发了一个基于认知计算和对话的人工智能平台，致力于为银行呼叫中心等企业客户提供能够个性化对话的虚拟助手。该收购将进一步推进IBM使得沃森成为面向企业、创业公司和大学的开发平台的计划。
9	甲骨文	53亿美元	Micros Systems	收购酒店行业软件和服务提供商Micros Systems可望为甲骨文带来一大批利润丰厚的客户群，有助于重振旗下放缓的硬件和数据库部门。
10	红帽	9500万美元	eNovance	开源云计算服务提供商eNovance的优势在于系统集成能力和工程人才，加上红帽在OpenStack领域的投入，两者的联合将满足企业对OpenStack咨询、设计及部署的更多需求。
11	HP	1亿美元	Eucalyptus	惠普将利用企业级云计算解决方案提供商Eucalyptus Systems的技术，将亚马逊AWS的兼容性带到惠普的OpenStack云计算产品中。
12	思科	–	Metacloud	Metacloud基于OpenStack的云平台，将加速思科建立全球最大互联云Intercloud网络的战略实施。通过收购Metacloud，思科获得了独特的技术，能够向客户提供OpenStack私有云服务，并且能够远程进行云管理。
13	EMC	不到5000万美元	Clouds-caling	借助云计算初创公司Cloudscaling，EMC将更好地构建OpenStack私有云平台，在OpenStack社区迈出第一步。
14	Thoma Bravo	36亿美元	Riverbed	2014年12月，Riverbed宣布由私人股权投资公司Thoma Bravo斥资36亿美元收购。下一步Riverbed也许会与同样从事WAN优化业务的Blue Coat合并，而后再度迎来整体出售。

数据来源：赛迪智库整理，2015年3月。

八、传统 IT 企业加速向新兴领域转型

随着互联网、移动互联网的高速发展，企业和消费者希望随时随地获取服务的需求在迅速上升。2014 年，传统硬件和软件企业屡屡遭遇挑战，为迎合市场需求，传统 IT 企业大力布局云计算、大数据、移动互联网、智能制造等业务，并通过并购等方式加速扩张，争夺市场份额。

云计算领域，传统行业用户开始大量涌入云端，将云计算视作提升生产力的重要平台。企业 IT 模式的转变，要求 IT 服务提供商迅速跟进，以保持市场竞争力。IBM、惠普等传统 IT 企业纷纷转向研发融合基础架构的 IT 解决方案，加快提升云计算服务水平，并取得云相关业务的突出增势。2014 年，EMC 一次性完成三笔云数据企业收购，旨在填补 EMC 混合云战略的重要组成部分；IBM 与汉莎航空、WPP 集团、汤森路透及荷兰银行签署超过 40 亿美元的多年企业云合作协议，并且与 SAP、微软、腾讯、AT&T 及英特尔公司等 IT 领先企业签署战略合作协议。根据 IBM 财报数据显示，2014 年企业云计算收入达到 70 亿美金，同比增长 60%。

大数据领域，2014 年，全球新增大数据创业企业和开展大数据业务的企业数量急剧增加，产品和服务数量也随之增长。市场结构趋向完全竞争，企业间竞争变得更加激烈，变化仍将持续。谷歌、亚马逊、Facebook 等互联网企业龙头和甲骨文、IBM、微软等传统 IT 巨头，通过投资并购的方式不断加强大数据领域布局，初步形成贯穿大数据产业链的业务闭环，并在各行业拓展应用。

智能制造领域，2014 年，全球工业软件领域的投融资活动十分活跃，各细分市场领域内的主要领导企业均有频繁的业务重组和并购动作，或补足自身短板，或拓展市场领域。例如，西门子 PLM 收购全球 MES 领导企业 Camstar，强化在工业数字化领域的领导地位。通用电气（GE）缩小金融业务，出售媒体、家电等业绩波动剧烈的业务，转向了可稳定盈利的制造业领域，并拓展基于互联网的维修服务。施耐德电气收购实时绩效管理与预测性资产分析软件及解决方案供应商 InStep Software，强化在电力能源市场的实力。

　　围绕移动互联网的迅猛普及，传统 IT 企业积极部署数字内容、移动搜索等相应服务。苹果以 30 亿美元收购流媒体音乐服务提供商 Beats；微软以 25 亿美元收购游戏公司 Mojang。IBM 与苹果达成面向企业市场的独家合作，借此帮助其产品和云服务更快融入到用户的移动设备中；谷歌与惠普洽谈拓展其移动虚拟助手 Google Now 的企业数据搜索功能；亚马逊推出面向企业的电子邮箱和日历云服务，强调其安全可靠性能。

第三章 2014年世界软件产业热点事件

一、苹果 iOS "窃密门"事件

（一）事件回顾

2014 年 7 月中旬，全球黑客大会上知名的 iOS 黑客、早期 iOS 越狱开发团队成员乔纳森·扎德尔斯基展示了未公开过的 iOS 系统后门，利用该后门可以从 iPhone 和 iPad 等苹果设备上获取用户短信、通讯录、照片、日志、语音邮件、地理位置等私人数据。

在充分证据面前，苹果公司公开承认，公司员工可以通过未公开技术提取苹果手机中的个人数据。同时，苹果公司表示，"后门"只是提供 iOS 系统诊断功能的工具，主要用于向企业 IT 部门、开发者和维修人员提供所需信息，但在获取这些受限数据前，需要获得用户解锁电脑的授信，并没有为任何情报部门创建"后门技术"，故"不会对用户隐私和安全带来影响"。

对于苹果公司的解释，各界并不满意，焦点在于，苹果公司为何不在说明书中提前向用户进行相关的告知，苹果公司提供服务为何需要以获取用户的个人隐私信息为前提，以及证据显示部分后门并非是开发者或运营商用来测试网络或调试应用的。

（二）事件启示

苹果"窃密门"可能带来的安全问题。与之前暴露出的手机泄露隐私事件相比，本次苹果"窃密门"中的"后门"程序是其主动加入的，且未对公众提及过程序的存在，用户也无法关闭这些程序。这种从"根子"上存在的后门，可能带来无法防范的安全问题。

一方面，个人信息被黑客或其他人员非法搜集和利用。黑客或其他别有用心的人员可以在用户不知情的情况下，通过无线网获得用户的通讯录、备忘录、邮件、账号信息等个人隐私信息，对这些信息的利用，可能导致用户财产损失、名誉损害，甚至威胁人身安全。

另一方面，重要人员数据可能被组织机构大规模监控和搜集。若用户是重要行业领域或企业的重要人员，对其实现长期监控或对大量人员信息进行大规模搜集，并基于数据挖掘技术、大数据分析和关联技术等相关数据技术分析和处理，最终可能会危害其所在企业、机构，甚至是国家的安全。

苹果"窃密门"带来发展机遇。苹果"窃密门"可能带来严重的信息安全问题，也因此可为我国智能终端操作系统发展带来发展机遇。这次事件可能导致重视安全的用户对 iOS 系统及苹果设备失去信心，进而会寻找安全性相对更强的系统及设备，可以选择国产品牌智能终端和国产智能终端操作系统。同时，我国已将信息安全上升到国家安全战略层面，鼓励和扶持国产智能终端操作系统发展是其中的重要任务。苹果"窃密门"的出现，将进一步引发国家和社会各界对国产智能终端操作系统的重视，从而上下合力，运用多种手段推动其发展。

切实把握机遇仍面临多方面问题。在分析潜在机遇的同时，也须客观认识到，要由此实现国产智能终端操作系统对 iOS、安卓等产品的替代，并不现实，还存在多方面问题。

首先，用户已然习以为常，"窃密门"可能不了了之。苹果公司在信息安全方面的记录并不优良，近几年曾多次出现类似事件。但由于 iOS 系统和 iPhone、iPad 等设备确实较其他产品有特点、有优势，加之普通用户的信息安全意识不足，故苹果每次曝出安全问题后，虽然开始被广泛关注，但最后都是雷声大雨点小。若我国针对此次事件没有相应作为，用户对信息安全保障紧迫性的认识没有提高，最终仍可能不了了之，对国产智能终端操作系统发展也无促进。

其次，市场已经形成垄断，突破竞争壁垒异常困难。苹果、谷歌、微软等信息技术巨头通过在智能终端市场软硬件各个领域的布局，特别是"强后台"+"瘦客户端"模式的强力推动，已形成先发优势、规模优势和垄断格局，并在技术、专利、市场和产业生态等方面构建起壁垒，对后发竞争对手进行了种种打压和遏制。因此，若缺乏有效手段消除壁垒、突破垄断，则很难获得支撑国产操作系统

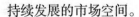

持续发展的市场空间。

最后，自主发展水平不高，赢得用户信赖实属不易。在智能终端操作系统领域，我国企业多是技术、产品与商业模式的追随者，产业基础较为薄弱，核心技术积累不够，缺乏高级研发人才和产业链上下游的深度合作，产品质量与国外竞争对手相比仍存在不小的差距，且相关专利主要掌握在国外企业手里，国内企业面临着专利、知识产权等问题。因此，若不能先提升自身实力，提高国产品牌的性能、质量，突出国产操作系统的安全优势，就很难赢得用户的认可和信赖。

（三）政策建议

我国智能终端操作系统领域要真正把握住机遇，必须以提升自身发展能力为重点。

促进技术产品研发创新和产业化进程。充分利用产业政策和发挥财政资金杠杆作用，鼓励企业、科研院所以及高等院校等开展深入合作，打造融合化的自主创新体系，鼓励建设开源社区，营造国产智能终端操作系统基础资源共享环境，重点加快 Linux、安卓等系统内核源码的分析，支持跨终端操作系统平台、开发与测试工具、搜索引擎、网络内容聚合等软件技术，核心处理芯片、电源管理芯片等芯片技术，新型智能手机、平板电脑、智能电视等终端产品技术，以及位置服务、电子支付等应用服务技术的研发与产业化。

打造健全的智能终端操作系统生态环境。围绕"智能终端操作系统＋内容分发渠道＋应用软件与数字内容服务＋智能终端设备"的产业生态系统，积极推动软件企业与电信运营商、广电内容提供商、内容分发商等拥有客户资源和分销渠道的企业加强合作，并整合政府部门、科研院所，以及终端设备制造、软件开发、网络运营等企业的优势资源，逐步构建系统软件开发商、终端设备制造商、网络运营服务商、数字内容分发商、应用软件开发商、内容服务提供商等广泛参与、合作共赢的应用推广体系，构建良性的生态环境。

支持企业加强知识产权和专利能力建设。深刻认识到打造具有自主知识产权国产智能终端操作系统的重要性和紧迫性，从资金、人才、资源等多方面做好专利保障工作。在项目管理方面，建议将专利管理融入到从项目立项论证、项目验收直至推广应用的各个环节。建议从国家层面建立核心专利库平台，为国内企业基于开源软件开发的智能终端操作系统提供指引，消除由于软件知识产权而带来的法律风险。另外，支持有条件的企业积极尝试专利并购，为未来的专利战提前做好准备。

推动提升国产智能终端操作系统的信息安全水平。加强对国产智能终端操作系统安全可控关键技术研发和创新，对从内核、通用算法库、图形交互系统到应用框架等操作系统安全涉及的所有层面进行深入分析和研究。另外，充分利用好国家互联网应急中心、中国信息安全测评中心等国家信息安全专业第三方机构资源，建立操作系统补丁情况更新、漏洞信息通报、安全漏洞分析、安全应急处置等技术协调及通报处理机制。

二、微软全面关闭 MSN Messenger 服务

（一）事件回顾

2014 年 10 月 31 日，继在全球陆续关闭相关服务后，微软 MSN 旗下的即时通信工具 MSN Messenger 在我国正式关闭服务，用户相关信息将迁移至 Skype 平台。至此，MSN Messenger 的最后一个使用地区关闭，全面由 Skype 取而代之。

MSN Messenger 是属于微软 MSN 系列服务中的即时通讯工具，是该系列服务的核心组成部分之一，最早于 1999 年 7 月开通服务，一度成为全球占有率最高的即时通讯类软件之一。背靠微软公司一体化网络服务体系的坚实后盾，凭借在全球范围内拥有的庞大用户基础，MSN Messenger 在 2005 年踏入中国市场后很快便吸引了国内用户的关注，短期内就达到超过 20% 的市场占有率。

然而，MSN Messenger 的辉煌并没能长期持续。一方面，自身功能创新缓慢使得产品失去核心竞争力，成为影响用户体验的主要原因。另一方面，MSN Messenger 长期没能找到合适的盈利渠道，其定位一直被局限在纯工具软件的范畴。与操作系统和办公套件等微软商业模式的核心基石相比，MSN Messenger 等互联网服务一直处于边缘地带，难以得到更多资源和内部支持。

（二）事件解读

MSN Messenger 黯然退场的背后既有功能创新缓慢服务针对性不足的内部因素，也有公司战略转型直接竞争对手逼宫的外部影响，但根本原因是其发展思路没能跟上移动浪潮的步伐，新一代移动即时通信应用爆发彻底终结 MSN

Messenger 的生命周期。

微软收购 Skype 后的战略调整直接扼住 MSN Messenger 的喉咙。2011 年 5 月，微软斥资 85 亿美元收购互联网语音通讯平台 Skype，并不断加快将 Skype 的互联网语音服务功能集成到产品体系中，并围绕其打造全新的服务平台。可以说，微软已经将新一代即时通讯的业务重点转向该平台，并正在着手将更多功能集成到该平台中。这种直接对位升级的战略转移导致 MSN Messenger 被取代几乎板上钉钉。同时，2014 年初，微软在任命新 CEO 后进行了公司架构和战略层面的深层次调整。在"云和移动优先（Cloud first，Mobil first）"的新战略下，以 MSN Messenger 为代表的传统互联网服务已经处在被微软放弃的边缘。于是，2014 年 3 月微软就宣布在除中国内地外的全球范围内关闭 MSN Messenger 服务，由 Skype 取而代之。10 月底中国区服务关闭后，未来微软互联网业务的重心将转移至必应（Bing）搜索、MSN 中文网和 Windows Phone 为核心的移动业务领域快速兴起的新型移动即时通信应用带动 MSN Messenger 用户移动化转移。近年来，伴随移动互联网大潮来临，智能手机等移动终端全面普及，以 WhatsApp、微信和 LINE 为代表的移动即时通讯应用迅速抢滩登陆。与传统 PC 领域的即时通讯软件相比，移动即时通讯应用具备更强的全天候服务能力。一是移动即时通讯应用只要连通无线网络即可在任何环境下进行服务，其易用性保证用户可以在碎片时间随时使用；二是移动即时通讯应用可以根据用户的智能手机通讯录，依托线下社交关系构建线上交际圈，强化了线上社交的主动性、针对性和隐私性；三是在传输文字和图片信息之外，移动即时通讯应用还增加了以较低费用传送语音信息甚至视频信息功能，极大的丰富了线上社交手段；四是应用开发商通过开放移动即时通讯应用平台接口，不断拓展第三方支付、点评和社区等功能，持续强化用户黏性。这些新兴移动即时通讯应用中的翘楚在短期内就实现了上亿级的用户规模，带动传统即时通讯用户加快移动转型步伐，成为 MSN Messenger 的最终真正掘墓人。

（三）事件启示

移动时代创新始终是核心驱动力。MSN Messenger 在国内从辉煌到衰落正逢用户从互联网向移动互联网转型的关键时期。可以说，真正终结 MSN Messenger 的不仅是其产品功能定位和服务本身，移动大潮下不转型难成活的定律已经在国内外若干家企业中无数次被映证。移动信息服务凭借其随时随地的便捷易用快速引领用户转移潮流，平台所有者也由此成为产业中新的主导者。当前，伴随移动生态体系由破坏性创新转为持续创新的过渡期，如何在全新的开放式平台下延续持续创新的动力，将成为未来左右企业核心竞争力的关键要素。

移动时代即时通讯应用平台化逐渐成为主流。在移动大潮的带动下，极简约的轻量化应用和全方位拓展的平台化模式是即时通讯应用的主要发展方向。其中，WhatsApp 和微信正代表着移动即时通讯应用两个极端的典型成功案例。WhatsApp 是简约型 IM 的代表，在商业模式上一直坚持"没有广告，没有游戏，没有噱头"的营销理念，通过向每个用户收取使用费盈利；而以微信为代表的平台型移动即时通讯软件在满足用户基本社交需求后，更是大范围拓展服务范围，增加了社区、位置、点评和移动支付等额外的移动信息服务功能。同时通过开放接口，大量引入第三方线上移动服务商提供更多类型的延展服务，将自身演化为移动互联的重要入口，从而通过广告和流量变现来实现盈利。在 Whatsapp 被 Facebook 高价收购后，平台化已经成为未来的主流发展趋势，移动即时通讯应用正在逐渐成为移动操作系统和工具应用之间的第三层，在整个生态体系中起到至关重要的衔接作用。

移动时代用户体验至上的应用思路。与 PC 平台应用软件相比，移动应用与用户之间的距离更近，具备开发团队规模小、开发周期短、版本迭代快等特性，先天就具备能够更好满足用户差异化和个性化需求的优势。因此，当面对不同国家地区、具备不同使用习惯的移动用户时，移动应用开发者必须因地制宜、与时俱进的进行功能和服务方面的针对性优化，才能真正提升用户体验。同时，这种针对性优化不能空穴来风或者闭门造车，而是应该通过对用户数据和竞争对手分析得到可靠的依据后进行。这种研发、搜集、分析、更新的研发周期在移动时代被进一步压缩，对移动开发者提出了更高的要求，也为国内移动应用开发者植根国内用户的差异化需求，开发适合我国国情的应用提供了难得的时间窗口。

三、OpenSSL 漏洞安全事件

（一）事件回顾及背景

2014 年 4 月 8 日，OpenSSL 协议被曝出存在严重的安全漏洞。由于大多数网上银行、在线支付、电商平台、门户网站、电子邮件等重要网站均普遍采用

OpenSSL 协议，因此，本次安全漏洞事件影响的范围十分广泛，同时也在业内引起了不小的风波。

SSL 是 Secure Socket Layer（安全套接层协议）的缩写，主要应用于传输层TCP 协议、网络层 IP 协议与各种应用层 HTTP、FTP 等协议之间，为数据通讯提供安全支持。该协议能够为高层的应用层协议提供数据封装、压缩、加密等基本功能的支持，并在实际的数据传输开始前，促使通讯双方进行身份认证、协商加密算法、交换加密密钥等。

OpenSSL 是一种为网络通信提供安全及数据完整性的安全协议，囊括了主要的密码算法、常用的密钥和证书封装管理功能以及 SSL 协议，主要通过开放源代码的 SSL 协议，来实现网络通信的加密和认证。一般来看，由于 OpenSSL 本身具有很高的安全性，其通常作为一个多用途、跨平台的密码安全工具，被广泛应用于各种网络应用程序中。

漏洞实际上是在 OpenSSL 的 Heartbleed 模块存在一个 Bug，故被称为"heartbleed bug"，中文译为"心脏出血"漏洞。其成因主要在实现 SSL 的心跳协议时存在涉及内存信息泄露的编码漏洞。其中"心跳协议"是指为了确定网络服务端仍然"活着"，客户端向服务端发送特定的数据，服务端做出响应的过程。在正常情况下，客户端发送的心跳请求包含什么数据，服务端就返回什么数据。然而，利用"心脏出血"漏洞，客户端可以构造异常的心跳请求，诱导服务端返回服务器内存中最多高达 64K 的额外数据，这些数据中可能包含用户在网站上的登录账号、密码等重要信息。

该漏洞所影响的网站数量以及造成的经济损失难以准确统计和估量。从全球来看，全球主要的两大网络服务器 Apache 和 nginx 均采用 OpenSSL 协议，大多数桌面电子邮件客户端和聊天软件也都采用 SSL 协议。可想而知本次漏洞威胁波及范围之广。另外，根据 Netcraft 公司 2014 年 4 月 8 日测试，大约 17.5% 的 SSL站点存在漏洞，即全球大约有 50 万网站存在此漏洞。从中国来看，据 Zoomeye系统扫描，当前中国全境使用 443 端口的服务器有 1601250 台，其中受本次安全漏洞影响的达到 33303 个。人们日常使用的以 https 加密的站点，如银行、证券、购物等网站均不同程度地受此漏洞的影响，直接威胁到电商、网银、社交以及门户等网站客户信息与财产的安全。

虽然本次漏洞事件影响十分广泛，但 OpenSSL 开源社区项目组反应十分迅速，在漏洞被曝出的当天，就及时发布了新版本 1.0.1g，修复了此问题，一定程度上缓解了业界的恐慌，使得事件得到有效控制。另外，据金山毒霸安全中心统计，该事件发生一周后，随着越来越多的网站修复了"心脏出血"漏洞，对存在漏洞网站的访问人群数量从最初的每天 7000 人开始出现明显的下降趋势。

事件发生一周后，针对本次安全漏洞出现的问题已经迅速得到了控制，然而，真正令人担忧的是对已经发生的问题或造成的损失难以估量。因为本次漏洞从 2012 年 OpenSSL1.0.1 版本发布以来就已经存在，覆盖了从 1.0.1 系列版本（1.0.1a 到 1.0.1f）到 1.0.2betal 的所有站点。两年多来，对大多数网站而言，并没有建立多层监控能力，对自身的内存访问没有留下日志而无法追踪过去的访问，因此，根本无法统计已经被攻击站点的数量和已经被泄露信息的数量，对于针对性的补救措施更是无从谈起。对于已经发生的影响和危害还需要相当长的一段时间来发酵和消化。

（二）事件应对经验

政府层面：以国家互联网应急中心（CNCERT）为核心的国家公共互联网安全事件应急处理体系及时发挥了积极作用。

作为国家公共互联网网络安全应急体系的核心技术协调机构，CNCERT 通过各地分中心，在社会网络安全防范机构、公司、大学、科研院所的支撑和支援下，在协调骨干网络运营单位应急组织、域名服务机构应急组织等国内网络安全应急组织共同处理网络安全事件方面发挥了重要作用。

在安全漏洞方面，CNCERT 高度重视并长期保持对信息安全漏洞的跟踪、分析与研究，专门联合国内重要信息系统单位、基础电信运营商、网络安全厂商、软件厂商和互联网企业，共同建立了国家信息安全漏洞共享平台（CNVD），致力于构建国家统一的信息安全漏洞收集、发布、验证、分析等应急处理体系。2013年，CNVD 全年收录通用软硬件漏洞 7854 个，较 2012 年增长 15%，其中高危漏洞 2607 个，可远程攻击的漏洞 6962 个，0day 漏洞 2011 个，收录漏洞数量继续位居国内前列。

在本次 OpenSSL "心脏出血" 漏洞事件处置过程中，CNCERT 反应十分迅速，在 4 月 10 日就发布了《关于 OpenSSL 存在高危漏洞可被利用发起大规模攻击的情况通报》，从漏洞情况分析、漏洞影响范围、漏洞处置意见三个方面给予了权威性的发布和解读，一定程度上缓解了用户的恐慌。

民间层面：以乌云（WooYun）为代表的互联网安全漏洞报告平台成为厂商、研究人员、用户之间沟通的重要渠道。

近年来，随着国家将信息安全上升到战略高度以及国家信息安全应急体系的不断完善，以 WooYun 平台为代表的第三方信息安全服务平台和机构也迎来了发展热潮，民间平台与国家级平台相比，能够更好地贴近用户，目标定位是位于厂商和安全研究者之间的安全问题反馈平台，在对安全问题进行反馈处理跟进的同时，为互联网安全研究者提供一个公益、学习、交流和研究的平台。为安全厂商和用户之间搭建学习和交流的桥梁平台，对于全社会范围内信息安全防护具有十分重要的作用和意义，成为国家级平台的有益补充。

同时，乌云作为互联网漏洞报告平台，研究人员可以通过其发布自己的技术成果，展示自己的实力；厂商可以通过其发现自己存在的和可能存在的问题；用户可以通过其了解最新的安全信息和应对策略；最终使得厂商、用户和技术研究人员能够实现信息共享，从而构建健康良性的安全漏洞生态环境。

在本次 OpenSSL "心脏出血" 漏洞曝光后，众多安全研究人员通过 WooYUN 平台及时发布了包括腾讯、联通、卡巴斯基、搜狐畅游、联众世界等在内的企业由于漏洞可能导致敏感信息泄露的情况，并及时通知厂商对漏洞进行了修复，一定程度上缩短了企业厂商修复漏洞的时间，降低了安全风险。

用户企业：大多数企业及时对漏洞履行了告知或修复义务，安全厂商针对漏洞提出了相应的解决方案。

总体来看，大多数企业及时对漏洞履行了告知或修复义务。一方面，具有较强安全运维能力的公司，如国外的苹果、亚马逊、雅虎等以及国内的腾讯、阿里、小米等均及时对网站的漏洞进行了修复，有效降低了用户信息泄露的风险。另一方面，大部分尚未有能力修复漏洞的网站，对于浏览网站的用户，也做出了重要提示，要求当前用户不要做风险较高的支付操作。

对安全专业厂商而言，大多数厂商成立了专业应对小组，及时收集漏洞信息、模拟渗透测试、评估漏洞危害、开发漏洞测试工具并总结漏洞修复方案，并在第一时间发布以供大家参考，以便证明自身的专业性和扩大企业影响力。如针对本次 "心脏出血" 漏洞，金山毒霸安全中心推出了覆盖网站、电脑软件、安卓手机软件的全平台漏洞检测方案，可对多种终端设备进行漏洞扫描和预警，防止用户的敏感个人隐私信息遭到泄露。奇虎 360 公司也迅速推出 OpenSSL 漏洞在线检查工具，输入网址就能够检测网站是否存在该漏洞，帮助用户避免相应风险，同时还开通了热线电话，网站用户在升级和维护网站过程中，可以随时拨打该热线电话，获得免费全程技术支持。

（三）政策建议

一是加强科普和宣传工作，提高全民信息安全防护意识。重视对国家和地区相关安全政策法规的宣讲工作，重视对木马病毒防护、反垃圾邮件、漏洞监测等安全基础知识库的科普，定期开展相关安全专题的培训研讨会，等等。积极组织开展网络安全宣传周等活动，来提升全社会网络安全的意识和自我保护能力。

二是高度重视安全漏洞的价值，加强对漏洞技术的研究。积极应对安全漏洞、防范漏洞风险，高度重视安全漏洞的价值。加强对漏洞技术的研究以及漏洞威胁的评估，围绕政府部门、行业企业和用户开展精确预警和预先处置工作，将漏洞信息引导到风险预警和攻击防范的轨道。鼓励和支持国家信息安全测评机构以及民间信息安全漏洞报告平台和机构对安全漏洞技术的研究，切实提升国家对安全漏洞的防护能力。

三是构建信息安全主动防御体系，建立安全漏洞触发机制。积极构建全国范围的信息安全主动防御体系，采取以防为主的积极防御策略，构建以可信计算、访问控制、防入侵检测等为基础的主动防御技术体系，推动以风险评估、脆弱性分析为基础的安全预防机制建设。加快和推进安全漏洞触发机制建设，继续鼓励国家信息安全漏洞共享平台（CNVD）与民间互联网安全漏洞报告平台开展漏洞事件推送、应急处置协作等合作，进一步提升对安全漏洞的监测发现、预警通报和应急处置能力，保障用户和厂商安全利益。建议工业与信息化部（简称工信部）、公安部等政府职能部门针对影响范围较广的安全漏洞，及时启动应急措施，促进通报漏洞信息，并强制推动对受到漏洞影响的网站进行技术升级和漏洞修复；建立事后处罚机制，对于漏洞处理不当的企业给予相关处罚，对利用漏洞进行侵占他人财产的非法行为进行查处和追责。

四是积极推动国际交流与协作，共同维护网络安全环境。在信息安全应急处置方面，继续加强与国外网络安全应急小组、非政府网络安全合作组织、国外政府部门及政府间合作组织的交流与协作。重点围绕网络安全技术创新、信息共享平台建设、跨境安全事件处置、应急联系机制完善等主题，共同维护区域内的网络安全环境。

四、Facebook 天价收购 WhatsApp

（一）事件回顾及背景

2014 年 2 月 20 日，Facebook（脸谱网）宣布，以 160 亿美元的价格收购移动通信应用 WhatsApp，并为 WhatsApp 创始人和团队提供 30 亿美元的限制股。这笔总价 190 亿美元的并购交易是继 2001 年时代华纳与 AOL 合并之后，互联网领域发生的最大规模并购交易，引发业界广泛关注。

WhatsApp 是全球用户最多的移动通信应用。虽然其员工仅有 50 余名，旗下只有一款移动即时通信应用产品，WhatsApp 却在 5 年内实现用户数量超 4.5 亿，这就是 Facebook 所看重的价值。WhatsApp 能够成为全球最流行的移动通信应用，源于对用户关于跨平台移动通信应用需求的准确把握，对产品体验至上的长期坚持和商业模式简单透明的经营理念。

WhatsApp 发展优势一：产品上线早，使用简单、成本低廉。WhatsApp 是最早出现在智能手机上的移动通信应用之一，凭借简单易用的功能和低廉的使用成本迅速吸引了大量用户。一方面，该应用上手非常简单，用户仅需下载安装并使用手机号码注册，就能通过扫描用户手机通讯录自动搜索好友并构建关系网。另一方面，WhatsApp 使用成本低廉，用户仅需每年缴纳 0.99 美元的年费，不需再向电信运营商支付额外费用，只花费网络流量或依托免费 WIFI 就可以实现文字、图片和语音等信息的高速传输，能够完全取代传统手机上的短信息（SMS）和彩信（MMS）功能。

WhatsApp 发展优势二：支持跨移动平台，服务覆盖区域广。与竞争对手相比，WhatsApp 支持包括 iOS、安卓、黑莓、Windows Phone 和塞班等全部主流移动操作系统平台的几乎所有智能手机，打破了不同运营商、不同设备和不同系统平台之间用户相互沟通的隔阂，用户即使在更换移动设备后也能很快恢复使用。其服务范围覆盖全球主要地区和国家，尤其是在拉美、非洲和欧洲地区的 iPhone 用户中覆盖率超过 90%，强大的覆盖能力使得 WhatsApp 成为众多用户实现跨境沟通的第一选择。

WhatsApp 发展优势三：无广告、无游戏，长期专注产品核心功能。在直接竞争对手加快多元化发展的同时，WhatsApp 仍然执着专注于丰富和提升产品的即时通信功能，一直坚持"没有广告，没有游戏，没有噱头"的营销理念。近年来其营销策略的最大改变仅是将收费模式从 0.99 美元的一次性付费下载变成按年付费。这种简单透明的商业模式，打消了用户对通信私密性的担忧，用户规模得以迅速扩大。而其产品体验至上的精神，则保证了用户的黏度和活跃度。

（二）事件分析

作为全球用户规模最大和分布最广的互联网社交平台，Facebook 的移动转型却难言成功。2014 年，Facebook 在移动社交领域面临多个新兴平台的挑战，严重威胁到其作为社交创新领导者、领军者的地位。因此，借助 WhatsApp 在移动即时通信领域的优势来增强自身在移动互联网领域的竞争实力，是 Facebook 此次天价收购的根本原因。总体而言，Facebook 实施收购行为的出发点有三。

出发点一：挽回早期移动战略失误造成的被动局面。Facebook 早期选择基于 HTML5 语言打造页面式跨平台移动应用的技术路线，试图在复制互联网成功经验的同时达到整合多个移动平台的目标。这是战略方向上的重大失误，错以为移动互联网是互联网的简单延伸，而没有能够预见到其百倍千倍的价值放大作用。错误的技术路线导致 Facebook 在多个移动平台均存在反应迟缓、用户体验差等不足。虽然后来努力调整，并积极在各移动平台布局本地应用，但已经错过了移动互联网发展初期的关键时间窗口。与此同时，以 WhatsApp 为代表的新型移动应用则在快速扩张，尤其是在北美以外的地区，Facebook 已经失去了移动社交领域的主导权。因此，Facebook 迫切需要通过收购一款用户体验极佳且流行度高的移动社交应用，扭转其在全球范围内的被动局面。

出发点二：应对新型移动社交平台迅速发展带来的挑战。以微信、LINE 和 KakaoTalk 等为代表的移动社交应用在以短信、图片和语音等方式充分满足用户移动即时通信需求的同时，依托智能手机通讯录构建社交关系网，形成了对细分领域用户群体的垄断。通过整合共享、位置和支付等新型移动服务，构建了更贴近用户的新型移动社交平台，迅速成为具备高度用户黏性的移动互联网核心入口，并对既有社交平台形成冲击。错过机遇期的 Facebook，在用户规模和商业模式两个方面，都不再是创新者而成为追赶者，因此收购一款像 WhatsApp 这样在全球用户规模上占据领先优势且能够担负起抵抗竞争对手大任的移动通信应用，成为Facebook争夺移动入口的必然选择。

出发点三：强化移动入口的同时布局全球移动社交。虽然市场上移动通信应用数目众多，但WhatsApp最适合Facebook的移动转型战略。一是商业模式简单，与Facebook现有业务冲突小。WhatsApp上线至今一直坚持不引入移动广告，与以广告收入为主的Facebook业务几乎没有交集，后期整合难度低。二是直接提供大量优质移动用户资源。WhatsApp现有用户基数大、增长快、黏性好、全球化水平高，与以北美地区为主战场的Facebook构成良好的互补关系，能够满足Facebook最迫切的移动用户规模需求。并购使得Facebook获得了全球范围内的用户规模的优势，既阻击了微信等竞争对手的全球化进程，同时开始布局中国这片最大的潜在移动互联市场。Facebook旗下的图片社交服务Instagram和即时通信服务WhatsApp已经进入中国，并且锁定了中国区用户与境外用户的沟通需求。

（三）事件启示

我国移动互联网产业经过近年来的快速发展，竞争日趋激烈。腾讯、阿里、百度在各自具有优势的移动社交、移动电商、移动搜索领域深耕，并且逐渐在业务交叉领域短兵相接。Facebook对WhatsApp的并购体现了全球移动互联网产业竞争的走势，可以为我国移动互联网产业未来的发展提供借鉴。

启示一：应更加重视移动社交服务的价值。Facebook对WhatsApp的高价并购，提醒我们移动社交已经成为移动互联网服务的基础构件之一。移动即时通信服务（语音、文字、图片）用软件服务替代了手机硬件实现的通信功能，进而将手机的角色从移动通信设备，重新定义成移动应用价值交付平台。当用户逐渐习惯并依赖移动社交服务，来满足日常移动通信的需要时，移动社交便积累起庞大的用户规模，成为移动互联网最重要的入口之一。随着移动支付的兴起，移动社交的业务边界不断扩展，用户的黏性进一步加强，这将帮助移动社交应用逐渐演化成其他服务交付的平台，其价值有望提升到与移动操作系统同等的高度。

对于我国移动互联网产业来说，移动社交是我们对国际巨头实现弯道超车的机会。相关企业应当充分重视移动社交的价值。深挖用户需求，积极开拓全球市场，积极应对来自国外巨头的竞争。另一方面，我国自主研发的移动操作系统，也可思考如何能够利用移动社交的流行，实现用户基础的快速增长。

启示二：应警惕为抢夺移动用户资源而可能发生的恶性竞争。移动社交应用强依赖于用户资源的快速聚集，市场竞争的逻辑可以总结为"变大或者失去"。WhatsApp 高达 190 亿美元的估值，将会进一步刺激我国移动社交领域内各家厂商对用户资源的抢夺走向更加白热化的程度。在我国市场上，腾讯公司的"微信"具有先发优势。阿里巴巴公司一方面注资新浪微博，一方面大力推广移动即时通信产品"来往"，正在奋力追赶。坐拥 7.5 亿用户的中国移动公司，近日宣布将推出基于移动互联网的 OTT、文字和图片融合通信产品，全面取代传统的短信业务。在可预期的未来，我国三大运营商也可能加入这场竞争。

产业主管部门应当格外注意竞争的走向，积极监管，警惕可能发生的危害产业发展或用户利益的恶性竞争，维护市场公平。比如，前一段时间广受关注的某两款打车软件的补贴竞争。在开始阶段，竞争给用户带来了实惠，也提高了出租车的运行效率。但是后来补贴价格战不断升级，开始出现出租车司机选择性拒载，抢单带来驾驶安全隐患等问题；乘客方面也开始遇到高峰期支付缓慢甚至失效，不加价叫不到车等现象。竞争趋向恶性，既无益产业发展，也损害用户利益。直到后来各地出台行政措施介入，竞争才又回到良性发展的轨道上。

启示三：应防范移动互联网投资泡沫风险。190 亿美元买下 WhatsApp，Facebook 称成长前景是关键，而非赚钱与否。这个说法与 Facebook 支撑自身 1730 亿美元的市值，市盈率超过 50 倍的价值观如出一辙。Facebook 认为未来 10 年该收购案将会得到回报。然而对于强依赖于用户资源和社会趋势的公司来说，10 年是相当长的时间。本次收购也推高了微信的估值，帮助腾讯公司的市值达到 1400 亿美元左右，市盈率接近 50 倍。

2010 年以来，移动互联网进入快速发展阶段，国内外并购层出不穷，交易规模纪录不断被刷新。WhatsApp 的天价成交，客观上更是极大地刺激了风投家和创业家的热情，"移动互联网"已经成为一个炙手可热的创投概念。我国市场已经出现了一些企业不太关注商业模式，转而聚焦于如何快速增加市场份额的现象。在相同的领域持有相同的商业计划的几家公司，在日趋激烈的用户资源抢夺过程中，依靠风投支持，烧钱圈地，打消耗战，而最终只有一家能够存活。这些提醒我们，资本对移动互联网概念和市场份额的追捧，可能引发投机过热产生移动互联网泡沫，必须加以足够的警惕。

五、微软开源 .Net 框架

（一）事件回顾

2014 年 11 月 13 日，微软公布了 .Net 开发框架开源计划。微软将这个长期以来仅可运行在 Windows 系统下的开发环境，通过 GitHub 开源，可帮助开发者实现跨平台支持 Mac OS 和 Linux。开源的内容包括了整个 .Net 服务器端的核心类别，包括 ASP.NET5.0、CLR、Just-In-TimeCompiler、GarbageCollector 以及 BaseClassLibraries 等。这是微软参与开源软件发展以来最大的开源实践，标志着微软将真正融入到开源世界，成为推动开源软件发展的重要力量。

微软开源 .Net 框架主要有两方面的原因。一是微软为跨平台 .Net 奠定基础。.Net 是一种广受欢迎的应用开发工具，但长期以来，.Net 应用开发仅可适用于 Windows 平台，使得应用在跨平台迁移及部署中面临较大的困难。而建立一个跨平台技术体系的主要途径就是通过合作的方式来建立一套代码共享技术方案，其中，开源是最好的选择。二是微软借 .Net 开源建立强大的生态系统。通过项目开源，开发者、使用者均可以对产品进行意见反馈，微软便可以实时同用户进行交流，而这种交流将非常有助于获取长期、稳定的反馈，使产品的综合性能得到有效提升，使产品更新的风险降低。

在 .Net 开源背后，是微软对技术开放的重新认识和实践，是微软实施基于开源软件的企业发展新战略的重要环节。早在多年前微软就通过开源 asp.net、mvc 等技术支持了 Mono 开源项目，近年来微软开始参与 Linux 的内核贡献。2012 年初，微软为进一步推动在互操作性、开放标准、开源软件等领域的长期投资，成立了微软技术子公司。2014 年 4 月，微软成立了 .Net 基金会，将众多开发工具纳入开源计划中，包括了 .Net 编译平台 Roslyn、ASP.NET、.Net Micro Framework 等，这一系列的举措构成了微软 .Net 开源的前奏。

微软开源 .Net 标志着其将持续加大对开源的投入和支持。在中国，2014 年 10 月微软开放技术携手中国二十多家企业和社区成立了开源社，其原则为"共治、共识、贡献"。据悉开源社将致力于促进中国开源软件和开源硬件的正确使用、授权许可、社区建设及管理，并为国内广大开发者提供教育培训、知识普及、工具及相关服务。未来，微软开放技术部门将持续参与开源软件的发展，助力微软提升在开源世界中的影响力。

不过，对于微软开源 .Net 能否成为 Java 的替代平台，评论员们显得较为悲观。红帽公司开发支持经理 Arun Gupta 就表示，单单只是开放技术源代码，并不代表将会增加它的吸引力，更谈不上完整的生态的建立。他认为，.Net 要赶超 Java 在短期内是无法实现的。但开源 .Net 对微软推广其云平台的作用是显而易见的，.Net 的开源，将有助于为软件建立一个与 Java 完全不一样的体系，为微软的 Windows Azure 云平台增加人气。综合来看，微软拥抱开源确实是走在了正确的轨道上，将会对促进微软持续发展发挥积极的作用。

（二）事件启示

微软作为传统的商业软件厂商，销售软件使用许可是其主要的商业模式，一直以来 .Net 是微软的主要产品之一。此次微软将 .Net 框架开源，标志着微软已开始全面拥抱开源，具有重要的启示意义。

启示一：开源已成为信息技术创新的主流模式。近年来，互联网的加速普及驱动全球经济社会发生深刻变革，互联网环境下的全新生产生活模式逐渐成为新常态。与互联网蓬勃发展相对应，整个信息技术产业正步入飞速发展阶段，移动互联网、云计算、大数据、物联网等新兴概念层出不穷，新技术已成为产业发展的重要支撑。在这些新兴技术领域的创新发展中，源于单一或少部分企业的力量已难以实现主导，依靠多元力量、汇集全球智慧的开源模式逐渐成为主流，开源软件开始引领全球新兴信息技术的创新。特别是自 2013 年以来，随着开源成为云计算、大数据等新兴领域基础创新的依托，其在产业发展中的重要性得以进一步体现。对于传统商业软件企业而言，将其自身软件产品开源是其融入开源世界最直接最有效的手段，同时也将促进其开源产品的不断发展。微软正是认识到了开源在软件产品创新的巨大潜力，才将其 .Net 框架进行开源，已提升其与 Java 进行竞争的综合实力，进一步完善其在产业发展中的生态。根据微软未来的发展目标，相信将会有更多的微软产品会走向开源发展之路。

启示二：企业加大了对开源世界资源的争夺。近年来，谷歌、英特尔、Facebook 等全球各大巨头竞相拥抱开源，积极参与国际开源项目并投入大量人力物力推动开源软件的发展。企业参与开源软件发展有着深浅两层战略思考。从浅层战略来看，企业希望能够通过参与开源软件发展来获取开源技术，推动其自身产品和服务的发展，提升其竞争力。红帽之所以能够依托开源软件获得不断发展的一个重要因素就是其已具备了开源 Linux 的核心技术，并将技术优势成功转化为了产品优势。微软开源 .NET 框架可使其技术能力得到极大的拓展，提升产品的市场竞争力。从深层战略来看，由于开源已经成为全球技术、资金、人才、影响力等多元资源的汇集地，企业参与开源的目的也是为了对这些资源的争夺。谷歌通过多年的开源实践，已经培育出了完善的 Android 操作系统、Chrome 浏览器生态，大量的开发者利用其开源平台进行产品和功能开发，其产品在产业界中的影响力得以不断提升，而这些生态资源是难以通过传统手段来获取的。以微软开源 .Net 框架为例，其目的一方面是为了 .Net 相关产品的发展，但更重要的目的是通过开源重新获得开发者的青睐，完善其企业生态，为企业持续健康发展注入源源不断的动力。

（三）政策建议

一是提高开源认识，完善开源生态。进一步提高对开源世界基本规则的认识，明晰开源软件产业发展的路径和方向，强化对开源软件开发模式和商业运营模式的理解，厘清开源软件开发及应用模式和自主知识产权的关系，组织研究开源软件中保障信息安全的方式和途径。健全知识产权法律法规，对开源软件许可证协议进行司法界定，提供对违反许可证协议具体行为的解释说明，继续推进中国通用开源软件许可证协议的制定和推广。加大对软件产业知识产权的保护力度，严肃处理各类侵权案件。继续推进软件正版化工作，严厉打击各类盗版软件。

二是培育龙头企业，组建企业联盟。鼓励企业在遵守开源软件许可证协议的基础上开展商业运营模式创新，借鉴红帽、谷歌等开源软件企业的成功经验，大力推广订阅服务、集成应用等商业模式。对遵守开源规则、积极与开源社区互动的开源软件企业提供资金扶持，面向本国开源软件企业开放政府市场，提升我国开源软件企业特别是国产操作系统等基础软件企业和云计算等新兴领域企业的综合实力。牵头组建开源软件企业联盟，建立开源软件企业与产业链上下游的协同发展机制，鼓励企业通过合并、收购等方式做大做强。

三是推动企业贡献，提升业界影响。培养我国企业的开源精神，指导企业制定开源软件发展规划，激发企业开源其自身项目和提供代码反馈的积极性，针对重点开源项目定期公布企业贡献统计，对贡献度大的企业提供奖励。加强对全球开源软件发展的跟踪研究，鼓励我国企业通过资金赞助等方式参与国际著名开源软件项目。加快建设我国开源社区，整合各方力量重点建设一到两个综合性的、功能完善的、面向全球用户的开源社区，全面提升社区的代码托管、项目迁移、代码审查等能力。

四是培养开源人才，加强人才储备。在高等院校中普及 Linux 操作系统，组织其设立开源软件相关课程。建立开源软件人才认证体系，设定多层分级的认证称号及标准，建立基于国家人才认证标准的人才推荐机制。鼓励企业积极吸收开源软件开发和管理人才，对企业成功引进重点开源项目核心技术人才提供资金奖励。

六、苹果与 IBM 联手推进企业级移动市场

（一）事件回顾

2014 年 7 月 16 日，苹果与 IBM 联合宣布二者达成"排他性合作协议"，合作内容主要为"联合两家公司领先市场的力量，通过一种新类别的商务应用来改造企业移动市场"，也就是说将 IBM 的大数据和分析能力引入苹果公司的 iPhone 和 iPad。而正因为"排他"，合作中 IBM 所涉及的业务，将彻底无法出现在 Android 阵营的终端产品中。

2014 年 12 月 11 日，苹果与 IBM 携手推出了首批联合设计的名为"IBM MobileFirst for iOS"的 10 款企业管理与分析应用。由此可以总结出二者合作的具体模式为"打造企业版的 iOS"：苹果提供优质硬件设备，IBM 提供强大的企业大数据和云服务解决方案；联合开发的应用程序集成在企业的后端系统，IBM 的主要任务是将这些应用程序与企业系统相集成；而苹果的工作则负责将应用推销给第三方。这次上线的 10 款应用的首批客户便包括花旗银行、美国电信运营商 Sprint、加拿大航空、墨西哥北方银行等业内领先企业。

（二）事件启示

苹果与 IBM 两大龙头企业的结盟为双方带来新的发展机会，IBM 的大数据分析能力、各行业专业咨询顾问与苹果公司口碑好占比高的 iOS 移动设备、软件

服务整合能力以及开发者平台相互结合，将形成排他性的强强联盟。更为重要的是，苹果、IBM 的联手，彰显出全球信息产业在四个方面新的融合态势。

企业级应用与移动互联网的加速融合。企业级应用具有涉及范围广、应用需求旺、市场规模大等特点，曾支撑 IBM、甲骨文、SAP 等一批国际龙头企业的崛起。随着移动互联网和移动智能终端的普及，办公方式从固定向移动拓展，企业级应用的移动化已成大势所趋。另一方面，移动互联网是当前发展最迅速、前景最广阔的新兴领域。但要想在此领域获得更加可观的收入和赢利，就必须充分挖掘和把握企业级应用需求中蕴含的巨大商机，实现移动互联应用向企业应用方向的延展。此次苹果和 IBM 将推进企业级移动市场转型列为首要合作内容，以苹果的近 2000 万软件开发者、120 万个 App 应用和 IBM 在企业级应用市场数十年的耕耘经验为基础，针对特定行业需求与 iPhone、iPad 平台，定制新型企业级解决方案，必将推动企业级应用与移动互联网的加速融合。

云计算与智能移动终端的紧密融合。虽然"云端融合"发展已成为许多信息技术企业的共识，但如何真正实现二者的相互促进，仍未完全破题。苹果和 IBM 合作有望为此提供宝贵示范。首先，针对 iOS 系统特性和大规模企业级移动应用需求进行优化，能够使 IBM 的云服务更有针对性，服务种类更加丰富、服务质量不断提升，使云计算平台的优势进一步巩固。其次，以先进的云计算平台及服务为支撑，能提升 iPad、iPhone 等设备的可用性，进而刺激用户对更高性能智能终端设备的需求。再者，以苹果设备和 IBM 云服务的大规模使用为基础，能够收集掌握更多、更详细、更多样的数据资源，进而发挥 IBM 的大数据及分析能力，为二者的企业级用户及个人消费用户提供先进的决策辅助服务，提升业务附加值。可见，云与端的协同，能催生许多新的业务形态，但只有像苹果与 IBM 一样，进行以服务、数据为基础的云与端紧密融合，才能创造并掌握更具潜力的发展空间。

互联网企业与系统集成企业的互补融合。技术先进、反应迅速等优势，以及其先天具有的对互联网上信息资源的较强的收集、整理、处理和应用能力，使苹果公司等众多互联网企业得以快速发展。同时，以 IBM 为代表的系统集成企业仍在继续前进。这是因为，优秀的系统集成企业拥有丰富的项目经验、对行业知识的深入认知、系统的全局规划能力，使其成为经济社会信息化建设不可或缺的重要因素。正由于各具特点和优势，互联网企业与系统集成企业存在显著的互补性。大多数龙头互联网企业是面向消费领域的，若要向行业领域发展，就需要增强系统集成能力。而对于系统集成企业而言，要想在互联网引发的数据爆炸浪潮中继续掌握优势，就需要加强对互联网信息的收集应用能力。由于企业基因不同，二者很难相互转化。在此情势下，互补融合就成为必然。也只有加强两类企业的互补融合，才能使智慧地球和大数据应用等成为现实。

产业生态体系间的强强融合。产业竞争已从产品竞争、企业竞争演进到产业生态体系竞争，仅靠产品本身或企业自身很难取得市场竞争优势，谁能率先构建完整的产业生态体系，才能把握胜出的先机。但另一方面，在信息产业领域，英特尔、IBM、微软、苹果、谷歌、亚马逊等企业都已经形成自己的生态系统和独特的竞争优势，互相之间的攻守已经变得极难。在难以通过竞争"制敌"的背景下，不同产业或不同产业领域的产业生态体系的合作就成为建立更强竞争优势的新途径。苹果拥有"智能终端＋内容分发渠道＋应用软件与数字内容服务"的生态体系，IBM拥有"问题分析＋战略规划＋方案设计＋关键软硬件产品开发＋项目实施"的生态体系，是各自领域的王者。通过加强合作，能进一步增强两家企业对产业相关领域的影响力和掌控度，而合作协议的排他性，更能对苹果或IBM在各自领域的对手带来冲击。

（三）政策建议

把握产业融合的新态势，加强企业交流合作与生态体系建设，对引导和推动我国软件产业发展具有重要作用。

引导支持企业拓展企业级移动应用市场。利用移动互联网、下一代移动通信等专项，支持管理软件企业、工业软件企业、专业服务企业加强研发创新和商业模式创新，开发并推广基于移动互联网、面向特定行业领域及功能需求的企业级应用软件及企业级解决方案。对大型企业采购专业化移动应用软件服务的，根据应用效果进行补贴。

以服务内容为导向推进云端协同融合发展。支持云平台研发、运营企业和智能移动终端制造、智能移动终端操作系统开发企业加强合作，以专业服务提供和数据分析应用为基础，优化云端设备、智能移动终端及相关软件、云计算服务的功能、性能，丰富服务内容、提升设备制造和软件开发质量，打造形成云端一体化优势。

支持互联网企业与系统集成企业合作。在推进智慧城市建设、云计算服务提供和大数据应用的过程中，注重以项目为纽带，引导互联网企业与系统集成企业优势互补、加强合作，开展示范合作项目。以企业合作发展需求为根本，组织企业制定数据格式标准、程序开发接口规范等，为两类企业间的信息交流和研发协同奠定基础。

推动龙头企业间、生态体系间的交流合作。建立相关协调机制，制定出台促进政策，鼓励和推动龙头企业间的交流合作，共同建立有竞争力和影响力的产业生态系统。推动不同行业或不同领域龙头企业的交流，支持其在平等互利的基础上，加强生态体系及各环节企业间的交流对接，积极探索合作方向，通过产业要素的共享共建，实现各企业、各生态体系的共同进步。

七、惠普"分拆"计划加快企业转型

（一）事件回顾

2014 年 10 月 6 日惠普宣布企业分拆计划实施。惠普公司拆分成两个独立的上市公司，分别为惠普企业 (Hewlett-Packard Enterprise) 和惠普公司 (HP Inc)，前者从事面向企业的服务器和数据储存设备、软件及服务业务，后者从事个人计算机与打印机业务。资本市场看好这次分拆，惠普宣布分拆当天，公司股价上涨近 5％。

随后三月，惠普计算出这一分拆的具体成本，即 20 亿美元，此次分拆还会带来一系列的一次性支出，比如架设两个独立的 IT 系统、拆分咨询费用、法务费用、房地产支出以及庞大的境外税金支出。本次分拆从规模和复杂性来看都是史无前例的。

（二）事件解读

当前，移动化浪潮带来科技型企业新一轮战略调整。在移动、云计算和大数据时代，技术更新与模式创新加速，各领域年轻创业公司的蓬勃活力让市场领导者们感受到了与日俱增的威胁。2014 年，全球部分大型科技型企业都应时开展了新一轮的战略调整，除了对新兴科技公司的收购以外，组织架构重组和非核心业务剥离案件也频频出现，如 IBM 不断剥离个人 PC 及低端服务器等附加值较低的业务，在线拍卖业务运营商 eBay 分拆其付费处理业务分部 PayPal 等。现在的市场领导者们纷纷调整战略方向和业务策略，以期在新时代中巩固其原有的传统竞争优势地位。

而近年来，惠普一直处于管理层走马灯式变动、整体战略举棋不定的局势。从管理层来看，由于种种原因，近年以来，惠普高管层和董事会成员频频换人。从企业战略来看，管理层的频繁造成惠普在战略选择上的举棋不定，严重影响了公司经营业绩和对外形象。自 2010 年起，惠普"剥离"、"出售"、"收购"、"分拆"种种前后不一的战略计划都显示了企业转型的茫然。根据彭博社统计数据显示，自 2007 年 12 月到 2013 年 12 月，惠普已投入的收购资金高达 310 亿美元，同时已经为此 310 亿美元的收购进行了 356 亿美元的商誉减损。从企业业务来看，惠普正在长产业链中腹背受敌，在低端硬件方面将遭遇联想集团等硬件销售商的激烈竞争，在高端软件方面也将面对甲骨文和 VMware 等软件公司的强有力竞争。根据惠普 2014 财年报告显示，净营收为 1115 亿美元；比 2013 年同期的 1123 亿美元下滑 1%；净利润为 50 亿美元，比 2013 年同期的 51 亿美元下滑 2%。

面对消费市场"守不住"和企业市场"攻不进"的腹背受压困局，惠普最终选择分拆企业。对于大多公司尤其是上市公司，多元化经营往往是管理层扩大公司规模的主要方式。当多元化发展达到一定阶段之后，规模优势带来的回报将出现递减，不同业务之间将出现负的协同效应。在这种情况下，分拆将帮助不同业务重新定位，分拆后的公司可以专注于增强各自主营业务的盈利能力。对于惠普管理层而言，个人电脑业务和企业服务业务正面临不同发展前景，很难被纳入统一战略体系来发展，分拆有利于大力发展主要增长业务。在全球信息产业大转型背景下，惠普拆分后将更偏重于企业级服务，通过惠普企业进军高利润率市场，并通过惠普公司着力开拓 3D 打印和新计算体验等新兴市场。对于市场而言，分拆后高增长业务有望获得更高估值，并为企业并购提供机会。但分拆后两个公司都将面临不确定性。一方面是从用户群来看，惠普公司的个人电脑与打印机业务的用户简单说是个人消费用户和企业办公用户，用户群并不统一，销售渠道也是相对独立。另一方面是从业务模式来看，提供在线软件和服务的云计算模式已对企业造成冲击，而分拆后的两个公司业务在云计算方面都相对薄弱。分拆后的反应速度和组织灵活性能否弥补甚至超越分拆带来的规模损失和协同损失，将是惠普冲进市场第一梯队还是成为市场二流追随者的关键。

（三）事件启示

此事件显示全球信息产业的全方面、多层次变革大潮正迎来新一轮高潮。2014年在全球移动设备和传感器领域发生的IT革命正对微软、IBM、惠普、SAP、甲骨文和思科这些科技巨头造成巨大冲击，信息产业生态正发生革命性重构。大数据、云计算、物联网、信息物理系统等将构建起全新的智慧型IT基础设施；智能手机、社交网络、电子商务、创意内容等将开启智慧化应用的新时代，未来的变革主要围绕上述两个方向，信息产业重点环节将发生重要转变。

在全球信息产业转型深化和企业布局调整步伐明显加快的背景下，为支持和推动我国信息产业快速发展并提升企业国际竞争力，应鼓励传统企业转型升级，加速新兴产业布局。支持传统企业加快转型步伐，加大资源整合力度，通过并购、入股等方式进入新兴市场，培育一体化、集成化创新能力，向产业链中高端迈进。加大资金、政策等引导力度，利用"核高基"科技重大专项、电子发展基金、云计算专项资金等重要抓手，鼓励企业在操作系统、自然语义理解、分布式计算、虚拟化、异构型数据库、非结构化数据处理技术、数据挖掘、深度学习等关键和核心技术加大研发投入，实现重点突破。支持企业通过并购重组不断丰富产品类型、完善产品结构，加快向价值链高端延伸并扩展客户资源，突破其由于业务单一、政策依赖强、竞争加剧等因素带来的企业利润减少等发展瓶颈。

八、人工智能进入爆发期

（一）事件回顾

2014年，随着深度学习等技术的不断成熟，人工智能应用空间逐步打开，产业资源加快汇集，人工智能得到了全球各界的广泛关注，人工智能产业进入到爆发期。

2014年，在深度学习技术的帮助下，计算机已经实现了对图像的理解。Facebook加大了对人工智能实验室的投入，研究人员们已开发出了一种软件可以通过图像对比，推论出两张照片中究竟是否为一个人。Google为其搜索引擎添加了智能化的"短语描述"功能。产业界对人才的需求进一步加大，全球巨头们纷纷在该领域加快布局，竞争力度明显提升。谷歌斥巨资6亿美元收购了人工智能初创企业DeepMind，把公司创始人Demis Hassabis招入麾下，并大量招聘人工智能人才。百度扩大了其在硅谷的深度学习研究团队规模，并从谷歌手里抢到了深度学习大牛——斯坦福大学人工智能研究员吴恩达（Andrew Ng），其曾经是谷歌 X 实验室中的重磅项目 "Google Brain" 的负责人。

2014 年，智能产品层出不穷，应用市场拓展迅速。微软借助语音识别和语意理解技术，开发了智能助理小娜 Cortana，能够模拟人的说话语气和思考方式跟用户进行交流。在指导用户怀孕、用声音控制家中电器、自动解答数学题目等领域，开发者开发出了大量的智能软件，其中，IBM 打造的 Jeopardy-winning Watson 云服务，能够帮助癌症医生借助分析云端的基因数据，为患者制定特定的治疗方案，极大提高了医疗诊断的准确度和效率，为患者尽快恢复健康提供帮助。

2014 年，神经形态芯片（neuromorphic chip）技术得到了快速发展，其可赋予计算机认知能力，帮助计算机探测和预测负责数据中的规律和模式，极大提高机器学习软件的工作效率。IBM 生产了一款大脑原型芯片，主攻超级计算机专业学习领域。HRL 实验室的首席研究科学家 Narayan Srinivasa 发明的芯片能够植入到鸟类大小设备的体中，可以根据室内环境飞行。高通公司的神经形态芯片预计会在 2015 年上市。

（二）事件分析

人工智能必将成为未来重要的新兴产业领域，促进经济社会的进一步发展，我国需认清人工智能的发展意义，抢抓发展主动权。

人工智能是未来经济社会发展的关键引擎，发展机遇不容错过。人工智能的本质是人类对于知识的深入理解和应用，必将引爆人类社会发展的创新与变革。人工智能技术的进步将使自动翻译更加准确、通顺，使图形搜索、视频搜索和自然语言搜索成为现实，人工智能的应用将使智能可穿戴设备、智能家居、智能汽车、智能机器人的发展步伐加快，从而推动产业创新发展。人工智能的发展和应用还将加速各行业领域的智能化改造，通过促进管理决策、业务流程等方面的优化促进社会生产力的提高，通过提升社会管理的智能化水平，提高政府决策的准确性和实效性，推动社会管理模式的深刻变革。可以预见的是，未来新的信息技术革命和新的工业革命，必然会以人工智能为关键。因此，人工智能即将到来的**爆发式发展机遇不容错过**。

　　我国已具备发展人工智能的重要基础,但仍面临问题和挑战。我国科技水平、产业水平等方面的提升,为人工智能发展奠定了坚实基础。云计算、超级计算机等领域的快速发展,使我国初步拥有支撑人工智能海量信息处理的计算能力;百度等企业通过"百度大脑"等项目的实施招揽领域内领军人才、持续加大对人工智能的研发投入力度,并已结合大数据等发展实现了初步成效。与此同时,我国在人工智能领域仍面临一些制约发展的问题和挑战。一是全社会对人工智能即将爆发式发展的认识尚不到位,重视不够,统筹支持力度不强。二是核心技术水平仍落后于国外,尤其是基础研究方面存在较大差距。三是产学研用联动不够,技术、产品、服务合作体系未建立,无法实现研发与产业化的相互促进。

(三)政策建议

　　一是提高认识,积极布局。加快认识、充分认识发展人工智能的重要性和紧迫性,把其上升到事关国家未来发展的战略高度,加强统筹布局,调动各方面力量,集中科技、产业、市场、人才等资源重点支持。

　　二是加强跟踪,加快创新。对国外政府、科研机构、重点企业在人工智能领域的工作情况和实施成果进行紧密跟踪,分析其当前发展重点和未来发展方向,制定中期和长期发展路线图。积极推动深度学习、机器学习、大数据等领域的技术研发和产业化,引导人工智能关联技术向通用技术领域的演进和转化。支持人工智能相关基础理论研究、创新模式研究和专业知识模型研究。

　　三是把握应用,培育产业。调研分析经济社会发展对人工智能及相关领域的应用需求,掌握相关领域应用现状和应用趋势,以应用为导向加快促进人工智能创新成果的产业化。把握智能终端、可穿戴设备、智能汽车、智能家居等新兴行业领域的发展机遇,推动其与人工智能创新成果的融合应用,积极培育并形成人工智能产业。

　　四是兼铸矛盾,保障安全。与技术发展、产业发展同步,加强对人工智能及其应用相关信息安全问题的研究,既有针对性的提出加强技术产品评测等保障我国人工智能技术及产业健康发展的路径、方法,在发展中提升安全保障能力,又能提出防范外来的基于人工智能的安全攻击的有效策略,以监管、防护等措施消除安全风险、及时应对安全事件。

九、SaaS 云服务步入发展快车道

（一）事件回顾

随着互联网网络环境改善和云计算技术加快产业化，全球云服务表现出旺盛发展态势。SaaS 云服务作为一种灵活、经济的交付模式，得到越来越多企业级用户的广泛认可，并成为重要的发展趋势。

云服务收入高速增长。以 Salesforce.com、Workday 等为代表的专业云服务提供商发展形势大好。以 Salesforce 为例，2011—2014 年，业务收入从 22.7 亿美元增长到 40.7 亿美元，年均增速达 30% 以上，成为全球软件 500 强企业中增势最突出的企业。2014 年 3 月，Gartner 公布 2013 全球软件厂商排名，Salesforce 以 38 亿美元收入首进前十位。与此同时，以 IBM、微软、Oracle、SAP 等为代表的传统厂商成为 SaaS 服务市场的重要竞争者。微软 2014 财年（截至 6 月 30 日）企业级云服务收入超过 44 亿美元，同比增长 147%，超过亚马逊和谷歌成为云计算市场上增长最快的公司。尤其在 2014 年二季度，微软云服务收入增长 164%，IBM 增长 86%，超过亚马逊、谷歌的 49% 和 47%。SAP 云服务以 SaaS 模式为重点，2013 年收入较 2011 年增长 37.7 倍，成为企业业务的新增长点。

（二）事件启示

SaaS 服务提供商呈现出良好的发展态势，逐渐成为全球软件市场不断壮大的中坚力量。究其根本，除了云计算产业快速发展推动外，主要有三方面原因。

首先，SaaS 厂商极其重视相关技术研发和储备。Salesforce 非常重视技术研发，2014 财年研发投入为 6.24 亿美元，同比增长 45%。技术保证加上几年的应用实践，Salesforce 不断扩充和延伸产品线，满足了从创新型企业到大企业用户多样化的需求。微软确立了"移动为先，云为先"的发展战略，加大云计算领域的投入，形成了微软 Azure、office 365、Hyper-V Cloud 三大云产品。为了提升云计算实力，IBM 积极推广 SoftLayer 公有云服务，在全世界建设了 40 个云计算数据中心，并推动 Watson 超级计算机项目纳入云计算中。面对移动互联网和大数据潮流，SAP、甲骨文都推出了相应的移动数据产品和服务。

二是 SaaS 厂商重视开放平台打造。开放平台向第三方开放者和合作伙伴开放接口，丰富平台的应用资源，不断增强平台的竞争力。Salesforce 在提供在线 CRM 服务基础上，建立云计算架构平台 force.com 以及 Database.com、AppExchange、移动 Salesforce1 等平台，聚拢第三方开发者丰富平台的应用资源。同时，并购整合步伐不断加快。近年来，Salesforce 收购了云平台社交管理、社交营销、智能预测数据库、数字营销、大数据智能关系管理等领域的数家企业，不断强化云计算服务能力。IBM 在云计算领域展开频繁并购投资，并围绕云计算中心和开放平台建设投资数十亿美元。

三是 SaaS 厂商重视用户体验及产品交互设计。云管理是软件和互联网的融合，良好的用户体验是产品和服务的生命力。Salesforce 紧密结合用户需求，按需定制提供销售管理自动化、合作伙伴关系管理、市场营销以及客户服务等客户关系管理软件服务，将复杂、繁琐的企业管理软件转变成为简单、易用的产品服务，不断提升用户体验，赢得了全球超过 10 万家企业用户。甲骨文在 SaaS 及云应用领域基于共享、弹性可扩展的平台，提供人力资本管理、人才管理、销售和市场营销、客户服务和支持、财务报告、社交网络、社会营销等解决方案，几乎覆盖了企业用户的全部业务流程。

（三）政策建议

在云计算快速普及和外企云平台加速在中国落地背景下，为推动我国传统软件行业云计算转型以及新兴云服务企业快速发展，应加强 SaaS 云服务转型战略研究，推动 SaaS 云服务市场形成和扩大，积极打造 SaaS 开放云平台。

加强 SaaS 云服务转型战略研究。首先，审视 SaaS 云服务发展趋势。SaaS 是认可度最高的云服务模式，正成为重要发展趋势，正在改变广大中小企业的经营管理理念和模式，推动传统管理软件寻求转型和突破发展。其次，研究和评估 SaaS 模式快速发展尤其是外企公有云平台落地对本土传统管理软件企业和产业带来的影响。亚马逊、微软等公有云加速在中国落地，以及八百客、明道、北森等国内的在线管理服务提供商的迅速崛起，既给企业用户带来新的管理模式，也给用友、金蝶等传统管理软件厂商带来前所未有的压力和挑战，迫使其颠覆传统的软件产品许可模式，加快云服务模式转型。最后借鉴国际经验推动云计算转型从小处着眼。鼓励和引导企业忌"大而全"的云计算转型战略，应以最易获得认可和成功的优势业务领域为突破点，积累用户和经验，建立市场影响力和竞争优势，以点带面逐步扩展到其他业务领域。

推动 SaaS 云服务市场形成和扩大。一是增强 SaaS 云服务提供能力。充分发挥电子发展基金、专项资金等的引导作用，鼓励企业回归技术和产品研发，将产品和技术实力提升作为发展动力，满足国内市场对 SaaS 云服务不断增长的需求。二是完善政府采购。发挥政府对 SaaS 云服务市场的引导作用，将云服务纳入政府采购目录，鼓励 SaaS 云服务市场的扩大。三是加强应用推广。加强示范应用，推动 SaaS 云服务在金融、医疗、电力等传统领域的应用，重视用户体验及产品交互设计，打造最佳解决方案进行应用推广。

积极打造 SaaS 开放云平台。针对云平台企业发展规律，帮助和指导传统管理软件企业结合自身基础、业务特色、市场需求与竞争状况，制定和实施科学的发展战略，包括进入战略、定价与利益平衡战略、优势战略，汇聚双边平台资源。鼓励云平台与第三方开发者、合作伙伴等加强合作，建立互利共赢的机制，丰富平台的应用，提升平台的竞争力和可持续发展能力。针对云平台生态环境的复杂性，以及其从定价方式到垄断规制的特殊性，加快研究出台专门的管理和服务措施，加强规范引导和管理监督，引导云平台健康稳定发展。

十、企业云转型步伐加快

（一）事件回顾

2014 年，从全球来看，云计算领域持续受到各方关注，IaaS、PaaS、SaaS 等服务模式不断成熟，伴随大量中小型企业在该领域不断获得成长，IT 巨头也纷纷开始转型发展，以期在云计算大潮中保持企业发展优势和地位。微软、红帽、IBM、甲骨文等企业均在云计算领域加大投入，其云计算业务也实现了快速增长。

2014 年，微软新任 CEO 纳德拉将公司发展战略确定为"移动为先，云为先"指出"云操作系统是最大的机遇"。在此战略指导下，微软裁减了诺基亚部门3000 名员工，弱化了 Windows 项目，向合作伙伴在 Office 365、Windows Azure、在线 CRM 等方面提供更多的优惠和扶持政策，构建云生态。微软的企业级云服务收入实现翻倍增长，2014 年收入超 44 亿美元。

2014 年，开源软件领军企业红帽也加快了向云服务转型的步伐，不断提升自身 PaaS 服务的同时，通过商业运作来获得云计算领域的发展优势。4 月，红帽收购了 Inktank，将有助于红帽掌握 OpenStack 存储领域的核心技术，提高红帽对云计算开源项目 OpenStack 的渗透度及影响力。6 月，红帽收购了 eNovance，其可协助红帽满足向企业提供开源云平台 OpenStack 顾问、设计及部署的需求。10 月，红帽收购了 FeedHenry，后者是企业移动应用平台领导厂商，可帮助红帽进一步提升其云平台服务的附加值。

2014 年，IBM 剥离了其低端业务，全力转型云计算。2014 年，IBM 将 PC 业务出售给联想，意在剥离低利润业务，把业务重心转移到高利润的云计算、大数据、智慧城市等高端服务。2014 年，IBM 已在云计算领域累计投资 70 亿美元，拥有 1560 多项云专利，超过 100 种领先的 SaaS 产品。在超过 100 国家开展了 5000 多个私有云和混合云项目，IBM 公有云的每日交易量达到 550 万次。

（二）事件启示

2014 年，全球各大巨头加快了向云服务转型的步伐，云服务业务的收入得到了快速增长，带来了三个方面的重要启示。

一是要认清产业演变的方向。当前，在互联网的驱动下，技术和模式成为推动产业进步的双重力量，均指向了云计算领域。从技术上来看，高带宽的网络基础设施使得，信息资源的获取能力得到极大增强，大规模数据存储、分布式运算等技术推动着云计算产业的不断进步。从模式上来看，既往软件企业通过销售软件产品使用许可的方式在互联网时代中的局限性逐步体现，软件的商品属性正存在向服务属性的过渡，以服务为核心的商业模式更符合当前的产业发展需求。因此，在产业发展过程中要认清演变的方向，提早布局，抢位发展。各大巨头在云计算领域的布局和发展就是一个鲜活的案例。

二是要积极促进传统软件企业转型。我国软件和信息服务业要实现可持续高速发展，龙头企业的作用是非常突出的。国际各大巨头纷纷转型发展云服务，这为我国企业转型发展带来了巨大压力，同时也带来了重要参考。一方面，在传统软件产业领域，国外巨头们占有着技术、市场等多方优势，通过将技术、市场等资源的有效整合和重组，可帮助其开发云服务业务。由于资源缺失，我国企业则面临的转型困难会更大。另一方面，我国可借鉴国外企业转型发展的经验，避免了在向云服务转型过程中走弯路、走错路，提高转型的效率和效果。

三是要培育发展云服务领域的中小型企业。国外企业在进行转型发展过程中，主要可采取两个方式：自身成立相关业务部门，开展云服务业务；收购相关企业，借助其自有产业资源推动企业云服务业务的发展。由此可以看出，云服务领域的中小型企业在大型企业转型发展中也发挥着积极的作用。发展我国云服务中小型企业，有利于大型企业的转型发展，有利于云服务产业的不断壮大。

（三）政策建议

一是加强核心技术创新。利用"核高基"重大专项、电子信息产业发展基金、技术改造专项、云计算示范工程等中央财政资金，支持分布式计算、资源动态管理、虚拟机 IO 性能优化、虚拟机快速部署和创建、虚拟资源弹性调度、跨云平台调度等关键技术研发。加强对未来前沿技术的研发投入，突破对大数据处理分析以及人工智能等前沿技术的支撑能力。

二是推进云计算市场培育。以应用作为驱动力，不断实现服务模式和服务种类的创新，推进云计算在交通、教育、医疗等公共服务领域以及电子政务、个人信息服务等领域的深入应用，以应用促进技术研发。针对政府、金融、电力、电信、能源等重点行业领域，联合产业联盟相关上下游厂商广泛进行产业化布局，推进国产安全云操作系统在国内主要行业市场的全面部署与应用。

三是规范产业发展环境。以完善信息安全保障体系为目标，做好信息安全顶层设计，加强对云服务信息安全的管理力度，组织开展云服务信息安全评估，进一步明确云服务市场准入特别规定事项的信息安全管理要求，鼓励第三方机构开展云环境下的安全可靠评估和认证。尽快出台云计算服务监管政策和网络信息安全管理要求，加强云计算应用的环境保障。跟踪掌握法规、制度、标准的实施效果，以及云计算快速发展带来的新情况、新问题，及时研究制定相关政策，进一步健全政策法规和规章制度体系。

四是培育世界级巨头企业。从移动应用云服务、电子商务云服务、基础设施（计算、存储）云服务、私有云解决方案等每个云计算细分领域选择 1—2 家技术实力强、营收规模大、国际知名度高的龙头企业进行重点培养，从资金、项目、人才等方面进行扶持，积极宣传企业品牌，帮助其开拓国际市场，强化企业技术研发实力，力争培育出若干家能与谷歌、IBM、微软等国际巨头匹敌的，与我国经济大国地位匹配的跨国企业。通过巨头企业的品牌效应提升我国信息产业在海外的影响力。

五是积极推动云计算"走出去"。充分认识国际市场对促进云计算乃至新一代信息产业发展的战略意义，将云计算"走出去"纳入国家外经、外贸的大局，规划走出去的目标和步骤。制定云计算"走出去"的具体路径，从我国企业实际情况出发，选取重点领域作为云计算"走出去"的突破口，优先支持公有云服务、互联网服务和私有云解决方案输出海外市场。

行业篇

第四章　基础软件产业

基础软件主要包括了操作系统、数据库、中间件、办公软件和语言处理系统。基础软件在软件产业体系中发挥着基础性、平台性的作用，是当前应用范围最广的软件类型，同时也是保障信息安全的主体。

操作系统根据硬件平台的不同可以分为桌面操作系统、服务器操作系统、智能终端操作系统、云操作系统、工控操作系统等。在操作系统领域，全球仍然呈现出寡头垄断格局，美国企业主导该领域的技术进步和产业发展。在桌面操作系统领域，尽管微软推出的 Windows 8 及 Windows 8.1 饱受用户批评，但依托先前操作系统产品（Windows 7、Windows XP），微软仍然在桌面操作系统领域占据统治地位。在智能终端操作系统领域，谷歌主导的 Android 占据垄断地位。

数据库是按照一定的数据结构对数据进行组织、存储和管理的仓库，可分为层次型数据库、网络型数据库和关系型数据库。在数据库领域，领导企业主要有美国的甲骨文、IBM 以及微软，欧洲的 SAP。这些企业依托其技术优势和市场基础，引导着数据库产业的不断进步。

中间件处于操作系统软件和应用软件之间，可分为终端仿真 / 屏幕转换中间件、消息中间件、远程过程调用中间件、交易中间件、数据访问中间件、对象中间件等。在中间件领域，美国企业具有较强的实力，IBM、甲骨文以及微软是产业发展中的主要力量。但该领域中，主要企业并没有拥有绝对的垄断地位，其他企业仍具有一定的发展空间。

办公软件是满足用户办公需要的软件类型，包括文字处理软件、电子表格软件、幻灯片制作和放映软件、初级图片处理软件等。在办公软件领域，全球主要的办公软件仍然是微软推出的 Office 套装以及 Adobe 推出的 pdf 阅读软件。我国金山办公软件公司推出的 WPS Office 套装在我国及日本市场占据着一定的市场份额，在移动终端平台中，WPS Office for Android 长期占据着 Google Play 同类产品的下载量榜首。

语言处理系统是软件产品生成的基础，包括编译程序、解释程序和汇编程序。

一、发展情况

2014 年，全球操作系统领域产业发展平稳，格局并没有发生太大的变化。根据 Gartner 的统计，全球各类新出货电子设备（包括笔记本、台式机、智能手机、平板电脑等）操作系统市场中，Android 占据着较为明显的领先优势，其市场份额由 2013 年的 38.51% 提升到 48.61%，增长了 10.1 个百分点。全球新出货电子设备操作系统市场份额见表 4-1。

表 4-1　全球新增电子设备操作系统市场份额（单位：%）

年份	Android	iOS/OS X	Windows	其他
2014	48.6	11.0	14.0	26.3
2013	38.5	10.1	14.0	37.4
2012	22.8	9.6	15.6	52.0

数据来源：Gartner，赛迪智库整理，2015 年 3 月。

在桌面操作系统领域，微软推出的 Windows 系列产品仍旧占据着全球的绝大多数市场份额。截至 2014 年 12 月，根据 StatCounter 的统计，微软 Windows7 占据了全球 49.14% 的市场份额，比 2013 年同期的 51.02% 下降了 1.88 个百分点。全球桌面操作系统统计见表 4-2。统计表明，在桌面操作系统，微软各类产品的市场份额达到了 80%，在全球占据着绝对的垄断地位。其中 Windows7 和 Windows8 市场份额的下降与微软在 2014 年 10 月停止销售此类产品有关，而微软在 2014 年大力推动的 Win8.1 的市场份额在一年内增加了 9.7 个百分点，达到 11.77%。苹果推出的 MacOS X 也是全球主要的操作系统之一，市场份额排名全球第四。在美国，由于苹果计算机更受欢迎，据统计在 2014 年 9 月，MacOSX 在美国的市场份额达到 14.8%，远高于全球平均水平。2014 年，谷歌大力推动其 Chrome 操作系统的发展，在低端 PC 领域已经占据了一定的市场份额，2014 年 1

月的 CES 会展上，Chrome OS 受到了广泛关注，包括东芝、LG、宏碁在内的多家企业均推出了基于 Chrome OS 的相关产品，Chromebook 已成为新的笔记本品类。

表 4-2　全球桌面操作系统份额统计（单位：%）

统计时间	Win7	WinXP	MacOS X	WinVista	iOS	Win 8	Android	Win 8.1	Linux
2014.12	49.1	11.9	7.8	2.8	6.5	4.2	2.66	11.8	1.5
2013.12	51.0	18.4	7.3	4.0	5.0	7.6	2.74	2.1	1.2
同比增长	−1.9	−6.5	0.5	−1.2	1.5	−3.4	−0.08	9.7	0.3

数据来源：StatCounter，赛迪智库整理，2015 年 3 月。

在 Web 客户端操作系统领域，StatCounter 统计数据显示，2015 年 2 月，微软 Windows 仍占据着 50% 以上的市场份额，达到 55.74%，呈现上升趋势；基于 Linux 操作系统的市场份额为 22.02%，呈现上升趋势；苹果 iOS / OSX 操作系统的市场份额为 17.17%，呈现下降趋势。

在移动终端操作系统领域，StatCounter 统计数据显示，截至 2014 年 8 月，Android 操作系统占据了 54.87% 的市场份额，呈现上升趋势；苹果 iOS 操作系统的市场份额为 23.57%，基本保持持平；塞班、Bada 等操作系统的市场份额呈现出明显的下降趋势。在该领域，新型操作系统增长势头良好，包括英特尔与三星主导的 Tizen、RIM 主导的 BlackBerry OS、火狐主导的 Firefox OS 等操作系统正在积极跟进。

在服务操作系统领域，Unix、Linux 和 Windows 依然呈现出三足鼎立之势，市场份额旗鼓相当。根据 W3Techs 于 2015 年 2 月发布的数据显示，Unix 及类 Unix 操作系统占据了 67.8% 的市场份额，其中 Linux 操作系统的市场份额为 35.9%；微软 Windows 操作系统则占据了剩余的 32.2% 的市场份额。在超级计算机操作系统领域，Linux 操作系统占据着绝对的领先地位，全球运算速度最快的 500 个超级计算机中，97% 的计算机运行着 Linux 操作系统。

在中间件方面，据 Gartner 统计，2013 年全球应用基础架构和中间件（AIM）软件市场为 215 亿美元，同比增长 5.6%，预计 2014 年全球应用基础架构和中间件（AIM）软件市场将接近 230 亿美元。全球中间件市场中排名前五的公司分别为 IBM、甲骨文、微软、Software AG 和 Tibco。从区域来看，北美、西欧和亚太市场所占比例位居前三位，北美市场仍旧是中间件厂家竞争的主战场，约占全球市场的 45%，西欧和亚洲所占的市场份额约为 25% 和 15%。从增长速度来看，中东非洲、亚太和北美地区排在前三，2013 年其增速分别达到了 13.5%、9.2% 和 8%，预计 2014 年这三个地区仍将是全球中间件市场增长速度最快的区域。2014 年，在应用服务器 / 中间件领域，Tomcat 仍然处于领先地位，占据了全球约 41% 的市场份额，与 2013 年同期保持持平；Jetty 的市场份额呈现出快速增长态势，达到 31%，较 2013 年度提升了 8 个百分点；Jboss 的市场份额为 18%，占据全球第三位；Weblogic 与 GlassFish 的市场份额依次为 6% 和 4%。

在商业数据库领域，根据 2014 年 Gartner 发布的数据。甲骨文的市场份额位居全球首位，2013 年其市场份额达到 47.4%，超过了随后四家厂商市场份额的总和。紧随甲骨文之后的厂商依此为微软、IBM、SAP 和 Teradata，其市场份额分别为 19%、17.7%、7.0% 和 3.6%。从统计数据可以看出，排名全球前五位的厂商已占据了全球 95% 的市场份额，反映出商业数据库领域较高的市场集中度。2014 年尽管随着大数据等新兴技术的不断进步、开源数据库的逐步普及对传统商业数据库市场带来一定的冲击，但其主要市场格局并没有发生大的变化，主要领导厂商依旧是甲骨文、微软、IBM 和 SAP。

在开源数据库领域，2014 年全球开源数据库受到了广泛的欢迎，发展势头良好。MySQL 保持了较快的增长势头，占据了全球 56% 的市场份额，其用户遍及全球各个地区。紧随 MySQL 之后的依次为 MariaDB、PostgreSQL、MongoDB 和 CouchDB，其市场份额分别为 18%、13%、12% 和 1%。分地区来看，MySQL 在俄罗斯的市场份额最高，而 MongoDB 在乌克兰更受欢迎。截至 2014 年 3 月，MySQL 在全球的安装量已达到 1600 万次，保持着约 50% 的年增长率。2012 年，全球开源数据库企业的收入额大约为 5 亿美元，预计到 2016 年在 MySQL 等数据库的带动下，全球开源数据库的收入总额将达到 30 亿美元。

在办公软件领域，2014 年微软仍旧占据着绝大多数的企业级市场份额，Microsoft Office 仍然是用户普遍使用的办公软件产品。随着微软云服务的不断推进，Office 365 的用户规模已达到 560 万，呈现出快速增长态势。在移动终端平台，WPS Office 的用户数目在逐渐提升，WPS 移动版全球累计用户超过 3 亿，在 Google Play 商务类软件下载排名中保持全球第一。基于信息安全的考虑，开源办公软件正受到全球各国的关注，部分国家已开始部署并推广 OpenOffice、LibreOffice 等开源办公软件套件。

在开发语言方面，2014 年全球各大企业正展开积极地竞争，以获取更多开发者的使用。IEEE Spectrum 推出的编程语言排行榜显示，十大编程语言排名第一的为 Java，编译型语言排名第一的同为 Java，解释型语言排名第一的为 Python，数据语言排名第一的为 SQL。根据 TIOBE 的统计，2014 年 C 的语言份额排名全球第一，约为 17%，之后依次为 Java、Objective-C、C++、C#、PHP 和 JavaScript，其中 Java 和 C++ 的市场份额呈现下降趋势，而新兴语言如 Go、Swift 正受到越来越多的开发者的欢迎。2014 年，JavaScript 的份额上升了 1.7 个百分点，其也被评为了 2014 年度 TIOBE 编程语言。

二、发展特点

操作系统领域：一是产业格局保持着垄断态势，少数企业仍占据着产业发展的制高点。尽管微软在移动终端操作系统市场拓展方面进展不佳，但其在桌面操作系统领域仍然具有绝对的领导地位，2014 年微软宣布停止对 Windows XP 提供新的更新补丁，引起全球各界的广泛关注，各国政府都积极采取措施确保本国信息系统的安全可靠，反映出微软在桌面操作系统领域的巨大影响力。同样，在移动终端操作系统市场中，尽管很多企业都在积极地开发自有的操作系统，但仍然撼动不了谷歌建立的 Android 生态。二是跨平台竞争成为常态。微软自推出 Windows 8 起，就突出了操作系统的跨平台特性，力图将其桌面用户迁移至移动终端用户，促进其移动平台生态的建设。2015 年 1 月，微软发布了 Windows 10 并采取了免费推广策略，其跨平台特性得到进一步加强。同样，谷歌利用其已在智能终端操作系统领域占据的有利地位，依托已建立的 Chrome 生态体系，正在积极推进 Chrome 操作系统的普及，持续在低端桌面操作系统市场发力。三是各国积极推进本国操作系统的研发及应用推广。基于保障信息安全的考虑，德国、英国、俄罗斯等国家一直以来都非常关注本土操作系统产业的发展。在微软 Window 8 发布以后，大量的应用功能均需要依托微软的云服务得以实现，信息安全隐患进一步突出，各国政府研发本国操作系统的紧迫性得以增强。2014 年 5 月，我国政府宣布中央机关禁止采购 Windows 8 系统，凸显出我国政府对信息安全的高度重视和对发展本国操作系统的坚定决心。

中间件领域：一是产品品类较为丰富，市场竞争激烈。中间件包含的类型众多，当前市场中并没有在各个类型中均具有领导地位的中间件厂商。因此，在许多细分类型领域，许多中小型企业具有广阔的发展空间。随着开源中间件的快速发展，部分基于开源软件的中间件产品在 2014 年的发展态势较为强劲。二是云计算等新兴技术在不断弱化中间件的概念。近年来，云计算得到了快速地发展，IaaS、PaaS、SaaS 等云服务正走向成熟，在云计算中许多服务平台具备了中间件的基本功能，而很多传统中间件厂商均推出了基于其中间件的云服务平台，中间件原有的概念被不断弱化。

数据库领域：一是大数据推动数据库创新步伐加快。在大数据时代，传统结构化数据库已不能满足大数据应用需求，大量的非结构化数据、半结构化数据亟待通过大数据技术进行处理，相应地也推动了新型数据库的不断创新。与此同时，开源软件正成为数据库领域的重要组成，MySQL 等开源数据库受到更多用户的关注和部署。二是云计算驱动数据库走向云端。2014 年，云计算成为颠覆传统数据中心建设方式的重要力量，包括微软、甲骨文、IBM 在内的各大巨头都在努力将其自身打造成为云数据库的代名词。甲骨文推出了数据库即服务（DBaaS）的全新服务模式，为企业提供灵活、统一、优化的数据库云平台。微软新发布的 SQL Server 2014 就被称之为"云端数据平台"。IBM 通过收购 NoSQL 数据库创始公司 Cloudant 来提升在分布式云文件存储领域的服务能力。

办公软件领域：一是云办公软件发展迅猛。当前，云计算的快速普及驱动企业大规模将其业务部署在云端，相应的办公系统也呈现出向云端迁移的趋势。微软推出的 Office 365 正是面向云服务而研发的云办公套件，其包括了传统的 Office 应用程序以及企业级电子邮件、公共网站、Web 会议等多个组件，帮助企业提高生产效率，实现高效协同。2014 年，由世纪互联运营的 Office 365 云服务落地中国，中国企业办公系统向云端迁移的速度得以加快。2014 年，Office 365 的用户规模已达到 560 万。二是移动终端办公软件成为市场竞争的焦点。2014 年，WPS Office 移动版保持着高速增长态势，WPS 移动版全球累计用户超过 3 亿。微软也加快在移动端的布局，2014 年发布了 Office for iPad，此外还计划推出 Android 平板的 Office 产品。

第五章 工业软件产业

工业软件（Industrial Software）概念的广义范畴，可泛指在工业领域里应用的各种软件，具体有根据软件功能和根据软件形态两种分类方法。根据软件功能的不同，工业软件一般可以划分为编程语言、系统软件、应用软件和中间件。其中系统软件主要提供基本功能，属于通用型产品，一般不针对特定应用领域。而应用软件则具有明显的应用导向特征，其功能设计主要满足用户和所在行业领域的实际需求。中间件介于操作系统和应用软件之间，提供一些应用所需的通用功能支持。根据软件的形态不同，工业软件可分为嵌入式软件和非嵌入式软件。嵌入式软件指嵌入在控制器、通信、传感等装置设备中的软件，一般负责数据采集、控制、通信等与硬件集成非常紧密的功能，非嵌入式软件是安装并运行在通用计算机或者工业控制计算机上软件。

在我国，根据国家统计局 2011 年修订发布的《国民经济行业分类》规定，系统软件、中间件、语言处理系统（包括编译程序、解释程序和汇编程序）、办公软件合称为基础软件。因此，本章所讨论的工业软件，主要指用于工业领域，以非嵌入式形态存在的应用软件。嵌入式软件发展另设单独章节描述。

工业软件一般按照应用分为研发设计类、生产调度和过程控制类、业务管理类三大类。研发设计类主要包括计算机辅助设计（CAD）、辅助分析（CAE）、辅助制造（CAM）、辅助工艺规划（CAPP）、产品数据管理（PDM）。产品全生命周期管理（PLM）等工具软件，用于提升企业在产品研发工作领域的能力和效率。生产调度和过程控制类主要包括制造执行系统（MES）、工业自动化系统等，用于提高制造过程的管控水平，改善生产设备的效率和利用率。业务管理类主要包括企业资源计划（ERP）、供应链管理（SCM）、客户关系管理（CRM）、人力资源管理（HRM）、企业资产管理（EAM）等，也包括定制化的企业应用集成平台系统、协同办公系统等，用于提升企业的管理治理水平和运营效率。

与我国不同，国际上以 Gartner 等公司为代表的主要市场研究机构，更多采用"企业级软件"这一概念，代指在企业经营过程中所使用的各类应用软件，包括经营管理软件、生产管理软件、研发管理及工具软件、办公工具及协同软件等。

一、发展情况

（一）产业规模

根据 Gartner 的市场调查报告，2014 年全球企业级软件市场规模为 3175 亿美元，同比增长 5.5%，基本维持了自 2012 年以来的高速增长态势，但从增长速度看远不及预期。2014 年初，Gartner 曾预测全年企业级软件市场规模可达到 3200 亿美元，实现同比增长 6.8%，并强劲带动全球 IT 支出强劲增长，但实际发展远不如预期。

表 5-1　2012—2014 年全球企业级软件市场规模（单位：亿美元）

	2012	2013	2014
市场规模（亿美元）	2850	3000	3175
同比上一年增长	6.3%	5.2%	5.8%

数据来源：Gartner，2015 年 1 月。

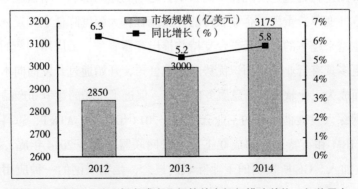

图5-1　2012—2014年全球企业级软件市场规模（单位：亿美元）

数据来源：Gartner，2015 年 1 月。

（二）产业结构

2014年，企业级软件市场主要围绕两条主线发展：一是数据的生命周期，即数据的存储、安全和分析；二是产品的生命周期，即设计、生产和销售。反映到市场结构方面，数据生命周期主线上，市场规模占比较大的是存储管理软件和企业安全软件，以商务智能和绩效分析为代表的数据分析软件的规模相对较小，但增速很快；在产品生命周期主线上，市场规模占比较大的是工业设计、仿真、ERP、CRM软件等，生产调度和过程控制软件的市场规模占比较小，但增长较快。

（三）产业创新

1. 技术产品创新

公有云成为企业应用软件的主要载体。2014年，企业逐渐对建设私有云的技术和成本开销有了更加清晰的认识，开始愿意花费精力把自己的业务根据安全敏感性做剥离，除了把敏感数据相关的业务保持私有之外，其他IT需求转向使用公有云。用户的这一重大态度转变，促使大量软件厂商必须认真考虑从传统架构转向适合在公有云部署、便于移动化访问的架构。大量的集成商、应用开发商的业务因此遭受了明显的冲击，销售模式和业务单价也大幅度改变，引发了2014年企业应用软件市场最大的浪潮——面向公有云计算的转型。

容器技术提高了市场竞争水平和产品迭代速度。2014年下半年，容器架构技术借助开源项目Docker卷土重来，引起广泛关注，这种轻量级的封装方式允许把单个应用进行打包，实现在不同云平台之间的通用部署，给云服务的开发过程带来根本性变革，重塑了企业软件的开发流程，大幅度降低了开发云服务的工作量。随着越来越多的公有云平台支持并推出容器服务，云应用创新的门槛进一步降低，更多具有行业应用知识优势的传统公司，开始通过开发面向本行业的云解决方案而成为工业软件和信息服务供应商，促进了市场的竞争和产品的迭代。

物联网深入发展催生新的工业云服务。2014年4月，AT&T、思科、通用电气（GE）、IBM和英特尔发起成立工业互联网联盟。截至2014年底，已有超过120家企业加入。GE所发明的工业互联网概念，是物联网的一种应用形式，通过在云端集合、处理、分析来自分布式传感器网络的各种数据，可以优化设备的运行和维护，从而提升企业资产管理的绩效。2014年底，GE宣布将其自用的资产绩效管理服务平台Predix开放，允许其他企业基于Predix平台标准，自行构建定制化的资产管理服务，开创了新的工业云服务领域。

云协同功能成为企业级软件的标准配置。企业级云协同有两个层面：一个层面是单用户多设备之间的协同，主要需求来自于自带设备办公（BYOD）的发展。苹果公司的操作系统 OS X Yosemite 和 iOS 8 配合已经可以实现文档文件在多台设备上的自动同步，微软、谷歌、三星也正在为各自的设备生态系统制定类似的产品计划。另一个层面是企业应用在多个云平台之间的协同，主要需求来自于企业在业务安全性方面的考虑。已经有一些初创公司推出了可供企业在多个云上管理、部署、优化 IT 资源的解决方案。

企业级安全创新发展进入新阶段。公有云、多云、多设备，应用环境和信息交互方式的复杂和多样正带给企业级安全前所未有的挑战。企业需要全新的安全策略、产品和服务，使用更加复杂的安全规则，不仅要做好安全防护和权限管理，还需要准备好应对攻击发生后的应急和恢复措施。要完整覆盖上述需求，需要信息服务全产业链环节都加强安全设计。国际领先的云计算企业和安全厂商已经开始建立合作关系，共同应对日益严峻的挑战。

人工智能技术在众多行业获得实际应用。机器学习算法给人工智能的发展带来重大突破，为工业软件打开了全新的业务领域，已在银行系统、医疗系统、生命科学领域、媒体与娱乐行业、能源行业、零售行业等获得了实际应用，也有众多电子消费品公司把机器视觉、机器学习等认知技术以嵌入式的形式部署在各自的产品上，比如机器人吸尘器，智能家居产品等。在上述这些应用中，人工智能所带来的潜在商业收益远远超过了传统的业务信息化和自动化所带来的收益。

2. 发展模式创新

开源发展成为重要的技术研发模式。随着习惯开源文化，并大量使用开源软件构建业务的互联网公司在整个软件产业中影响力的不断扩大，其"开源＋自研"相结合的技术研发模式，逐渐被越来越多的软件企业认识和接受，开源社区已经成为工业软件企业创新最重要的资源池之一。软件研发人员会在开源社区中跟踪并试验新技术，提供反馈，最终将其应用于产品设计之中。开源社区还同时扮演了生态系统孕育平台的角色，热门项目能在短时间内聚集大量的开发者，快速形成生态系统。

平台化和众包研发成为首选的产品发展模式。2014 年，企业的互联网化进一步深入发展，企业用户不仅是软件产品的购买者，还是产品构成的参与者、产品需求的设计者。为应对这种变化,越来越多的软件厂商利用已有的用户群基础,借鉴互联网公司"用户为先"、"快速迭代"的产品发展思路,将软件产品向模块化、平台化发展,推出简单易用的开发工具,上线支持社区和讨论社区,邀请用户并聚集第三方开发者共同参与产品定制和二次开发,通过众包研发加快产品迭代和发展。

订阅式 SaaS 成为企业管理软件主流商业模式。2014 年,微软推出跨平台的 Office 365 订阅服务,并在移动端免费,全面启动向 SaaS 服务的商业模式转变的进程。甲骨文和 SAP 的经营年报也显示出各自 SaaS 业务的收入在 2014 年实现了高速的增长。企业管理相关软件全面走向 SaaS 已是不可逆转的趋势,其按需付费的商业模式赋予用户极大的选择权和自由。软件企业为增强用户黏性,在不断提升服务体验的同时,也在努力增强各自产品体系之间的协同性和互动性,通过整合和集成为用户创造更大的价值。

技术增值服务成为研发和过程控制软件新兴商业模式。研发设计、生产调度和过程控制软件的突出特征之一,在于软件本身的价值体现与应用场景的结合特别紧密,软件在企业中实现应用,往往需要经过长时间的深度磨合,所以替换成本相对较高。这使得此类软件面对云计算带来的商业模式变革时,所受冲击较小。但是,软件向服务化发展是大势所趋,随着厂商间的竞争日益激烈,越来越多的工业设计和仿真软件厂商,开始提供基于自己产品的技术咨询服务,承担具体的工业设计或工程咨询项目,提供过程控制解决方案的厂商,也逐渐向提供数字工厂一体化咨询和解决方案的服务商角色转变。软件厂商希望通过此类技术增值服务为用户创造更多价值。

二、发展特点

(一)规模特点

企业级软件是企业 IT 支出的重要部分,其市场规模变化反映了企业 IT 投资的意愿和力度,与企业对全球经济发展形势及其业务发展的预期呈现显著相关性。

2014 年,全球企业级软件市场规模基本维持了自 2012 年以来的高速增长态势,表示出企业为应对日益激烈的市场竞争,仍然把新一代信息技术的应用视为提升其竞争力的重要手段。

但从增速看，近三年来呈现出较大波动，2014年同比增长虽然高于2013年同期，但增幅仍达不到市场此前的预期，表现出企业的投资能力以及对未来经济发展的走势预期不如此前乐观。

（二）结构特点

2014年，企业级软件市场的增长主要受安全、存储管理和客户关系管理软件及服务的推动，尤其是受客户关系管理和供应链管理软件及服务的销售增长较快的推动。

同时，与大数据有关的信息采集、管理和分析产品市场开始升温，例如企业内容管理、企业数据采集工具、数据质量改善和集成工具、数据分析工具等软件的销售额稳步增长。这些产品的市场规模在产业结构中占比不高，但是在企业客户群体中已得到广泛的关注。这显示出"数据驱动业务发展"的理念逐渐被大部分企业接受和重视，将其视为降低成本、开拓市场、促进销售等提升自身核心竞争力的重要手段。

（三）市场特点

SaaS服务模式收入占比稳步快速提高。根据IDC的数据，2014年，全球软件企业100强中，SaaS业务的收入增长了大约20%，而传统的软件授权销售收入增长大约只有4%。此外，在华尔街证券公司的眼中，从事SaaS服务的公司通常具有更高的估值。SaaS模式已经成为全球最流行的软件服务交付方式，其收入占软件业务总收入的比重正在持续稳步提升。

大数据分析开始在部分行业获得实际应用。2014年，人工智能和大数据分析开始在零售、电信、医疗、金融等行业获得应用，为企业提供诸如内容管理、企业数据分析、运营决策优化等服务，使用人工智能和大数据技术改善企业运营质量、市场能力和服务水平的技术方案逐渐丰富，并在企业客户群体中得到广泛的关注，以动态数据驱动业务发展并提升企业核心竞争力的理念，逐渐得到用户的认可。

面向智能工厂的综合定制解决方案市场兴起。对于生产调度和过程控制领域，传统的工业自动化、MES、PLM等信息化应用各自为战的市场格局在2014年开始发生变革。西门子等行业领先企业开始面向智能工厂的要素特征，整合相关的技术、产品和服务，并推出按行业定制的综合解决方案，引领生产调度和过程控制市场进入重视实施和深度定制的新发展阶段。我国的青岛软控、雷柏科技等公司也依托各自在细分行业领域的业务积累，推出面向特定应用领域的智能工厂解决方案。

传统企业跨界发展成为产业互联网发展的中坚力量。产业互联网是以互联网、云计算、大数据等为工具，实现传统产业的知识固化、快速迭代、二次创新，从而带来巨大的新价值。传统产业多年固化下来的专业知识和对行业需求的深刻了解，是其无可替代的竞争优势。比如通用电气从最初生产并销售先进装备及工业基础设施，到后来转型为通过租赁业务提供资产运维服务，再到如今推出 APM 公共云服务，切入信息服务市场，一条工业业务转型升级的发展路线清晰可见，凸显出产业互联网发展中传统企业的机遇。我国的海尔集团、潍柴动力、徐工集团等大型制造企业，也已在其集团内部建设并部署了基于工业互联网的远程设备监控和运维云平台，大幅提升其资产管理的水平和绩效。

（四）技术特点

在云计算技术飞速发展的推动之下，越来越多的企业级软件厂商推出在公有云平台上部署的 SaaS 服务，这些服务逐渐集成，形成面向具体行业的工业云服务平台。

物联网的发展催生了一种面向工业领域的新型云服务——泛在传感信息的数据集成和分析，以 GE 为代表的工业技术和服务企业实现跨界发展，开拓出基于工业互联网的新型工业云服务模式。

第六章 信息技术服务产业

一、发展情况

信息技术服务产业是软件产业和高新技术服务业的重要组成部分，可分为信息系统集成服务、信息技术咨询服务、数据处理和运营服务、集成电路设计服务等。

2014年，在全球经济基本趋向好转和新兴信息技术快速发展的带动下，信息技术服务业增长呈现复苏势头。信息产业加快资源整合，使信息技术服务业呈现明显的融合发展趋势。国内外企业均面临转型升级压力，纷纷加大研发投入和服务创新，跨界并购合作动作活跃。产业创新呈现多元化发展态势，行业融合不断深化，新模式、新应用、新业态层出不穷。

（一）产业规模

2014年，世界主要经济体的经济基本趋向好转，但仍面临经济下行的风险。

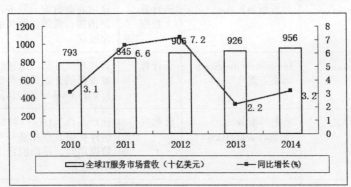

图6-1 2010—2014年全球信息技术服务业市场营收及增速

数据来源：Gartner，2015年3月。

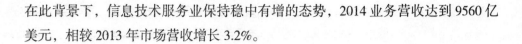
在此背景下，信息技术服务业保持稳中有增的态势，2014 业务营收达到 9560 亿美元，相较 2013 年市场营收增长 3.2%。

（二）产业创新

业务创新多元化发展，服务水平持续提高。信息技术的高速发展，不断推动着信息技术服务业业务向细分化、多样化方向发展，促使新产品、新业态大量涌现，进而创造新的市场空间，带动产业升级优化。云计算、大数据、社交服务以及移动支付成为产业关键增长领域。云计算、大数据产业化进程加速，IBM、Salesforce 等国际企业保持领先优势，初创企业产品创新同样活跃。移动互联网的普及促进社交服务、移动支付和地图服务不断升级。受益于医院需求和信息技术的革新，医疗领域信息化、智能化推动智慧医疗产品快速发展。

表 6-1　2014 年信息技术服务领域主要技术与产品创新

序号	企业	主要技术/服务创新	涉及领域	主要特点
1	IBM	SmartCloudData Virtualization	云计算 大数据	该云计算数据虚拟化服务由IBM联合数据虚拟化平台Actifo合作推出。
2	IBM	云数据服务DataWorks、dashDB、Cloudant	云计算 大数据	由这三款云数据服务，组成基于云计算的面向企业的大数据分析工具链。
3	Altiscale	Hadoop 即服务	云计算 大数据	该大数据云计算平台类似亚马逊的Elastic Map Reduce，通过云计算提供Hadoop相关服务。
4	Salesforce	分析服务Wave	云计算 大数据	这项商业智能云服务可为客户提供销售、营销、服务的分析可视化展现。
5	VMware	Integrated OpenStack 解决方案	云计算	旨在帮助IT部门迅速经济地为开发者提供开放式云类型APIs，进行VMware基础架构访问。
6	甲骨文	数据即服务 (简称Oracle DaaS)	大数据	该产品作为Oracle数据云的最新组件提供，意在进一步简化企业数据访问，帮助销售团队提升效率和业绩。
7	Cybereason	安全技术创新	信息安全	以用户行为识别、关联分析来分析企业潜在数据窃取行为并且自动提交。

（续表）

序号	企业	主要技术/服务创新	涉及领域	主要特点
8	微软、百度	Windows XP 联合防护方案	信息安全	为国内XP用户提供过渡期间的安全防护服务，推出以阵列云技术为基础的联合防护方案。
9	IBM	MobileFirst应用解决方案	移动互联云计算	主要面向企业，包括企业所需的核心功能，如额外的安全保护、嵌入式分析，并且可以通过IBM的云服务进行定制部署和管理升级。
10	谷歌	结构化片段搜索	搜索引擎	该搜索功能能够在搜索结果列表中展示从web网页图表中抓取的数据信息。
11	IBM	电子邮件服务Verse	社交	这标志着IBM罕有地直接向终端用户提供服务。

数据来源：赛迪智库整理，2015年3月。

应用创新空间不断扩展，行业融合快速深化。新兴技术不断延展信息技术创新发展空间，促进信息技术服务业和行业深度融合。云计算、移动互联网、大数据等新技术、新模式得到越来越多用户的认可，应用领域不断拓展，成为产业的新增长点。随着云模式逐渐在市场中占据主导地位，基于云计算的服务模式和商业模式创新持续不断涌现在政务、医疗、金融、交通、能源等领域，云计算的运用可以满足数据共享、在线服务等需求，提高社会管理水平，推动传统行业转型升级。大数据方面，拥有大数据资源的机构开始拓展大数据挖掘分析，并探索交通、医疗等方面的数据存储、数据挖掘、辅助决策等大数据服务。

二、发展特点

（一）规模特点

产业融合发展趋势明显。继欧洲2020战略、美国先进制造业战略后，2014年德国在强力部署实施"工业4.0"战略的背景下发布《数据议程（2014—2017）》，倡导数字化创新驱动经济社会发展，致力于提升信息技术应用水平。信息技术服务业作为IT产业的重要组成部分，具有产业渗透性强、创新活跃、带动作用显著的特点，能够面向传统行业提供数字化平台开发运维、业务数据存储处理以及系统设计和咨询服务，推动生产力提高和经济增长。在此带动下，信息技术服务业在 IT 产业比重不断提高，在产业价值链的地位更为突出。全球领先 IT 企业逐渐向信息技术服务倾斜，以此作为重点发展方向。惠普公司分拆个人电脑业务和企业服务业务，旨在大力发展主要增长业务，加快企业服务业务转型，由此进一步提升自身的竞争实力和市场地位。同时，IT 企业不断强化与外部组织融合，积极与行业机构跨界合作。IBM 与通用电气等企业发起成立工业互联网联盟，发挥各自在信息技术和资源方面的优势，推动物联网及相关服务的发展。

（二）结构特点

云计算成为企业重要转型方向。随着互联网网络环境改善和云计算技术加快产业化，全球云服务表现出旺盛发展态势。传统行业用户开始大量涌入云端，将云计算视作提升生产力的重要平台。企业 IT 模式的转变，要求 IT 服务提供商迅速跟进，以保持市场竞争力。IBM、惠普等传统 IT 企业纷纷转向研发融合基础架构的 IT 解决方案，加快提升云计算服务水平，并取得云相关业务的突出增势。2014 年，EMC 一次性完成三笔云数据企业收购，旨在填补 EMC 混合云战略的重要组成部分；IBM 与汉莎航空、WPP 集团、汤森路透及荷兰银行签署超过 40 亿美元的多年企业云合作协议，并且与 SAP、微软、腾讯、AT&T 及英特尔公司等 IT 领先企业签署战略合作协议。根据 IBM 财报数据显示，2014 年 IBM 云计算收入达到 70 亿美金，同比增长 60%。

移动服务快速发展演进。围绕移动互联网的迅猛普及，数字内容、移动搜索等相应服务取得快速增长，企业级 IT 服务市场亦迎来发展良机。数字内容方面，2014 年，全球移动视频的分享次数和观看时间呈直线增长态势，数字音乐、手机游戏亦成为投资活跃领域。苹果以 30 亿美元收购流媒体音乐服务提供商 Beats；微软以 25 亿美元收购游戏公司 Mojang。移动搜索方面，市场规模不断扩大，随着智能交互技术的不断进展，语音图像等搜索方式增幅逐渐赶超传统的文字搜索。与此同时，企业级业务迎来移动时代的激烈竞争。IBM 与苹果达成面向企业市场的独家合作，借此帮助其产品和云服务更快融入到用户的移动设备中；谷歌与惠普洽谈拓展其移动虚拟助手 Google Now 的企业数据搜索功能；亚马逊推出面向企业的电子邮箱和日历云服务，强调其安全可靠性能。

（三）市场特点

金融、医疗领域成为应用热点领域。金融创新创造金融 IT 发展机遇。在资本推动和金融需求逐步释放的影响下，金融 IT 市场快速发展并日益壮大。金融信息化的规范有序发展对信息技术咨询服务需求巨大，统一协调的金融信息系统的建立对信息系统集成服务提出更多需求，金融信息系统对安全保障的高要求扩大了对数据备份服务业务的需求。大数据与金融融合成为行业应用发展趋势，有助于金融企业提升竞争力，推动互联网金融模式创新和产品精准营销。行业边界日渐模糊，参与者包括传统金融机构、互联网企业、通信运营商以及基础设施提供商等，跨界合作活动频繁。受益于医院需求和信息技术的革新，医疗信息化快速发展，移动互联和大数据技术推动移动医疗进入快速上升阶段。据预测，到 2017 年，全球移动医疗市场的规模达到 230 亿美元，到 2020 年，该指标有望超过 490 亿美元。平台企业依托企业核心软硬件能力，通过整合共享不同医疗设备、应用服务的数据信息，积极打造纵向一体化的健康管理中心，帮助用户以及医院对健康与疾患进行监测分析，如苹果公司的 HealthKit 平台、百度的北京健康云。移动终端的广泛应用、移动宽带网络和服务的拓展，加快实现医疗健康服务的无线化、信息化。数据分析技术在医疗健康研究过程中的广泛应用和不断扩展，有利于医疗行业提高效率和服务质量，通过开放新的具有医疗价值的信息源提高诊断准确性和速度、预测疾病和健康形态。

流媒体服务市场备受巨头热捧。当前，全球流媒体服务市场发展迅速。视频服务方面，随着全球游戏电竞的普及，视频游戏流媒体受到资本市场看好，2014 年 7 月，谷歌斥资 10 亿美元收购游戏流媒体视频公司 Twitch，以拓展旗下 YouTube 涉及范围，弥补其在视频直播方面的不足之处。音乐服务方面，流媒体服务成为音乐行业增长速度最快的收入来源。据数据统计，全球流媒体音乐服务业务增长了 54%，2014 年音乐流媒体点播量达到 1640 亿次，高于 2013 年的 1060 亿次。截至 2014 年 5 月，音乐流媒体服务商 Pandora Media 和 Spotify 用户人数已达到 9900 万人。与此同时，数字音乐下载服务的总收入却减少了 7.5%。2014 年 5 月 28 日，美国苹果公司宣布以 32 亿美元收购拥有耳机制造和音乐流媒体两大业务的 Beats 公司。这是苹果自 1997 年以 4.04 亿美元收购 NeXT 计算机以来规模最大的一次收购行动，同时也是 2014 年电子信息产业大型收购案例之一。Beats 流媒体服务自 2014 年 1 月推出以来，用户数量增长迅速。而苹果虽然拥有数字音乐下载市场排名第一的网络商店 iTunes，其在 2013 年推出的同类服务 iTunes Radio 发展并不顺利。通过收购 Beats，苹果将获得其高增长的音乐流媒体服务，同时整合该公司高利润率的硬件业务。借此苹果有望继续占据音乐出版业的优势地位，从而控制播放音乐的硬件设备市场，拓展企业的生态体系。

初创企业并购热潮持续涌现。2014 年，信息技术服务领域的并购交易中，收购初创企业依然占据较大部分。IT 企业竞相兼并具有良好发展前景的初创企业，集中在云计算、大数据等新兴领域。收购方多是以强化自身服务水平为目的。通过整合初创公司技术与自己现有的业务，加快企业创新发展，同时可以招募到具有创业精神的科技员工。初创企业一般指仍处于寻找商业模式阶段的公司，客户定位与商业模式的探索对企业维持经营造成一定程度的阻碍，出售给大型 IT 企业成为初创企业的发展途径之一。

表 6-2　2014 年信息技术服务领域初创企业并购情况

序号	企业	收购企业	收购细节及可能的战略目的
1	社会营销公司 Unified	网络数据分析 Awe.sm	通过整合 Awe.sm 的技术，提供有关营销活动的有效性的详尽数据。
2	大数据服务 Cloudera	数据加密技术 Gazzang	Gazzang 研究数据存储环境加密技术技术，有利于提高客户对环境安全的信心。
3	Salesforce	智能关系管理 RelateIQ	借助跨销售、服务和营销的智能管理，进一步扩大 Salesforce 作为第一大 CRM 应用和平台的价值。
4	Google	购物数据分析 Rangespan	强化其电子商务业务，尤其是零售门户 Google Shopping。
5	Google	云端监测服务 Stackdriver	整合到谷歌云服务，以便使谷歌客户能够使用先进的云计算监测技术。
6	Google	视频特效服务 Zync	意味该服务的客户将不得不从亚马逊平台转向谷歌的平台，以此来加强自己在云计算领域的实力。
7	天睿	大数据咨询服务 Think big	向客户提出最佳咨询建议，帮助他们利用各种开源大数据技术，推动业务增长。
8	EMC	云计算工具 Cloudscaling	将其提供的免费界面工具软件整合到自己的存储服务当中，以帮助用户提高使用自己产品的效率。

（续表）

序号	企业	收购企业	收购细节及可能的战略目的
9	甲骨文	在线收据管理 BlueKai	加强企业营销平台的服务水平。
10	云存储服务 Dropbox	企业沟通服务 Zulip	帮助Dropbox产品得到进一步完善，方便用户团队沟通，并降低成本，还可以明显提高工作效率。
11	苹果	小型云网络 Union Bay	主要是为了在西雅图建立一个软件工程办事处。

数据来源：赛迪智库整理，2015年3月。

（四）企业特点

企业实力不断增强，专注主营业务增长。随着IT市场的复苏，企业业务营收基本保持增长态势。面对市场竞争压力的急剧增长，国内外企业纷纷加大研发投入和服务创新。综合IT企业如IBM、惠普等剥离其表现不佳的业务，试图将重点放在利润率更高的业务如云服务。

系统集成厂商向业务合作伙伴关系转型。系统集成服务提供商向客户提供服务的模式正从交易型服务向业务合作转变。由于新兴业态与技术的驱动力量以及宏观经济复苏迟缓的影响，各行业客户都面临极大的转型升级压力。在这双重力量的作用下，客户对IT服务的要求逐渐从产品层面提升到业务层面，更加专注于提高业务质量并节约成本。这种变化推动技术导向的基础或单项IT服务逐渐向业务导向的全流程服务转型，服务模式也从被动响应式服务转变为积极主动提供更多预防性服务。印度IT服务企业Infosys提出"更新和全新"客户策略，以响应客户需求模式的转变。该策略提出根据客户转型发展的程度，为其提供保持现有投资规模的系统更新业务和以新兴技术面向市场的全新业务服务，实现与客户业务更紧密结合。同时Infosys加强自身咨询业务，以此作为补足企业向客户提供全流程服务的重要一环。在此基础上，Infosys公司2014年第二季度净营利310亿卢比，实现超预期增长，并且签署了多项预知维护、移动服务和大数据空间的项目。

第七章　嵌入式软件产业

一、发展情况

（一）产业规模

全球正在进入一个"无边界"的时代，据 IDC 预测，到 2020 年全球安装的移动和物联网终端点将达到 2120 亿个，互联的移动与物联网终端点将达到 300 亿个，这让人与人、物与物、人与物之间的互联变得更加没有障碍——也将嵌入式技术的发展带入了一个黄金时代。在此背景下，嵌入式软件产业的规模很难准确统计，粗略估计全球嵌入式相关工业产值规模约为万亿美元级别，其中嵌入式软件系统的产业规模约 4000 亿美元。

（二）产业创新

1. 技术产品创新

谷歌推出了 Android 5.0。谷歌希望通过新版本更好地统一 Android 的用户体验、设备交互能力。Android 5.0 采用了一种称作"Material Design"的新设计语言，界面设计引入了丰富清新的颜色风格，并配以流畅炫目的动画效果，希望借此统一手机、平板电脑等多种 Android 设备的外观和使用体验。除了视觉上的进化，Android 5.0 还为开发者带来了 5000 个新 API，从而让设备间更具整体感及互联性。另外，Android 5.0 还包括新的电池模式、多账户登陆、访客模式以及通过蓝牙设备解锁等新功能。

苹果推出 iOS 8.0。iOS8.0 被称作"App Store 启动以来发布的最重大更新"，推出数百项新功能，包括"信息"、"照片"、"相机"、"键盘输入"等功能增强或改进，进一步优化了用户使用体验。同时，苹果面向云计算时代的分享和协同增加了新的功能，面向家庭应用场景主推分享，比如家人间共享 iTunes、iBooks 和 App Store 的购买项目，使用同一张信用卡支付家庭购买项目，并通过"购买前询问"功能批准子女购物，轻松共享家庭照片、家庭日历、位置信息等。面向商务应用场景主推协同，比如新增 iCloud Drive，允许用户将所有文稿储存到 iCloud，并从 iPhone、iPad、iPod touch、Mac 或 PC 取用，在多个相互兼容的应用程序之间共享同一文件，在一个设备上编辑的内容会自动更新到所有设备；推出"连续互通"功能让同一用户的 iPhone、iPad 和 Mac 无缝合作，新增 Handoff 功能可以让用户在一个设备上开始一项工作，并在另一台设备上即时继续，可以在 iPad 或 Mac 上接打电话并接发 SMS 短信或彩信。苹果还特别新增了"健康"应用程序，可将健康和健身数据的图表汇总，方便易读，并可与其他应用程序共享数据，为下一步发布智能手表产品做铺垫。

微软推出 Windows Phone 8.1。新增了"活动中心"（Action Center）和数字助手 Cortana、全新锁屏屏幕。Cortana 取代了 Windows Phone 之前的语音命令，和 Siri 一样，用女声与用户交谈，根据语音指令进行搜索等。"活动中心"从屏幕顶部栏向下滑动出现，方便用户定制和了解所有的应用通知，应用体验更好。新的锁屏屏幕可以显示时间、日期、通知和即将到来的日历事件，并允许用户定义应用程序的通知。总的来说，Windows Phone 8.1 主要致力于改善使用体验。

风河推出 VxWorks7。2014 年 3 月，风河推出其旗舰产品的全面升级版本 VxWorks7。VxWorks 是全球市场份额最大的 RTOS，风河官方的技术资料显示，VxWorks"采用高度模块化的方式，实现了内核与文件系统和网络栈等组件的分离，因此可以随时对单个应用进行更新，无需对整个系统进行改造或者重新测试，从而提高了可伸缩性以及迅速适应市场变化的能力"。本次版本升级，风河公司解释称主要着眼于物联网的应用需求，进一步全面提升 RTOS 的能力，"不仅强调核心实时、确定性和可靠性，更突出高度互联、全面安全、远程管理等物联网环境所要求的全新能力。VxWorks7 采用新的模块化架构，使用户能够对系统组件和协议实施高效且有针对性的升级，无需改变系统内核，从而最大限度地减少了测试和重新认证的工作量，确保客户系统始终能够采用最先进的技术。全套内置安全功能，包括安全数据存储、防篡改设计、安全升级、可信任引导、用户以及策略管理。可靠性功能进一步增强，可以满足医疗、工业、交通、航空以及国防领域对于安全应用与日俱增的需求。"2015年2月，风河进一步推出VxWorks的虚拟化技术，让VxWorks用户能够将多个工作负荷集中到单个多核处理器上，而不是像以前那样不得不由多个处理器来承担。这就使得用户可以在部署应用时将VxWorks、Linux、Windows以及其它操作系统混合在一起，共享内存、共享同一个多核处理器内核和系统芯片。在自动化控制、医用扫描仪、航空电子控制系统等物联网至关重要的市场领域中，虚拟化技术能够帮助用户设置安全、可靠的计算分区，大大加强了VxWorks7核心的可伸缩功能。此外，风河还将医疗行业的IC62304标准、工业控制61508标准、航空航天DO178标准、铁路50128标准等全部都纳入平台中，增加了用户的灵活性。

2. 发展模式创新

嵌入式系统开源化发展成为主流产品开发模式。从市场份额看，开源嵌入式操作系统的占比已经全面超过商用OS。根据美国媒体的调查，商用嵌入式操作系统在整体系统中的占比约为33%，而使用开源操作系统的系统约占36%。开源嵌入式软件的源代码越完整，越受到工程师的青睐，更有软件彻底免除使用版权费，并在开源社区提供部分技术支持服务。开发平台的开源化发展，带动整个嵌入式系统开源化发展已经成为主流的产品开发模式。

嵌入式软件系统随硬件系统打包出售是主要的商业模式。独立成套销售的嵌入式软件系统越来越难以为继，微软也已经将手机操作系统平台免费开放，以吸引更多应用开发者。嵌入式软件系统的商业模式，几乎全面转向随硬件系统打包一体出售。

二、发展特点

（一）规模特点

嵌入式软件是物联网产业、工业4.0和智能化发展的重要基础，嵌入式软件也在互联和智能的大潮中演进和发展，已经渗透到集成电路、通信、软件和云计算等技术领域，近年来一直保持持续快速发展的态势，尤其是2014年在全球经济发展形势低迷的情况下，仍然实现了产业规模的稳定快速增长。

（二）结构特点

在移动通信终端领域，Android 占据市场绝大部分的份额，苹果 iOS 其次。根据 Strategy Analytics 发布的最新数据，截止到 2014 年第三季度，Android 系统的市场份额为 83.6%，苹果 iOS 的市场份额为 12.3%，微软 Windows Phone 市场份额为 3.3%，黑莓市场份额为 0.7%，其他不到 0.1%。

工业控制领域，风河公司嵌入式软件系统产品占据市场主要份额。风河公司产品占比 40% 以上，市场份额占有率第一，QNX、GreenHill 排第二和第三。

汽车电子领域，欧、美、日企业市场份额领先。欧、美、日企业在车控应用软件领域具有深厚的技术积累和应用经验，动力总成、底盘、安全相关控制软件技术主要掌握在核心的几家一级供应商手中，如 Bosch、大陆、马瑞利、德尔福等。关键的执行器和传感器也大多被几家一级供应商垄断。

（三）市场特点

嵌入式软件市场越来越倾向于隐形化。几乎所有的嵌入式软件产品都不再单独计价或者直接免费，其价值转而成为软硬一体化系统的价值的重要组成部分，随系统一并出售。

嵌入式软件市场更加泛在化。虽然嵌入式软件系统逐渐隐形化，但是随着各行业产品、设备的互联化和智能化发展，嵌入式软件市场所涉及的行业领域不断丰富，甚至达到泛在化的水平，比如智能家居、可穿戴设备、医疗设备、智能交通设施、智能装备等。随着全社会的信息化程度不断提高，嵌入式软件系统基本上已无处不在。

（四）技术特点

通信技术以 Wi-Fi 为主，蓝牙也广受青睐。嵌入式系统首选的通信方案是 Wi-Fi 技术，使用蓝牙系统，特别是蓝牙 4.0/LE/Smart 技术的系统也越来越多。与之形成对比的是，使用移动通信技术，比如蜂窝网络技术的系统越来越少。

双核 32 位处理器技术成为主流。嵌入式系统设计普遍使用一个以上的微处理器，最典型的是双核。根据美国媒体的在线调查，平均每项现有设计所使用的微处理器数目为 2.4。调查还显示，8 位微处理器应用正缓步而稳定的下滑，取而代之的是 32 位微处理器持续稳定成长。

微内核结构被嵌入式操作系统广泛采用。嵌入式操作系统普遍采用只具备任务调度、时钟管理、内存管理、任务间通信与同步等基本功能的微内核，而其它如文件系统、网络功能、GUI 系统等应用组件，均以系统进程或函数调用的方式允许用户根据实际需求裁剪定制。在各种内核技术中，Linux 内核因为其可信性高，适应性好，构件组件化且集成支撑开发环境的自动化、人性化程度较好，成为最受欢迎的内核技术。

嵌入式软件技术与人工智能、模式识别技术深度结合。随着嵌入式平台计算性能的提升，机器视觉、智能语音等人工智能和模式识别算法逐渐移植到嵌入式平台上，产生出芯片级的解决方案，在手机、可穿戴设备、机器人、智能家居产品、智能网联汽车等众多领域实现应用，推动了多领域的互联智能发展。

第八章 云计算产业

一、发展情况

（一）产业规模

2014 年，全球云计算服务市场规模达到 1528 亿美元，与 2013 年相比增长 17%。

表 8-1 2010—2015 年全球公共云服务市场规模

年份	2010	2011	2012	2013	2014	2015（e）
产业规模（亿美元）	683	900	1110	1310	1528	1800
增长率		32%	23%	18%	17%	18%

数据来源：Gratner，2015 年 2 月。

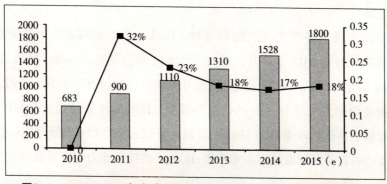

图8-1 2010—2015年全球云计算市场规模示意图（单位：亿美元）

数据来源：Gratner，2015 年 2 月。

（二）产业结构

全球企业的云服务预算中，SaaS 服务（软件即服务）市场份额占比最高，达到

49%。IaaS 服务（基础设施即服务）、PaaS 服务（平台即服务）分别为 28% 及 18%。

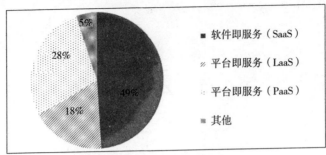

图8-2　全球云计算市场产业结构图

数据来源：IDC，2015 年 1 月。

（三）产业创新

开源软件成为创新的重要驱动力。开源软件正在成为推动云计算技术发展的新动力，包括互联网公司在内的许多企业逐渐开始接受开源云架构。作为云计算的重要形式，IaaS 服务有各种开源和商业云平台方案。Eucalyptus、OpenNebula、CloudStack 和 OpenStack 是 2014 年业界普遍使用的四种开源 IaaS 云平台，已经成为企业私有云平台建设的主流架构。2014 年，包括 IBM、VMware、惠普和甲骨文在内，越来越多的云服务企业和用户开始使用开源云平台，并且参与开源云平台的建设。

容器技术成为备受关注的创新领域。Docker 是 DotCloud 公司的开源项目，其首发版本时间是 2013 年 3 月，经过一年多时间的发展，Docker 已成为仅次于 OpenStack 的全球第二大受关注度最高的开源项目。2014 年，IBM、红帽、微软、谷歌等企业均加大了对 Docker 的研究和部署，Docker 所属公司正在和微软一起合作开发基于 Windows 系统的 Docker 容器，谷歌云平台和亚马逊 AWS 云服务均添加了自己的容器管理系统。未来两年，Docker 的技术能力将有望获得极大提升，应用将进一步普及。

（四）主要政策

1. 美国：政务先行应用促进产业发展

从 2010 年开始，美国联邦预算不断加强云计算投入。2014 年，美国通过一系列政府应用进一步推动云计算发展。美国国防部提出了利用云计算服务来存储政府机密信息的创新性解决方案，这是美国国防部第一次计划将"影响级别6"的机密数据存储在网络上。美国健康和人类服务厅（HHS）和劳工部（DOL）率先使用 Office 365 服务，将政府通讯和数据保存至云端。美国海军则选择戴尔公司为其提供基于云计算的电子邮件解决方案。

2. 澳大利亚：《澳大利亚政府云计算政策》推进云应用

澳大利亚政府已经意识到云计算的战略意义，并于 2013 年出台了《澳大利亚云计算战略》，布局云计算总体发展。2014 年，澳大利亚财政部公布《澳大利亚政府云计算政策》（第三版），进一步推动云计算产业发展。新政策强制要求政府机构使用云服务，适用于将要更换或升级 IT 设施的非法人联邦实体。按照新政策，这些实体在运行面向公众的网站以及从事测试和研发时需要采用云服务，并应考虑在运营系统上使用云计算，还要研究其他部门和机构的云服务是否可以拿来使用。

3. 英国：五大举措推动云服务政府采购

2009 年，英国由国家 CIO 发布了《数字英国报告》，呼吁政府部门建立统一的政府云。2014 年，英国政府宣布正式采用"政府云服务（G-Cloud）"，并通过五个措施推进政府云服务发展。一是积累客户群，为 3 万名左右公有部门的用户提供服务。二是吸引供应商，确保公平竞争，让不同规模的供应商都能参与政府合同投标。三是完善产品目录，满足用户需求。四是改进流程，解决安全认证。五是打造新型数字市场，完善 CloudStore 市场功能。英国政府目标是到 2015 年，至少有 50% 的信息技术资源通过公共云服务网络来购买。

（五）主要国家发展情况

1. 美国：全球云计算技术和应用的领跑者

美国是"云计算"概念的发源地，其产品与技术成熟度较高，市场发展极为迅速，政府应用较为普及。美国拥有一批云计算标杆企业，这些企业在技术研发、商业模式、市场推广方面已取得成功的经验，基本掌握了云计算领域的关键技术，主导未来云计算技术发展方向。

2014 年，美国通过一系列政府应用推动云计算发展。美国健康和人类服务厅（HHS）和劳工部（DOL）率先使用 Office 365 服务，将政府通讯和数据保存至云端。美国国防部授权亚马逊处理政府高安全级别信息，AWS 成为第一家获得临时授权的商业云服务。美国海军则选择戴尔公司为其提供基于云计算的电子邮件解决方案。

2. 欧洲：积极推动云计算应用的跟进者

欧洲属于云计算应用市场的跟随者，这与欧洲对于数据的安全性和隐私性的要求非常严格有关。随着越来越多的企业、医院、当地政府和中央政府放弃计算机主机而采用云计算服务，越来越多的资金正在流入这一领域。欧洲有 2000 万家中小企业，约 80% 的欧洲小企业已经或者计划使用云服务。

2014 年，欧盟加大推动政府使用云服务的力度。英国政府从五个方面推进政府采购云（G-Cloud）的建设，分别是积累客户群、吸引供应商、完善产品目录、改进流程、打造新型数字市场，以改变政府采购买方和卖方的体验，确保英国政府为用户提供良好的数字服务。

3. 日本：鼓励云模式创新的追随者

日本政府积极推进云计算发展，谋求利用云计算创造新的服务和产业。云计算技术创新主要由运营商主导，侧重在电信、金融与教育领域。各大信息技术企业也加大云计算的投入。

2014 年，日本通信部和教育部斥巨资打造"云校园"，"云校园"系统将包括英语、数学、日语、科技和社会学等五门课程的电子教材放在服务器上。学生不管在学校还是在家都能够获取这些教材内容，进行课程预习和复习。同时，通过图片、声音和文本等多种形式的资料也将让同学们的学习更加有趣。

二、发展特点

（一）市场特点

1. 企业级云计算应用进一步普及

国外云计算市场企业级用户数量正在增加。相关调研机构 2014 年数据显示，69% 的企业已经在云端运行应用或基础架构，比 2012 年提高 12%。投入速度快、成本低和系统迭代更新是企业转向云计算技术的三个主要原因。2014 年，大型企业在云计算领域的投资平均为330万美元，业务及数据分析、数据存储管理，以及会议解决方案与IT基础架构管理是企业云计算应用的三大主要类型。

2. 传统IT企业加速向云计算转型

随着互联网、移动互联网的高速发展，企业和消费者希望随时随地获取服务的需求在迅速上升。2014年，传统硬件和软件屡屡遭遇挑战，为迎合市场需求，传统IT企业大力布局云计算业务，并通过并购等方式加速扩张，争夺市场份额。

3. 产业链各环节企业积极开展合作

云计算产业竞争已从产品竞争、企业竞争演进到产业生态体系竞争，仅靠产品本身或企业自身很难取得市场竞争优势，率先构建完整的产业生态体系，才能把握胜出的先机。但另一方面，在信息产业领域，英特尔、IBM、微软、苹果、谷歌、亚马逊等企业都已经形成自己的生态系统和独特的竞争优势，互相之间的攻守已经变得极难。在难以通过竞争"制敌"的背景下，不同产业或不同产业领域的产业生态体系的合作就成为建立更强竞争优势的新途径。

表8-2　2014国外产业链上下游企业合作事例

合作企业	合作事件	描述及影响
IBM、苹果	共同推进企业级移动市场转型	两大龙头企业的结盟，不仅给双方带来新的发展机会，也给全球电子信息产业格局带来不弱于"Wintel"体系形成所造成的影响。
IBM、微软	在云平台方面达成合作	随着混合云的快速发展，此次合作将会给IBM和微软双方的客户、合作伙伴和开发者提供更多的云选择，帮助他们推动创新、降低成本，把握新的商机。
IBM、Completel	共同开拓法国市场	意味着IBM进一步把业务重心转移到高利润的云计算业务上，同时积极开拓全球市场。
微软、甲骨文、Salesforce.com	微软积极扩展合作伙伴，建设Azure生态圈	微软Azure伙伴生态继续扩大，新增加的合作伙伴包括甲骨文和Salesforce.com等。微软进一步对渠道伙伴发布Azure开放授权Azure in Open Licensing，合作伙伴可自主经销微软Azure云。
微软、Dropbox	达成云合作	Dropbox寻求向企业市场进行扩张，微软则希望让更多的用户接收其OneDrive存储服务。微软这一做法确保无论用户使用什么设备，都能够使用到微软的服务。
微软、Salesforce.com	结成战略合作伙伴	Salesforce.com CRM SaaS应用将与微软Office 365工具进行整合；Salesforce将使用微软Azure的IaaS云托管其Exact Target营销产品。

（续表）

合作企业	合作事件	描述及影响
微软、甲骨文	在Azure上合作	面对AWS迅猛发展的巨大压力，两家软件技术巨头就云合作协议达成了一致，甲骨文推出的数据库、WebLogic Server以及Java开发工具已经先后登陆Azure，并正式商用。
阿朗、英特尔	在云计算及信息安全领域开展合作	进行"网络功能虚拟化"（network function virtualization）技术研发，允许电信运营商更多地依靠软件而非硬件。
微软、SAP	在云服务领域合作，通过云端和微软的移动设备使用SAP商业软件	双方计划通过针对微软设计的SAP Gateway产品提升应用与平台之间的互用性。微软和SAP还将瞄准移动设备市场，面向Windows和Windows Phone 8.1开发和推广SAP移动应用。
戴尔与亚马逊、CenturyLink、谷歌、微软等	已与十一家云服务供应商建立起合作伙伴关系	戴尔公司宣布新的云计算战略方向，依赖于AWS、CenturyLink、谷歌、Azure以及Zerolag等十余家主流云合作伙伴而不再创建自己的独立公有云体系。
思科、德国电信、BT集团和Equinix	投资10亿美元同合作伙伴一起构建全球性云计算网络	思科计划将全球各地的数百个数据中心和云供应商连接起来，构建一个全球性的云计算网络，将公共云和私有云桥接在一起，允许企业在不同的云和数据中心之间移动数据流。
甲骨文、三星	在移动云计算领域合作	通过与三星的合作，甲骨文可以获得更广泛的软件发布渠道以及开拓消费类市场的机会。对三星而言，相对于该公司专注的消费类市场，企业市场有着更高的利润率。

数据来源：赛迪智库整理，2015年3月。

4.激烈市场竞争引发云服务价格战

随着云服务提供商的服务不断完善，云计算市场呈现出群雄割据的态势，价格战成为云计算巨头竞争的重要手段。2014年，谷歌、亚马逊、微软等企业相继大幅降低云服务价格，国内云服务商也纷纷加入战局。

表8-3　2014年云计算市场价格战

时间	企业	降价事件
3月	谷歌	云服务器、云储存和数据库服务分别下调32%，68%和82%。
3月	亚马逊	储存服务价格平均下降51%，EC2计算服务降价38%，大数据服务降价27%—61%不等。自8年前推出以来，这已是AWS的第42次降价。

（续表）

时间	企业	降价事件
4月	微软	将计算服务的价格下调27%—35%，将存储服务的价格下调44%—65%，对内存要求较高的Linux虚拟服务的价格下调35%，Windows虚拟服务的价格下调27%。
10月	谷歌	对云计算中的计算资源租赁服务降价10%。在欧洲和亚洲地区，原来一个CPU标准租赁单位的收费为7.7美分，如今会降到6.9美分。
11月	谷歌	下调部分云计算功能的价格，包括存储、数据库和网络选项，降价幅度在23%—79%之间。

数据来源：赛迪智库整理，2015 年 3 月。

（二）投融资特点

1. 龙头企业加速并购增强竞争实力

云计算市场的竞争越来越激烈。各巨头企业虽然在各自领域具有优势，但面对严峻的竞争形势，纷纷利用融资并购补齐自己的产业短板、进一步加强优势环节的竞争实力，或构建自己掌控的生态系统。2014 年，龙头企业的融资并购依然是云计算投融资中最重要的部分。

表 8-4　2014 年龙头企业并购案例

时间	投融资事件	金额（亿美元）	影响
1月	VMware收购移动设备管理公司AirWatch	15.4	AirWatch 主要为企业提供移动设备及设备内容方面的管理，目的是确保任何员工带入办公室的移动设备都是安全的、运行了正确的应用、可以获得正确的资源，同时当员工离职或者设备丢失时，可以迅速切断。
2月	IBM收购云计算公司Cloudant	－	Cloudant的主要产品是NoSQL数据库产品，可以将数据库交给亚马逊、Rackspace或IBM旗下的SoftLayer那样的云服务供应商托管，然后供企业用户租用，收取包月服务费。收购旨在应对亚马逊的云计算业务竞争。
3月	甲骨文并购BlueKai	4	收购BlueKai的交易将为甲骨文提供营销和广告资产，包括数据交换和数据技术，为甲骨文引进市场领先的数据管理平台，帮助其进一步提高出售技术和产品的能力。

（续表）

时间	投融资事件	金额（亿美元）	影响
5月	谷歌收购云端监测服务企业Stackdriver	—	云端计算逐渐变得商品化，它的收费持续呈现降低趋势，而且现在各家服务供应商在核心计算和储存服务方面提供的选择也不多，无法实现差异化竞争。Stackdriver的领先优势将使谷歌云端平台在市场中领先一步。
8月	IBM收购意大利云安全厂商CrossIdeas	—	IBM收购云安全厂商CrossIdeas后，将把其添加到自己的身份和访问管理投资组合当中，对于IBM在金融、制造以及其他行业用户十分有益，同时将使蓝色巨人安全服务组合实力进一步增强。
8月	荷兰运营商KPN收购主机服务提供商Argeweb	—	Argeweb公司的总部位于鹿特丹附近的Maassluis.业务范畴包括提供虚拟主机、域名、邮件服务器以及中小企业的云存储服务，拥有超过5万家客户。此次收购将巩固KPN在荷兰中小企业云计算服务领域的地位。
9月	惠普收购云计算软件开发商Eucalyptus Systems	1	Eucalyptus的开源软件能帮助企业管理者管理企业数据中心，而其方式与利用亚马逊的云计算平台类似。惠普的HP Helion产品基于OpenSatck，这是一种不同的云计算软件标准，拥有自己的API。Eucalytus将更好地参与OpenStack。
9月	思科收购加州云服务公司Metacloud	—	收购将加速思科建立全球最大互联云（Intercloud）网络的战略实施。
9月	SAP收购云计算软件公司Concur	83	Concure可以通过互联网提供软件服务，帮助企业管理员工的旅行和开支账目，而SAP销售的多数软件则是直接安装到用户电脑系统中的。
9月	爱立信收购云计算软件公司Apcera控股权	—	由于移动运营商削减网络设备上的支出，爱立信的销售连续两年陷入停滞，Apcera的软件将为爱立信的云计算供应增加安全和管理服务，以帮助其加快进军云计算服务领域。

数据来源：赛迪智库整理，2015年3月。

2. 开源成为产业投融资热点

开源软件在云计算产业中正发挥越来越重要的作用，成为企业引领云计算技术未来发展方向、掌控未来产业体系的重要工具。众多企业纷纷投资开源软件建设，布局产业未来发展，使得开源软件成为 2014 云计算产业投资的重要领域。

表 8-5 2014 年开源领域融资案例

时间	投融资事件	金额（万美元）	影响
1月	Docker获得投资	1500	Docker从诞生之日起就得到了资本的广泛关注。Docker公司的A轮来自Benchmark Capital和Trinity Ventures，同期杨致远、苹果工程主管Marc Varstaen也加入了公司领导层。
9月	Docker获得投资	4000	作为开源虚拟化技术公司，Docker从一开始就得到了业界的广泛好评。时隔短短八个月时间，Docker便迎来了本次C轮投资。
10月	OpenStack对象存储商SwiftStack 获得融资	1600	继专注于OpenStack整体方案的eNovance、CloudScaling、Metacloud、Mirantis等的收购和巨额融资后，细分领域开始发酵，OpenStack创业公司SwiftStack也获得1600万美元。
12月	开源图谱数据库Neo4j获得投资	2000	继NoSQL数据库后，图谱数据库成为云服务领域热点。截至2014年底，开源图谱数据库Neo4j的商业版发行公司Neo Technology累计融资金额已达到4500万美元。

数据来源：赛迪智库整理，2015 年 3 月。

3. SaaS 领域融资事件频繁涌现

2014 年，SaaS 服务企业获得众多融资，虽然每笔融资数额相对于 IaaS 领域仍显较小，但融资事件数量多。这在一定程度上反映出数据分析等细分领域的服务将成为未来几年产业热点。

表 8-6 2014 年 SaaS 领域融资典型案例

投融资事件	金额（万美元）	影响
云笔记应用开发商Evernote获2000万美元投资	2000	Evernote凭借Context功能获得新投资，该功能通过分析用户的工作内容，搜索用户和其同事过去的笔记，以及其他资源来为用户提供相关的信息支持。
外勤365获得200万美金A轮投资	200	外勤365是采用SaaS模式的、面向企业外勤人员使用的移动办公工具。

（续表）

投融资事件	金额 （万美元）	影响
数据分析 SaaS 服务GoodData 获得 E 轮融资	2750	和 IBM、SAP、甲骨文等巨头提供的套件式解决方案不同，GoodData 将其所有的数据分析服务实现了100%云化，以 SaaS 的模式提供给企业，截至2014年底该公司已融资1亿多美元。
邮件工具Mailcloud获得280万美元天使投资	280	Mailcloud是一家来自英国的邮件效率工具开发商，用户可以用Mailcloud连接自己的电子邮件帐户，整理所有的历史邮件、文件和有关内容，按照不同的人来建立文件夹分类。
移动应用云服务APICloud完成A 轮融资	500	APICloud是一家移动应用开发者平台，为App开发者提供云端的API服务和数据存储服务，支持在线NoSQL数据表设计、API调试及用量分析，同时提供推送、云修复、大数据分析等服务。
应用性能管理服务商云智慧获得B 轮融资	1000	云智慧基于大数据分析，为企业级用户提供全面、专业的端到端的应用性能管理解决方案。
Teradata天睿公司收购营销SaaS提供商Appoxee公司	—	天睿公司收购移动营销软件即服务式提供商Appoxee公司。随着将Appoxee解决方案纳入天睿公司整合营销云，将帮助天睿提供业内领先的营销解决方案，以及更具个性化的信息与沟通服务。

数据来源：赛迪智库整理，2015 年 3 月。

第九章　大数据产业

一、发展情况

（一）产业规模

大数据解决方案不断成熟，各领域大数据应用全面展开，为大数据发展带来强劲动力。Wikibon 数据显示，2014 年全球大数据市场规模达到 285 亿美元，同比增长 53.2%。

大数据成为全球 IT 支出新的增长点。Gartner 数据显示，2014 年数据中心系统支出达 1430 亿美元，比 2013 年增长 2.3%。大数据对全球 IT 开支的直接或间接推动将达 2320 亿美元，预计到 2018 年这一数据将增长三倍。

图9-1　2011—2017年全球大数据市场规模

数据来源：Wikibon 公司数据，2014 年 5 月。

IDG 调查显示，2014 年大企业对于大数据有关的项目的平均开支为 800 万美元，70% 的大企业和 56% 的中小企业已经部署或者正在计划部署与大数据有关的项目和计划。

（二）市场结构

2014 年，全球大数据市场结构从垄断竞争向完全竞争格局演化。企业数量迅速增多，产品和服务的差异度增大，技术门槛逐步降低，市场竞争越发激烈。全球大数据市场中，行业解决方案、计算分析服务、存储服务、数据库服务（含非关系型数据库和关系型数据库）和大数据应用为市场份额排名最靠前的细分市场，分别占据 35.4%、17.3%、14.7%、12.5% 和 7.9% 的市场份额。云服务的市场份额为 6.3%，基础软件占据 3.8% 的市场份额，网络服务仅占据了 2% 的市场份额。

表9-1　2011—2017年全球大数据细分领域市场规模及预测　　　（单位：亿美元）

	2011	2012	2013	2014	2015	2016	2017
云	3.6	6.2	11.9	18.2	25.2	30.5	36.5
行业解决方案	28	44.2	61.5	101	135	160	172
应用	5.2	9.9	16.9	34.5	52.9	66.5	77.5
非关系型数据库	0.7	1.3	2.9	5	8	10	12
关系型数据库	6.2	8.8	13.1	17.5	22.5	24.5	27
基础软件	1.4	4.4	8.3	10.8	12.5	16	19
网络	1.5	2.3	4.2	6.5	8.5	10.1	11.5
存储服务	11	17.5	30.9	42	55	64	69.5
计算分析服务	15.3	22.9	36.5	49.2	64	71	76

数据来源：Wikibon 公司数据，2014 年 5 月。

（三）产业发展态势

1. 市场增速略有放缓，应用成为新的增长动力

2014，全球大数据市场规模实现 53.2% 的增长，比 2013 年 57.6% 的增速略有回落，但快速增长态势不变，且远快于整个信息和通讯技术市场增长速度。随着技术不断成熟，大数据作为新兴领域，已经进入应用发展阶段，基础设施建设

带来的规模性高速增长出现逐步放缓的趋势，技术创新和商业模式创新推动各行业应用逐步成熟，应用创造的价值在市场规模中的比重日益增大，并成为新的增长动力。

2. 竞争态势愈加激烈，融资并购成为市场热点

2014 年，全球新增大数据创业企业和开展大数据业务的企业数量急剧增加，产品和服务数量也随之增长，但还没有占据绝对主导地位的企业。市场结构趋向完全竞争，企业间竞争变得更加激烈，变化仍将持续。谷歌、亚马逊、Facebook等互联网企业龙头和甲骨文、IBM、微软等传统 IT 巨头，通过投资并购的方式不断加强大数据领域布局，初步形成贯穿大数据产业链的业务闭环，并在各行业拓展应用。

3. 区域发展尚不均衡，信息化基础和数据资源是关键

2014 年，全球大数据发展呈现两极分化的态势。欧、美等发达国家拥有先发优势，处于产业发展领导地位，中国、日本、韩国、澳大利亚、新加坡等国家分别发挥各自在数据资源、行业应用、技术积累、政策扶持等方面的优势，紧紧跟随，并在个别领域处于领先地位。其他多数国家的大数据发展相对缓慢，还停留在概念炒作和基础设施建设阶段。在开源技术的支撑下，技术已不是大数据发展的最大障碍，信息化基础和数据资源成为一个国家和地区大数据发展的关键要素。

4. 产业生态不断优化，基础设施建设更加合理

2014 年，Hadoop、Spark、Storm 等开源技术得到更广泛的认可和应用，大数据技术生态圈形成。同时，各国政府、企业和产业组织非常重视大数据产业生态建立和环境优化，不断地通过建设基础设施，制定法律法规、政策体系和数据标准，加强数据安全和隐私保护等方法完善大数据生态环境，进而提升国家对数据资源的掌控能力和核心竞争力。美国、日本、韩国、澳大利亚等国家加强数据中心、宽带网络、无线网络、大数据研发中心和实验基地等基础设施建设。其中，美国政府为了提高数据中心的效率和推广大数据，将全国的数据中心进行整合，计划到 2015 年，联邦数据中心数量从 2094 个减少到 1132，减少近 46%。

二、发展特点

（一）技术特点

1. Hadoop 持续升温，生态系统不断壮大

Hadoop 作为大数据处理通用技术架构最受欢迎的技术，2014 年依然是业界关注和应用的焦点，今年围绕 HDFS 和 Yarn 进行了四次版本更新。Gartner 研究表明，到 2015 年，65% 的分析应用程序和先进分析工具都将基于 Hadoop 平台。

表 9-2　2014 年 Hadoop 版本更新情况

时间	更新版本	更新内容
2月	Hadoop 2.3.0	新特性包括支持HDFS的混合存储分级，可以集中管理HDFS内存里的缓存数据，通过HDFS中的YARN分布式缓存简化MapReduce分配及一些Bug修正。
4月	Hadoop 2.4.0	包括HDFS支持ACL权限控制机制、容易升级、支持https访问、支持ResourceManager因故障挂掉重启后，可以恢复之前正在运行的应用程序(用户不需重新提交)、增加了Yarn共享信息存储模块ATS等。
8月	Hadoop 2.5.0	新特性包括扩展文件属性、改进HDFS的Web UI、提升Yarn共享信息存储模块ATS安全性、更丰富的YARN REST API等。
11月	Hadoop 2.6.0	增加了基于HadoopKeyProvider API编写的密钥管理服务器Hadoop Key Management Server(KMS)、HDFS实现了一个透明的、端到端的加密方式，长期存在的服务可以在YARN中运行，支持Docker容器中的本机应用程序等。

数据来源：赛迪智库整理，2015 年 3 月。

2014 年，Hadoop 的购买周期处于快速上升阶段，越来越多的企业积极购买 Hadoop，但大多数消费者还是倾向于采用专业厂商打包的一体化方案。Hadoop 解决方案领导厂商有 Amazon Web Services、Cloudera、Hortonworks、IBM、MapR 科技、Pivotal 软件和 Teradata 等。

表 9-3　2014 年值得关注的 Hadoop 相关事件

企业	事件
Cloudera	英特尔以7.4亿美元收购Cloudera18%的股份，宣布放弃自行研发的Hadoop发行版，全力支持Cloudera。
	与红帽联盟一起开发包括数据集成和应用开发工具，以及数据平台在内的软件解决方案。
Hortonworks	惠普投资5000万美元与Hortonworks达成战略性合作关系，联手开发Hadoop，并在惠普的Haven大数据平台上运行。EMC分拆公司Pivotal和Hortonworks合作，联手打造Hadoop标准管理工具Apache Ambari。
Teradata	收购数据咨询公司Think Big Analytics，借此获得Hadoop业务能力。
	与MapR合作，获得MapR软件、专业服务及客户支持服务的经销权。
甲骨文	最新推出的SQL扩展方案，实现一条SQL查询可从Cloudera Hadoop和Oracle NoSQL数据库中调取数据。
eBay	部署了两个2万节点的Hadoop集群，能处理80PB数据。
Adobe	运用SAP Data Service将Hadoop数据加载到SAP内存数据库HANA上。

资料来源：中国大数据网，2015 年 2 月。

2014 年，参与 Apache Hadoop 开源社区贡献的企业越来越多，Hadoop 生态系统日渐壮大。据 Gartner 分析，2014 年 Hadoop 生态系统市场规模在 7700 万美元左右，到 2016 年将快速增长至 8.13 亿美元。

表 9-4　2014 年 Hadoop 生态系统中值得关注的创业企业

企业	业务
Platfora	提供的大数据分析解决方案能够将Hadoop中的原始数据转换成可互动的，基于内存计算的商业智能服务。
Alpine Data Labs	提供基于Hadoop的数据分析平台。
Altiscale	提供Hadoop即服务（HaaS）。
Trifacta	基于Hadoop提供平台，帮助用户将复杂的原始数据转化成干净的结构化格式供分析使用。
Splice Machine	提供面向大数据应用的，基于Hadoop的SQL兼容数据库。
DataTorrent	提供基于Hadoop平台的实时流处理平台。
Qubole	基于"真正的自动扩展Hadoop集群"，提供大数据服务。

（续表）

企业	业务
Continuuity	提供基于Hadoop的大数据应用托管平台。
Xplenty	通过无需编写代码的Hadoop开发环境提供Hadoop处理服务，企业无需投资软硬件和专业人才就能使用大数据技术。
Nuevora	基于三个关键大数据技术：Hadoop（大数据处理）、R（预测分析）和Tableau（数据可视化），提供大数据分析应用。

资料来源：oschina 资料，2015 年 1 月。

2. 创新体系日趋完善，新技术和新产品层出不穷

从创新主体看，2014 年，大数据技术创新已不再是互联网企业的独角戏，很多传统 IT 企业和初创企业纷纷投入其中。例如，华为、浪潮、曙光、微软等都已开发出自己的 Hadoop 产品，其中华为对 Hadoop 的贡献超过了谷歌等互联网企业。一些国家的科研机构和社会组织也积极参与技术创新活动，美国国防部、欧盟委员会、中国科技部等政府部门对技术创新的支持力度较大。

从创新机制看，大数据领域的产学研用协同创新机制基本形成，技术的产品化、产业化和迭代速度加快。Hadoop 在 2014 年更新了 4 个版本，每个版本增加很多新的技术功能。很多企业在 2014 年发布或更新了大数据技术、产品和服务。据统计，2014 年市场出现的大数据新技术和新产品数量超过了前三年的总和。

从创新结构看，2014 年出现的新技术涵盖了从数据采集到可视化的整个大数据生命周期。新产品方面，软硬件同步发展。IDC 数据显示，与大数据相关的结构化数据管理、协同应用和数据访问、分析和交付等软件或解决方案预计将在未来 5 年内出现强劲增长，复合年增长率接近 9%。

表 9-5 2014 年大数据主要技术和产品创新情况

名称	类型	内容
Spark	技术	版本更新至1.2.0。其中的Scala可以像操作本地集合对象一样轻松地操作分布式数据集。相比于MapReduce，Spark执行时间减少66%，计算成本降低40%。
Storm	技术	不进行数据的收集和存储工作，直接通过网络实时的接受数据并实时处理数据，然后直接通过网络实时的传回结果。
俄美	技术	俄美科学家开发出最新大数据存储设备。该项技术将有助于在未来制造超微型电脑。

（续表）

名称	类型	内容
IBM	技术	IBM实验室声称已为大数据打破了一项速度纪录，其最新的信号转换芯片能以"非常低功率"将互联网速度提高到200—400Gbps。
通用电器	技术	通用电气向其客户推出Pivotal的大数据技术。
Cloudera	技术	Cloudera Enterprise 5包括YARN，Hadoop 2.2的高级资源管理技术,管理多种资源。
Hortonworks	技术	在大数据产品Data Platform中增加了对Apache Kafka的支持，不过截至2014年底还处于技术预览模式。
DataStax	技术	开发了基于Apache Cassandra的DataStax Enterprise (DSE)分布式的、NoSQL数据库管理系统。
SAS	技术	基于供应商的内存技术来开发Hadoop架构的交互分析程序环境，为试图管理、挖掘、抽取和分析Hadoop中大量数据卷的用户提供更多的性能动力。
Facebook	开源	开源了能可视化监控数据中心能耗与用水效率的"公共仪表盘"（public dashboards）程序代码。
谷歌	开源	发布开源容器集群管理系统Kubernetes，构建于Docker上。
LinkedIn	开源	开源大数据计算引擎Cubert，并为此创建新的语言。
Pivotal	产品	Pivotal推出最新大数据套件Pivotal Big Data Suite。
Splice Machine	产品	发布Hadoop实时数据库，有助于业务避开Hadoop的批量分析限制，提供全功能的交易SQL数据库，以便进行实时分析。
百度	产品	百度发布全球首个开放大数据引擎。
阿里巴巴	产品	阿里云发布大数据产品——ODPS。通过ODPS在线服务。ODPS可在6小时内处理100PB数据，相当于1亿部高清电影。
ThoughtSpot	产品	发布了核心产品—ThoughtSpot关系型搜索一体机，向客户提供类似搜索引擎体验的大数据分析服务。
中证指数	产品	中证指数有限公司正式发布中证淘金大数据100指数。
浪潮	产品	正式推出国内首款面向金融行业的大数据定制机——浪潮云海金融大数据一体机。
微软	产品	微软(亚洲)互联网工程院宣布，第二代智能聊天机器人"微软小冰"正式上线，用户可以登录微软小冰官网进行"领养"。
MongoDB	产品	MongoDB 2.6提供新的文本搜索功能，是操作大量数据卷和聚集数据的工具。

（续表）

名称	类型	内容
Salesforce	分析工具	发布其大数据业务分析工具。
甲骨文	分析工具	推出云端大数据分析工具Oracle Analytics Cloud；发布甲骨文大数据一体机编码工具。
Mortar	分析工具	将Spotify开发的开源大数据工具Luigi搬上云端，在亚马逊云上提供复杂的、涉及大量工具和数据库的大数据流水线处理服务。
Cray	分析工具	新推出的Cray Urika-XA系统预先集成了Hadoop和Spark开源框架。

数据来源：赛迪智库整理 ，2015 年 3 月。

3. 技术创新驱动向应用创新驱动转变

2014 年，大数据领域由技术创新驱动向应用创新驱动转变的趋势开始显现，很多技术和产品是在应用需求的引导下完成的创新和突破。在 Hadoop、Spark、Storm 等开源技术的影响下，大数据的技术壁垒越来越低，使得开展大数据业务的企业无需担忧技术实现问题，而是将更多的精力和资源投入到对需求的挖掘、分析和满足上。面对各行业的特性需求和不同用户的个性化需求，企业不断地创新出新技术、新产品、新业态和新模式。

（二）发展模式特点

1. 与云计算紧密结合

2014 年，掌握云计算技术的企业在发展大数据业务时体现出的竞争优势尤为明显。随着数据规模的快速增长和大数据应用的增多，在云端提供大数据服务（DaaS）已成为行业共识。谷歌、亚马逊、甲骨文、阿里巴巴、百度、Cloudera 等企业都在依托自身的云计算能力推动大数据发展。不具备云服务能力的大数据初创企业，往往要通过租用云计算企业的平台资源，才能提供大数据应用服务。

2. 企业共同打造生态

2014 年，开源技术的发展推动以企业为核心的生态向以技术为核心的生态发展模式转变，各类型企业，甚至是竞争对手也都在为打造同一个生态而努力，竞争格局由零和博弈转向竞合互补。例如，谷歌、微软、Facebook 等企业都在支持 Hadoop、Spark、Storm 等生态发展，同时也分别与众多企业合作打造大数据垂直生态。

3. 商业模式创新缓慢

2014 年，大数据商业模式的创新还较多的出现在数据的存储、计算、分析和可视化等已相对成熟的环节，而令人期待的关系挖掘、沉淀价值利用、数据社交和跨界连接等模式尚未成熟。如利用数据关系挖掘，进行商业精准化服务和辅助管理决策的商业模式还缺乏实践。

（三）应用特点

1. 各行业和各领域应用不断丰富

2014 年，随着大数据技术和商业模式的进一步成熟，市场的焦点迅速地从概念炒作向实际应用转移，越来越多的成功案例相继在不同的领域中涌现，大数据应用逐渐落地生根。应用大数据进行分析预测和辅助决策较多的领域包括政府管理、公共服务、商业分析、企业管理、金融、娱乐和个人服务等。其他行业和领域的大数据应用也在不断拓展中。

2. 社会价值和经济效益得以体现

2014 年，大数据应用效果和价值体现更加充分，如在交通领域的大数据应用，不仅帮助政府治理交通拥堵，还为用户提供路线优化等服务，既提高了路网通行能力，又节省燃料、减少环境污染。更重要的是，大数据应用的社会价值和经济效益逐步被量化，例如，大数据给企业带来了销量的增长和成本的下降都可以通过数据的对比计算得出应用效果。此外，2014 年，社会第三方机构尝试通过建立效益评价模型给典型的大数据应用进行量化打分和排名，以体现和对比应用效果。

3. 具有溢出效应的应用明显增多

2014 年，越来越多的大数据应用不仅给企业带来收益，还给企业以外的社会和个人带来效益。例如，快递公司利用大数据可优化行车路线、降低运送成本，同时缩短用户的等待时间，并提升货物的安全保障能力。非盈利性质的大数据应用日益丰富，天气预测、油价预测、百度经济预测、高考作文预测、流感预测等服务的溢出效益明显，并且对政府、社会、市场上的数据流动和共享开放产生了巨大的推动作用。越来越多的政府部门、第三方机构和企业宣布开放数据资源，

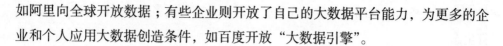

如阿里向全球开放数据；有些企业则开放了自己的大数据平台能力，为更多的企业和个人应用大数据创造条件，如百度开放"大数据引擎"。

4. 模式创新和业务拓展尚显不足

虽然2014年大数据应用已延伸至各个领域，但应用模式多有雷同，应用模式创新还有待进一步加强。企业应用大数据的目的鲜有拓展新业务、开发新产品和创新增值服务，多是在改善现有业务、推销已有产品或控制成本等。尽管2014年部分大数据应用尝试使用非结构化数据，但依然是将非结构化数据进行结构化处理后，再按照常规方法使用。

（四）投融资特点

据不完全统计，2014年国外已披露的大数据领域融资并购总额超过350亿美元。相较于互联网企业和IT厂商的高积极性，传统的投融资机构对大数据领域的投资相对谨慎。

1. 单笔融资并购规模明显提升

2014年，已有不少大数据初创企业获得海量融资，也有传统IT厂商为扩展自身大数据业务投资或并购大数据初创企业。从融资并购规模上看，单笔融资并购在1亿美元以上的事件超过10起。

表9-6 2014年大数据领域融资并购部分单笔规模超过1亿美元

发起方	类别	金额（美元）	事件概述
谷歌	收购	32亿	收购智能家居设备公司Nest。
Facebook	收购	160亿	以现金加股票的方式收购即时通讯应用WhatsApp。
Cloudera	融资	9亿	其中英特尔领投7.4亿美元，谷歌风投和T. Powe Price等跟投1.6亿美元。
Hortonworks	融资	1亿	完成第四轮融资，由B!ackRock和Passport资本领投。
InsideSales	融资	1亿	获得包括SaleForce在内的八家机构的C轮融资。
Salesforce	收购	3.9亿	收购大数据智能关系管理初创企业RelateIQ。
亚马逊	收购	9.7亿	收购游戏视频初创公司Twitch，成为亚马逊史上的最大一笔收购。

（续表）

发起方	类别	金额（美元）	事件概述
Flatiron	融资	1亿	美国初创企业Flatiron正在利用大数据寻找治疗癌症的办法，获得谷歌风投注资。
Hortonworks	上市	1亿	12月13日IPO，募集1亿美元资金。
BOX	上市	27.7亿	云端数据管理公司BOX上市，市值27.7亿美元。

数据来源：赛迪智库整理，2015年3月。

2. 拥有成熟应用或核心技术的公司备受青睐

2014年，国外大数据领域融资并购事件多集中在两个方面，具有成熟应用和典型行业解决方案的大数据企业较容易获得资本关注，掌握某项大数据核心技术的企业成为投资并购的另一个焦点。另外，掌握海量数据或在行业数据方面处于领先地位的企业获得融资的机会也比较多。

表9-7　2014年国外大数据领域融资并购部分事件情况

企业名称	类别	事件概述	类型
Trifacta	融资	致力于大数据清理及转换自动化的初创企业Trifacta在B轮融资中获得1200万美元。	技术
Splice Machine	融资	大数据初创企业Splice Machine获得了1500万美元的B轮融资。	应用
Facebook	收购	以现金加股票的方式斥资160亿美元收购即时通讯应用WhatsApp。	应用
IBM	收购	收购NoSQL数据库初创公司Cloudant，后者主要提供分布式云文件存储服务。	技术
Unified	收购	收购网络数据分析初创公司Awe.sm.	应用
Cloudera	收购	收购专门研究下一代数据存储环境加密技术的初创企业Gazzang。	技术
Duetto	融资	用大数据分析为酒店做定价管理的Duetto获得2100万美元B轮融资。	应用
Salesforce	收购	Salesforce以3.9亿美元收购大数据智能关系管理初创企业RelateIQ	数据
苹果	收购	收购大数据图书分析BookLamp的员工和技术。	技术

103

（续表）

企业名称	类别	事件概述	类型
Adatao	融资	获得1300万美元A轮融资。	—
Palantir	收购	收购社交媒体民意调查初创公司Poptip。	数据
EverString	融资	EverString大数据用户预测分析引擎获光速资本领投1200万美元A轮融资	应用
Teradata	收购	Teradata收购Think Big Analytics公司。后者专注于开发Hadoop和大数据解决方案	解决方案
Lumiata	融资	首家提出"医疗图谱"的大数据公司Lumiata获得600万美元A轮融资。	数据应用
Gracenote	收购	5000万美元收购电视电影数据企业Baseline。	数据
Alteryx	融资	获6000万美元融资，建设数据分析应用平台。	应用
Map-D Technologie	融资	大数据分析可视化企业，获谷歌风投等150万美元融资。	技术应用
Snowflake	融资	云数据仓库初创企业，获2000万美元B轮融资。	技术
Flatiron	融资	利用大数据寻找治疗癌症的办法，获得谷歌风投1亿美元注资。	应用
AppDirect	收购	收购数据可视化公司Leftronic。	技术
Trifacta	融资	获得4000万美元融资。	—
SequoiaDB	融资	NoSQL数据库企业，获启明创投千万美元级融资。	技术
Mesosphere	融资	发布全球首个数据中心操作系统，并获3600万美元B轮融资	技术
Anagog	融资	融资100万美元，通过众包实时数据寻找路边停车位。	应用
Teradata	收购	收购在Hadoop上数据归档应用的公司RainStor。	应用
Mattermark	融资	商业情报公司，融资650万美元。	数据
Mixpanel	融资	移动数据分析公司，获投6500万美元。	数据
Facebook	收购	Facebook收购语音识别初创公司Wit.ai。	技术
TookiTaki	融资	新加坡数据分析初创公司，融资资100万美元。	应用
Dato	融资	机器学习平台GraphLab改名Dato，获1850万美元融资。	技术
MongoDB	融资	非关系式数据库，获得了8000万美元的投资。	技术

（续表）

企业名称	类别	事件概述	类型
App Annie	融资	获5500万美金D轮融资，推出用户交互数据监测产品。	产品
Neo4j	融资	开源图谱数据库Neo4j获得2000万美元融资。	技术
Rubikloud	融资	获700万美元A轮融资，投资方多来自中国。	技术
苹果	收购	收购音乐数据公司Semetric。	数据
高盛	投资	投资大数据公司Antuit Holdings Pte 5600万美元。	—
微软	收购	微软收购R语言背后的Revolution Analytics，保留开源项目和订阅服务支持。	技术

数据来源：赛迪智库整理，2015年3月。

3. 投资主体呈多元化发展态势

2014年，互联网龙头企业、传统IT巨头、云计算企业、大数据企业等都成为大数据领域的投资主体。其中，谷歌、Facebook、苹果、亚马逊等企业的投资并购行为活跃，涉及金额规模较大；IBM、微软等传统IT巨头开始在大数据资本市场有所作为；Salesforce等云计算企业从业务延伸角度出发，积极介入大数据融资并购环节。一些大数据企业既是投资并购的对象，也是投资主体，例如，Cloudera自身融资9亿美元，同时又收购专门研究下一代数据存储环境加密技术的初创企业Gazzang。

第十章　信息安全产业

一、发展情况

随着互联网和信息技术的快速发展，并全面渗透到经济和社会的各个领域，信息安全问题也日益突显，安全事件频频发生，全球信息安全市场需求十分旺盛。2014年，全球信息安全市场规模为960亿美元，同比增长12%左右。

从全球区域分布来看，以美国为主导的北美市场仍然占据全球最大的市场份额。在2014年全球前15大网络安全公司中，美国公司占据了12个席位，表现出强大的国际竞争力；美国信息安全投入占IT投入的比例接近10%，也处于全球领先水平。以中国、日本和印度为代表的亚太地区，受益于国家安全战略的发布以及日益增长的信息安全需求，市场呈现出高速发展的态势。

二、发展特点

（一）网络安全威胁、危害性进一步增大

2014年，全球网络安全威胁仍呈现爆发性增长的态势，各类网络攻击和网络犯罪的现象屡有发生，并且呈现攻击手段多样化、工具专业化、目的商业化、行为组织化等特点。

2014年4月，全球爆发的OpenSSL"心脏出血"漏洞曾引起了整个IT行业的普遍恐慌，使得"脆弱版本OpenSSL"保护下的系统内存毫无安全可言。"心脏出血"漏洞（heartbleed bug）所以得名，是因为该漏洞对应的软件代码存在于OpenSSL的Heartbleed模块。使用该模块可以用来确定网络服务器端是否仍然工

作，正常情况下，客户端发送的请求中包含什么数据，服务端就返回什么数据。但利用"心脏出血"漏洞，客户端可以构造异常的请求，诱导服务端返回服务器内存中最多高达 64K 的额外数据，而这些数据中可能包含用户在网站上的登录账号、密码等重要信息。而且，若攻击者反复提交恶意数据包，就能不断得到新的信息。"心脏出血"漏洞引起广泛关注，甚至被比喻成"核弹级"漏洞，是因为国内外对 OpenSSL 的使用量很大。从全球看，主要的两大 Web 服务器 Apache 和 nginx 均使用了 OpenSSL，根据 Netcraft 公司 4 月 8 日测试，大约 17.5% 的 SSL 站点存在漏洞，即全球大约有 50 万网站存在此漏洞。就我国看，据 Zoomeye 系统扫描，2014 年底我国使用 443 端口的服务器有 1601250 台，受本次安全漏洞影响的达 33303 台。可以看到，若应对不及时，其可能造成的信息安全影响非常重大。

2014 年 7 月，在全球黑客大会上知名的 iOS 黑客、早期 iOS 越狱开发团队成员乔纳森·扎德尔斯基展示了未公开过的 iOS 系统后门，利用该后门可以从 iPhone 和 iPad 等苹果设备上获取用户短信、通讯录、照片、日志、语音邮件、地理位置等私人数据。在充分证据面前，苹果公司公开承认，公司员工可以通过未公开技术提取苹果手机中的个人数据。同时，苹果公司表示，"后门"只是提供 iOS 系统诊断功能的工具，主要用于向企业 IT 部门、开发者和维修人员提供所需信息，但在获取这些受限数据前，需要获得用户解锁电脑的授信，并没有为任何情报部门创建"后门技术"，故"不会对用户隐私和安全带来影响"。对于苹果公司的解释，各界并不满意，焦点在于，苹果公司为何不在说明书中提前向用户进行相关的告知，苹果公司提供服务为何需要以获取用户的个人隐私信息为前提，以及证据显示部分后门并非是开发者或运营商用来测试网络或调试应用的。与之前暴露出的手机泄露隐私事件相比，本次苹果"窃密门"中的"后门"程序是其主动加入的，且未对公众提及过程序的存在，用户也无法关闭这些程序。这种从"根子"上存在的后门，可能带来无法防范的安全问题。一是个人信息被黑客或其他人员非法搜集和利用。黑客或其他别有用心的人员可以在用户不知情的情况下，通过无线网获得用户的通讯录、备忘录、邮件、账号信息等个人隐私信息，对这些信息的利用，可能导致用户财产损失、名誉损害，甚至威胁人身安全。二是重要人员数据可能被组织机构大规模监控和搜集。若用户是重要行业领域或企业的重要人员，对其实现长期监控或对大量人员信息进行大规模搜集，并基于数据挖掘技术、大数据分析和关联技术等相关数据技术分析和处理，最终可能会危害其所在企业、机构，甚至是国家的安全。在"棱镜门"事件中，斯诺登就曾曝出苹果等公司向包括美国政府在内的第三方机构提供了用户信息，供其开展全局性监控和情报搜集工作。对此，俄罗斯通信部长已表示，苹果公司应提交源代码，以证明其产品不存在可用于对俄罗斯机构展开间谍活动的"未公开能力"。

此后，又陆续出现了 Bash 漏洞、美国通过互联网监听从事工业间谍活动、苹果 iCloud 安全漏洞泄漏名人照片等一系列危害大、影响广泛的安全事件。

（二）移动互联网安全问题进一步突显

当前移动互联网已经成为全球发展最快、潜力最大的新兴市场。在移动互联网给用户带来便捷服务的同时，也为恶意软件的传播提供了新的通道，使得用户自身的重要敏感信息容易处于极不安全的环境之中。由于智能终端的移动性与通话、短信、话费、移动支付、用户隐私等重要信息密切关联，其蕴含的巨大经济利益势必将吸引大量黑客开发恶意程序，从而造就了趋利性明显的特征。

此外，令人担忧的是病毒及恶意软件开发者与非法移动增值业务服务商之间已形成了紧密的利益链条。黑客通过技术手段利用非法 SP 公司的短信计费和服务定制通道来产生费用，然后拦截运营商向用户发送的扣费短信，使用户无法发现扣费行为，从而实现长期获利，而在产生资费之后，还会按照不等的分成比例来获取暴利。此外，在隐私安全问题上，一条围绕隐私利益点的转卖获利产业链也已经初步形成。恶意软件通过安全漏洞收集手机用户信息，利用倒卖信息牟取暴利。利用病毒及恶意软件、用户隐私获利的黑色利益链条的形成，给广大移动互联用户造成了极大的财产及隐私安全风险，也给移动互联网安全防范工作带来了巨大的挑战。

（三）行业整合仍是产业发展的主旋律

随着全球信息安全需求的不断增大以及信息技术的深化发展，网络信息安全领域的竞争更趋激烈，行业整合的进程不断加速。一方面，信息安全龙头企业为拓展市场空间、提升盈利水平、提高承接重大项目的能力，将不断加大重组并购的力度，以实现人才、技术、市场等资源的整合，加快提升企业核心竞争力，巩固自身的行业优势地位。2014 年 7 月，全球最大的软件安全公司赛门铁克先后收购了移动设备管理软件提供商 Odyssey 软件公司和移动应用管理软件厂商

Nukona，以进一步实施其管理和保护苹果 iOS、谷歌 Android 和 HTML5 应用的战略。另一方面，全球 IT 巨头也纷纷通过收购来布局信息安全领域，从而提升自身业务的安全防护能力。例如，IBM 公司先后收购了 Lighthouse Security Group 和 CrossIdeas 两家云安全厂商，通过与公司现有的身份和访问管理系统的整合，将提供一整套安全软件和服务，保护和管理用户身份；微软收购以色列安全公司 Aorato，用来提升对企业 IT 系统中央通讯组件的访问情况的监控能力。

区 域 篇

第十一章 美国

一、发展情况

从全球范围来看，以美国、欧盟、日本为代表的发达国家和地区仍是世界软件产业发展的主体。2014 年，在经济强劲复苏的推动下，美国软件产业保持较快增长态势，占全球软件产业的市场份额仍在 30% 以上。美国软件产业的市场份额全球领先，信息技术实力突出。美国凭借其强大的计算机技术、通信技术以及网络技术构成信息技术产业的基础架构，推动软件和信息技术服务业的快速发展，信息技术服务市场份额占全球 40% 以上。虽然美国微软、IBM、惠普、谷歌等软件龙头企业面临企业营收增长放缓、利润有所下滑等问题，但仍然保持行业领先优势，占据绝对的领导地位，同时积极加快云计算、大数据、移动互联网等新兴领域的业务体系建设。

二、发展特点

软件产业增长呈现复苏态势。2014 年，随着经济逐步复苏、IT 战略的逐步落实和消费者信心的提升，美国 IT 支出持续增长，带动软件产业呈现明显复苏态势。以 IBM、微软、甲骨文、苹果、谷歌等为代表的美国软件巨头 2014 年财报显示，各企业的软件业务收入均出现了不同程度的增长，在移动互联网、大数据、云计算等新兴领域的布局进一步加速，收入进一步提高。

产业正进入以新技术为标志的创新周期。美国将信息技术作为助推经济复苏的利器给予大力支持，从政策层面鼓励物联网、云计算、移动互联网等新技术的快速发展。2011 年，美国 CIO 委员会继 2010 年发布《联邦 IT 管理改革 25 点实施计划》后，又发布了《联邦云计算战略》，提出了联邦 IT 向云计算迁移的框架和政府举措。美国国家标准及技术研究所（NIST）于 2011 年 11 月针对这一战略进一步细化了政府实施云计算的技术路线图。以苹果、Facebook、亚马逊和谷歌为首的美国公司正在成为移动互联网创新的领先者，不仅推动产业快速发展，也正在影响和改变世界 IT 产业的格局。2013 年 5 月，美国政府推出"大数据的研究和发展计划"，提出通过提高海量数据信息中提取知识和观点的能力，承诺帮助加快在科学与工程中的步伐，保障国家信息安全，并改变传统教学研究的模式，根据这一计划，美国希望利用大数据技术在科研教学、环境保护、工程技术、国土安全、生物医药等多个领域实现突破。美国"工业互联网"的概念最早由通用电气在 2012 年提出，随后通用电气、IBM、思科、英特尔和 AT&T 等美国五家行业龙头企业联手组建了工业互联网联盟，并将这一概念大力推广，与德国"工业 4.0"战略相比，更加注重软件、网络和大数据与工业的融合，希望做到通信、控制和计算的集合，通过计算、通信和控制 3C 技术的有机融合与深度协作，实现大型工程系统的实时感知、动态控制和信息服务。

以政务先行推动云计算创新发展。美国云计算相关产品与技术成熟度较高，市场发展极为迅速，政府应用较为普及。美国拥有一批云计算标杆企业，这些企业在技术研发、商业模式、市场推广方面已取得成功的经验，基本掌握了云计算领域的关键技术，主导未来云计算技术发展方向。2014 年，美国通过一系列政府应用推动云计算发展。美国健康和人类服务厅（HHS）和劳工部（DOL）率先使用 Office 365 服务，将政府通讯和数据保存至云端。美国国防部授权亚马逊处理政府高安全级别信息，AWS 成为第一家获得临时授权的商业云服务。美国海军则选择戴尔公司为其提供基于云计算的电子邮件解决方案。

以资金、政策和应用为抓手全面推动大数据发展。美国政府自 2012 年 3 月推出《大数据的研究和发展计划》后，不断地出台各种相关政策、法规、行政命令等支持大数据发展。2014 年 5 月，美国总统行政办公室发布名为《大数据：抓住机遇，保存价值》的白皮书，对大数据的作用范围进行了总结，围绕隐私保护提出了构建大数据政策框架的建议。2014 年，美国国税局建立名为"Get transcript"的共享数据库，纳税人可以获得个人近三年的纳税记录，使得居民可以方便地下载纳税申报单，更加便捷地进行抵押、贷款等活动。美国教育部施行"我的学生数据"计划,将助学金免费申请表与联邦助学情况的信息进行共享,这些信息囊括了借贷、补助金、注册与超额偿付等,使学生与资助人能够上网下载所需信息资源。美国与欧盟协商加强安全港协议框架,以确保其能继续提供有力的数据保护。

信息安全领域的并购更趋向针对性和趋利性。自2010年起,美国整个信息安全产业的发展逐步迈入到大并购时代,在此后美国企业发起了10多起价值超过10亿美元以上的并购案,其中最具影响力的就是Intel公司对McAfee的并购案件,其也成为美国信息安全开始走向寡头化的标志。然而,在大并购时代推动的跨行业寡头体系形成的过程中,我们并未看到IT巨头产生垄断以及对创新的扼杀,这一系列并购事件主要目的并不在扩大市场份额、打击竞争对手,而是更多聚焦于单点技术突破,以及能够迅速弥补和强化自身的短板,使得原有短板得以补充、新技术的储备不足获得应对以及解决方案更加完整。

第十二章　欧盟

一、发展特点

欧洲联盟（简称欧盟）对软件产业的发展十分重视，欧盟的软件产业也成为欧盟经济发展的重要组成部分，是欧盟创新的主要推动力。欧盟软件产业增长领域主要集中在应用软件方面，通过多极应用推动产业发展。

战略计划带动软件产业发展。自欧债危机爆发以来，欧盟更加注重软件和信息技术发展，在"欧洲数字化议程"中提出构建数字化统一市场。这一计划有四部分，包括开发数字化内容市场、大力推动电子商务、建立和维护消费者对数字化统一市场的信任、构建电信服务统一市场等。欧盟委员会还提出，欧盟各成员国应积极迎接"大数据"时代，通过"地平线2020"计划，推动跨国合作。

智能制造成为软件产业发展重点。欧盟多国已经部署智能制造相关发展战略。英国制定并执行的"高价值制造"战略，促进制造企业实现从设计到零售全流程的创新，一是加大在高价值制造创新方面的直接投资，二是重点投资能保证英国全球竞争力地位的技术和市场领域，三是制定了22项"制造业能力"标准作为投资依据，四是投资高价值制造弹射创新中心（HVM Catapult）。在2014年度，英国资助了14个创新中心、特殊兴趣小组等机构的建设，涉及的领域覆盖生物能源、智能系统和嵌入式电子、生物技术、材料化学等。德国积极推动"工业4.0"战略快速发展，一是积极推进CPS技术研究，成为CPS技术的全球主导供应商；二是加快为CPS技术和产品培育新的市场,让CPS成为全球先进制造业主流技术。在战略的制定过程中特别注意了产学研用的结合，政府充分调动了企业、行业组织、技术协会、科研机构参与的积极性。清晰的发展路径和企业主体的积极参与，确保了"工业 4.0"战略在项目推进和市场推广两个方面均得到了快速发展。

注重区域间交流合作。欧盟高度重视和强调在网络空间治理中发挥各国政府的积极作用。2014 年 11 月，欧盟网络和信息安全局参考了 18 个欧盟成员国和 8 个非欧盟成员国的国家网络安全战略最佳实践，发布了《国家网络安全战略评估框架》，为政策专家和政府官员评估国家网络安全战略提供指导框架，有助于欧盟成员国提升其国家安全战略的制定水平。欧盟还积极推进其数据保护规则的改革进程，2014 年 1 月，欧盟与美国协商通过加强安全港协议框架以确保其能够继续提供有力的数据保护，提高透明度以及得到有效执行等。2014 年 3 月，美国联邦贸易委员会与欧盟以及亚太经合组织一同宣布，欧盟与亚太经合组织将发布共同的计划文件，满足双方在隐私保护框架方面的共同需求。

成员国特色发展。欧盟作为一个区域经济联合体，在促进软件产业发展方面，根据成员国的特色，确定各自的重点发展方向，如法国的数据服务、数字内容在全球处于领先地位，英国的信息服务产业市场化发达，爱尔兰的工业软件、中间件、安全软件以及客户服务、远程学习、呼叫中心等领域占据国际领先地位。德国在强力部署实施"工业 4.0"战略的背景下发布《数据议程（2014—2017）》，倡导数字化创新驱动经济社会发展，致力于提升信息技术应用水平。信息技术服务业作为 IT 产业的重要组成部分，具有产业渗透性强、创新活跃、带动作用显著的特点，能够面向传统行业提供数字化平台开发运维、业务数据存储处理以及系统设计和咨询服务，推动生产力提高和经济增长。

二、主要行业发展情况

（一）信息技术服务业：产业增速逐渐复苏

欧盟信息技术服务业 2014 年并未出现明显加速，但市场开始逐步复苏。该区域注重信息服务业发展对国民经济的重大推动作用，关心其所带来的巨大经济前景。欧盟委员会提出，欧盟各成员国应积极迎接"大数据"时代，通过"地平线 2020"计划，推动跨国合作。随着经济形势趋向好转，区域市场需求逐渐上升。市场研究机构 Pierre Audoin Consultants 报告显示，2014 年 36% 的欧洲企业将在数字化转型上投入更多资金，48% 的欧洲企业还将在移动办公上投入更多资金。

（二）大数据：多途径加强合作

2014 年，欧盟议会通过"个人数据保护规定"。欧盟委员会 7 月宣布，拟推出一系列措施助推大数据发展，包括建立大数据领域的公私合作关系、依托"地平线 2020"科研规划创建开放式数据孵化器、就"数据所有权"和数据提供责任做出新规定、制定数据标准、成立多个超级计算中心、在成员国创建数据处理设施网络等。10 月 13 日，欧盟委员会与欧洲大数据价值协会签署谅解备忘录，共同承诺建立公共私营合作伙伴关系，在 2020 年以前投入 25 亿欧元推动大数据发展，其中欧盟委员会将拨款 5 亿欧元研发资金，源讯、Orange、SAP 和西门子等企业以及弗劳恩霍夫、德国人工智能研究中心等私营部门将投资至少 20 亿欧元。欧盟委员会已通过决定，将大数据技术列入欧盟未来新兴技术（FET）行动计划，加大技术研发创新资助力度。截至 2014 年，欧盟委员会公共财政资助支持的大数据技术研发创新重点优先领域主要包括：云计算研发战略及其行动计划、未来物联网及其大通量超高速低能耗传输技术研制开发、大型数据集虚拟现实工具新兴技术开发应用、面对大数据人类感知与生理反应的移情同感数据系统研究开发、大数据经验感应仪研制开发，等等。

（三）云计算：积极推动云计算应用的跟进者

欧洲属于云计算应用市场的跟随者，这与欧洲对于数据的安全性和隐私性的要求非常严格有关。随着越来越多的企业、医院、当地政府和中央政府放弃计算机主机而采用云计算服务，越来越多的资金正在流入这一领域。欧洲有 2000 万家中小企业，约 80% 的欧洲小企业已经或者计划使用云服务。2014 年，欧盟加大推动政府使用云服务的力度。英国政府从五个方面推进政府采购云（G-Cloud）的建设，分别是积累客户群、吸引供应商、完善产品目录、改进流程、打造新型数字市场，以改变政府采购买方和卖方的体验，确保英国政府为用户提供良好的数字服务。

（四）智能制造：欧盟多国部署智能制造相关发展战略

欧盟的 ESPRIT 项目一直大力资助有市场潜力的信息技术，1994 年在此基础上又启动了新的研发项目，选择了 39 项核心技术，其中三项（信息技术、分子生物学和先进制造技术）中涉及智能制造。2012 年，德国政府提出高科技战略计划"工业4.0",计划投资2亿欧元提升制造业的智能化水平,建立具有适应性、资源效率及人因工程学的智慧工厂,在商业流程及价值流程中整合客户及商业伙伴。

（五）物联网：建立完善的政策体系

欧盟作为世界上最大的区域经济体,在技术研发、指标制定、应用领域、管理监控、未来目标等方面陆续出台了较为全面的报告文件,建立了相对完善的物联网政策体系。同时,欧盟在技术研究上还设立了专门的基金促进欧盟内部的协同合作。尤其在智能交通应用方面,欧盟依托其车企的传统优势,通过联盟协作在车联网的研究应用中居于遥遥领先的地位。

（六）医疗软件：市场发展前景广阔

由于老龄化社会、大批计划外移民涌入和医疗设备更新的需要,欧洲医疗软件市场需求仍将继续保持增长。德国是欧洲最大医疗设备生产国和出口国,德国拥有全球仅次于美国的医疗电子产业规模。法国是欧洲第二大医疗设备生产国,2014年医疗电子市场总销售额高达60.6亿美元,约占欧洲市场总份额的16%。英国人口老龄化和社会工业化造成的疾病困扰,将使医疗信息产业在未来几年以8.2%左右的速度保持快速增长,到2016年产业规模达到94.5亿美元。

第十三章　日本

一、发展情况

日本官方一直把软件业作为信息服务的一部分进行分类，并与信息处理、提供服务产业共同组成了信息服务业。其中软件产业可以细分为订单式软件、嵌入式软件、软件包、游戏软件。信息处理、提供服务业可细分为信息处理服务，信息提供服务，其他信息处理、提供的服务。

近年来，日本信息服务业受金融危机的冲击，整体市场规模仍在缩小，销售额持续下降。主要表现为新开发投资项目被冻结，企业扩张受到限制，IT 服务产品价格下调，IT 市场规模增速下降，以及企业间的竞争加剧等。直至 2014 年，这一状况才有了明显的好转，根据日本总务省公布的日本信息服务业状况月报数据，2014 年 1—12 月，日本信息服务业销售额为 106149 亿日元，同 2012 年比增长 102.8%，其中咨询调查类业务增长速度最快，同比增长 104.9%。

2014 年日本信息服务业细分领域的收入占比情况为，软件开发与编程收入占比依然最高，接近 70%，其中订单式软件收入占比 59.54%；软件产品占 10.38%；计算事物等信息处理业务收入占 6.87%；系统管理运营委托收入占 12.49；数据库服务收入占 2.24%；各种调查收入占 1.28%；其他业务收入占 7.2%。

2014 年，日本软件产业的重点发展方向为应用于骨干业务的信息服务系统的开发、战略应用软件的开发、使用于电子商务交易的系统开发和企业间连接系统的开放等四个方面。

二、发展特点

（一）IT投入逐渐减小

IDC 数据显示，2014 年，受智能手机市场负增长等因素的影响，日本多个行业的 IT 市场规模有所减小，整体规模为 141553 亿日元，增速同比降低 1%。

鉴于通信运营商逐渐失去对无线基础设施建设的热情和大规模投入，预计 2014 年日本整个通讯行业的 IT 市场将出现负增长，增速将同比下降 4.5% 左右，市场规模达到 19355 亿日元。在传统制造业方面，受日元贬值的冲击和影响，企业产品出口量和业绩水平将有所提升，对 IT 的支出需求将出现反弹式的增长势头。但制造业整体的 IT 市场增速仍将出现小幅下滑，尤其是组装制造行业和流程制造领域对 IT 需求增速下降了 0.3% 和 0.5%。相比较而言，信息服务业的 IT 市场规模达到 8260 亿日元，同比增长 0.3%，原因是智能终端设备的销量不断增长，互联网和移动互联网业务与日俱增，基础设施建设不断完善，拉动 IT 支出随之增长。受益于老龄化医疗改革，医疗机构及社区综合性服务部门的 IT 支出快速增长，推动整体医疗行业 IT 市场增速上涨 0.9%，实现市场规模达 5255 亿日元。消费者市场的增速依然是最明显的，同比增长 1.1%，市场规模达 25125 亿日元，但由于智能手机和平板电脑等终端设备的消费热潮逐渐消退，该市场增速也在逐步减缓。

由于日本经济长期的不景气，导致各行业的 IT 支出逐渐减少，用户企业也更倾向于选择便宜的外包服务。而本土软件企业为了抵抗来自国外的离岸外包服务，主动的降低利润率，使得价格竞争更加激烈。

（二）政府高度重视新兴领域发展

安倍内阁公布新 IT 战略——"创建最尖端 IT 国家宣言"，全面阐述 2013—2020 年期间以发展开放公共数据和大数据为核心的日本新 IT 国家战略。

2014 年 2 月 24 日，日本国土交通省成立了由信息系统公司和日本汽车工业协会等业界团体、学术专家构成的委员会，确定实现大数据实用化的课题和对策，系统构建所需经费将纳入 2015 年度预算概算要求基准。规定在 2020 年之前，日本政府和汽车厂商拥有的汽车相关数据集中上传至互联网。政府授予访问权限的运营商将有权阅览。

6月19日，日本首相官邸组织的"个人数据研讨会"提出修改《个人信息保护法》，并制定新的个人数据使用方案，以推动并规范"大数据"的利用。方案建议企业可以在未经本人同意的情况下，向第三方提供并使用无法推定具体个人的信息，如购物履历、移动情况等，而人种、信仰、社会身份等"私密信息"不在提供之列，将面部识别数据等"身体特性有关信息"增加到需保护的"个人信息"中。

2014年，日本船舶技术研究协会开始进行关于《应用船舶大数据，提高海洋产业国际经济力》的研发项目。

（三）跨界竞争激烈

2014年，从日本信息服务产业发展形势看，软硬件服务一体化正逐步演变成为势不可挡的大趋势。软硬件厂商及互联网企业通过布局云计算、大数据等新兴领域，加快服务化转型步伐，服务替代产品的创新模式迅速推广。

行业巨头跨界转型大力推动产业融合发展的同时，也加剧了信息技术服务业的竞争。充分的市场竞争和新兴业态发展对IT服务企业形成潜在的巨大冲击，从而迫使企业加速转型。但总体来看，大部分IT服务企业尤其中小企业还处于转型升级的探索阶段，对大数据、云计算等新兴领域的商业模式和服务模式缺乏清晰的认识。企业在转型初期也面临着利润下降、研发投入高、短期内难以获得明显成效的挑战，导致基于新兴业态的信息技术服务业务发展缓慢，营收规模增速放缓。

三、主要行业发展情况

（一）存储软件

据IDC数据显示，2014年上半年日本存储软件市场规模达到406.96亿日元，较2013年同期增长3.8%。半年期同比增长率创该市场历史新高。

可见，日本大多数企业对数据保护的意识和需求持续增长，同时，虚拟服务器环境在规模上和应用领域方面都在不断扩大，成为存储软件市场增长的主要驱动力。IDC 资料显示，2014 年日本存储软件市场上出现了很多针对具体行业用途的产品，软件细分化在不断深化。这些产品有助于改善企业效率，但难以解决更加复杂的综合性问题。随着需求的不断变化和技术创新的持续跟进，存储软件产品将会在实现自身存储系统价值最大化的同时，具备提高存储基础设施运行整体的效益和操作性的能力。

（二）游戏软件

2014 年，日本游戏软硬件销量均处于 24 年来的最低点。数据显示，2014 年日本游戏总收入 3690 亿日元（约合 208.8 亿人民币），其中包括 1421.5 亿日元的硬件销量和 2264 亿日元的游戏软件，总计较 2013 年下降了 10%。

日本 CESA 发行的《2014CESA 一般消费者调查报告书》显示，日本国内游戏整体（包括家用游戏、电脑游戏、智能移动终端游戏、街机游戏、功能手机游戏）的高黏度用户共为 4420 万人。其中高黏度智能移动终端游戏用户最多，达 2672 万人，高黏度家用游戏用户为 1462 万人。同时，2014 年全球移动游戏收入突破 250 亿美元，相比 2013 年增长 42%。仅中国，移动游戏用户数量已经达到 3.58 亿人，相比 2013 年增长 15.1%，收入达到 274.9 亿人民币，同比增长 144.6%。日本用户的购买力最强。在此背景下，日本本土的游戏软件产业出现了负增长，说明一方面日本游戏软件产业受到了美国、欧洲等国家同业的冲击，另一方面，韩国、中国等游戏快速发展的国家在游戏软件制作方面有了很大的提升，对日本游戏业带来了双重挤压，导致日本游戏软件产业转型压力倍增。

（三）信息化业务

信息化业务主要包括软件开发和运营维护两大类。根据业务性质的不同，日本企业采取在本国及海外开展的两种形式。从开发、运营实施的场所来看，50%以上都是集中在日本本国，开发为 67%，运营为 57%。将近 70% 的软件开发业务集中在日本国内，作为 ITO 业务发包到国外的份额较少。与此相比运营维护放在国外的稍多一些。主要是因为与软件开发相比，运营维护所包含的核心技术要少。

在信息服务业方面与日本有密切来往的中国是承接软件运营维护业务的主要国家，与其他地区相比，中国承接的业务比例稍高一些为 35%。数据中心对于企业来说是一个至关重要的资料储存柜。储存着大量重要的业务数据及机密数据。日本企业的数据中心 50% 以上集中在日本国内。日本是一个地震多发国，而且刚刚经历了有史以来最大的地震，这对于数据的安全性构成了一定的风险和威胁。今后，为保证数据的安全可靠，将数据中心设在日本以外的其他国家的可能性很大。

（四）电子政务系统

资料显示，日本政府部门所持有的电子政务系统总数已超过两千个，其中运营经费为 10 亿日元以上的大型系统占到总数的 2.7%；运营经费超过 1 亿日元不满 10 亿日元的中型规模的系统占到总数的 7.2%；运营经费不满 1 亿日元的小型规模的系统占到总数的 90%。所有信息系统一年的运营经费高达 5000 亿日元，其中大型信息系统和中型信息系统的运营经费占到了总数的 94.87%，为 4700 亿日元。

拥有电子政务信息系统最多的是厚生劳动省（主要负责医疗卫生和社会保障的部门），共拥有 985 个，一年的运营费用达到 1547 亿 1700 万日元。信息系统数量排在第二的是国土交通省（国土计划、河川、都市、住宅、道路、港湾、政府厅舍修缮的建设和维持管理等）为 226 个。运营经费排名第二的是财务省，为 361 亿 3400 万日元。

根据总务省公布的资料，承接政府信息系统的日本信息服务企业主要包括富士通、NTT、日立、NEC、日本电子计算、日本电气、新日铁、东芝等企业。其中，富士通占据首位，占到整体的 28.6%。其次为 NTT，占到整体的 17.3%，再次为日本电气，占到整体的 14%。

第十四章 韩国

一、发展情况

韩国在软件产业发展方面，由于在操作系统、数据库、安全软件等基础软件方面缺乏市场竞争力，其采用了开放性的态度，鼓励自由竞争，大力引进国外先进软件技术和产品，以支持本国软件产业的发展。韩国主要重点扩展本国应用软件市场，聚焦于本地化相关的软件产品上，重点包括文字处理、教育、娱乐、财务等特定领域。在文字处理软件、企业资源管理 (ERP) 软件、电子资料交换 (EDI) 软件、教育软件、医疗管理软件、系统集成软件等方面，韩国有了较为稳定和成熟的发展。

韩国软件技术与其他产业的融合发展取得良好进展。韩国政府明确提出将促进信息产业与汽车、造船、航空等其他产业的融合，建立大企业和中小风险企业一起成长的产业链。而且还把汽车、造船、医疗、纤维、机械、航空、建筑、国防、能源、机器人等信息技术整合效果显著的行业定为 10 大战略行业，充分发挥用信息技术改造其他产业的显著作用。

二、发展特点

高度重视对国家战略计划的制定实施。从 1996 年的《信息化促进基本计划》、1999 年的《Cyber Korea 21》、2002 年的《e — Korea 2006 远景》计划、2009 年的《绿色 IT 战略》和《IT 韩国未来战略》、2011 年连续发布的《下一代移动计划纲要战略》《软实力（软件、芯片等）全球性的扩张战略》《确保软件与半导体—IT

融合的核心竞争力发展战略》《云计算全面振兴计划》等均体现出从国家层面对包含软件产业在内的信息产业的关注。2014年,韩国未来创造科学部发布了《2014信息通信、放送技术振兴实施规划》,拟投入11.764亿美元促进全息照片、数字内容2.0、智能型软件、物联网平台、大数据服务等10大技术的发展。

积极参与IT相关标准制定。如在《IT韩国未来战略》中提到"韩国将加强下一代存储器的研发,并积极参与制定下一代显示器和移动通信行业标准",加强标准的参与和制定工作,关系到产业发展的未来前景以及未来产业竞争中所处的地位,这对产业的持续稳定发展有着至关重要的作用。

加强大数据的研发及应用投入。韩国政府从2013年起使用2亿美元的预算经费在4年内打造建设大数据的国家工程,并投资建设了相配套的大数据中心。韩国大数据中心由韩国科学、通信和未来规划部与国家信息社会局共同建设,计划创建一种基础解决方案,使得任何人都可以使用其服务对大数据进行分析。该中心主要向中小企业、创业企业、大学和普通公民提供服务,用户可以通过利用该中心大数据技术解决业务或者研究方面的问题。该大数据中心已经于2013年6月进行了相关软硬件的招标,基础的Web平台已经于2013年9月开始运营。

高度重视开源软件技术的发展。微软Windows操作系统在韩国的桌面端、服务器端、嵌入式硬件设备等领域市场占有率很高,但在移动领域仅占0.03%的份额,取而代之的是基于开源模式的操作系统。韩国政府高度重视开源软件的发展,一是在物联网设备中更多地推广使用Linux系统,在ATM、POS机等设备上实现Linux系统的迁移。二是更大力度支持HTML5等标准,开发韩版Linux桌面操作系统并大力推广。三是加强开源软件的研发,将政府支持的一些软件研发项目开源,以获得更多的外部贡献。四是支持开源社区的发展,给予更多的经费支持。五是重新构建以开源软件为核心的教学课程,在大学和高中普及开源软件知识。然而,当前韩国软件企业及相关机构对开源项目的支持力度仍需加强。韩国的开源软件技术也正快速向大数据和云计算等领域拓展。

第十五章　印度

一、发展情况

2014 财年，印度软件与信息技术服务业保持高速发展态势，信息技术服务及软硬件出口依然是推动产业增长的主要动力。根据印度软件和服务业企业协会（NASSCOM）的统计数据，2014 年印度软件与信息技术服务业总产值达到 1300 亿美元，同比增长 8.8%。其中，软件和信息技术服务出口约为 880 亿美元，同比增长 13%，国内收入总值约为 420 亿美元，去除汇率因素实现同比增长 9.7%。

预计到 2015 年，印度软件与信息技术服务业将继续保持高速发展态势，总产值将达到 1460 亿美元（含 140 亿美元的硬件产值），同比增长约 12.3%，增加值约为 170 亿美元。其中，软件和信息技术服务出口将达到 980 亿美元，实现同比增长 11%，增长量约为 110 亿美元，软件和信息技术服务出口在印度总出口量的比重将超过 38%。国内收入总值将达到 480 亿美元，实现同比增长 14%，电子商务将是主要的产值来源。分领域来看，2015 年，印度信息技术服务业产值将达到约 680 亿美元，约占行业总产值的 47%；BMP（业务过程管理）产值将达到 260 亿美元，约占行业总产值的 18%；工程研究和设计及产品开发产值将达到约 180 亿美元；电子商务产值将达到 140 亿美元；软件产品产值将达到 60 亿美元。

2015 年，印度软件和信息技术服务业总产值将是其 2010 年总产值的 2 倍，印度用了 5 年时间实现软件和信息技术服务业总产值的翻番，实现收入规模增加值约 680 亿美元。自 2013 年起，印度软件和信息技术服务外包在全球市场占有率达到了 55%，并在 2014 年及 2015 年保持稳定发展，仍将持续占据该领域的全球领导地位。印度本国软件和信息技术产业发展中，电子商务将成为增长最快的领域，实现同比增长将达到 33%。

软件和信息技术服务行业是印度最大的人才集聚行业。2014年，印度软件和信息技术服务业提供直接就业人数超过310万，其中包括了100万女性雇员，此外产业发展促进了间接就业1000万人，预计到2015年，该领域的直接就业人数将接近350万，包括约17万的外国雇员。印度软件和信息技术服务业已成为印度全国生产总值（GDP）的重要组成部分，该领域产值在GDP中的比重已从1998财年的1.2%增长到2014年的8.1%以上，预计到2015，该数值将继续提升至9.5%。软件和信息技术服务业是印度的第一大出口创汇产业、服务出口产业和吸收资本投资产业，该领域的商业活动已遍及全球78个国家和地区。在该领域，跨国并购数额占到印度全国跨国并购的25%，产业的净资产增值率高达60%—70%。此外，印度软件和信息服务业正从部分中心城市向其它地区扩散。截至2014年，印度已在全国二三线城市中建成了99个IT产业经济特区。2014年，全球交付中心的增长量同比实现增长49%，其中印度产业贡献了超过27%的增长量。

印度软件产业的高速发展为推动印度整体产业升级带来了积极因素。印度工业的发展方向是兼顾传统和新兴市场，继续扩大全球出口的能力，并注重高附加值服务的发展，其中信息技术服务是重要的环节。当前，在印度有超过15万的信息技术服务专业技术人员，这些技术人员将帮助印度整个产业呈现出指数化的增长态势，其核心就是产业数字化。印度的发展目标是建成全球第四大的数字化产业生态体系，从而使信息技术能够更好地服务印度的各行各业。因此，对于印度整个工业发展而言，软件和信息技术服务产业在其中占据着绝对的核心地位。

印度软件和信息技术服务业发展的主要优势包括以下三个方面。一是软件和信息技术服务业体系先进，随着云计算、大数据等新兴领域的快速发展，全球软件产业中信息技术服务业的比重不断上升，而印度就是以信息技术服务业为产业主体。二是国家信息技术服务外包在国外市场已建立起良好的口碑，当前印度信息技术服务出口目的地已达到78个国家和地区，占据绝大多数的全球新增服务外包市场份额。三是国内市场空间逐步释放，移动互联网和电子商务将极大促进印度本国软件和信息技术服务业的发展。印度软件和信息技术服务业面临的主要问题包括了国内基础设施建设滞后、国际市场竞争加剧、汇率波动加剧、员工工资上涨等。

印度主要的软件和信息技术服务企业目录见表15-1。

表 15-1　印度主要的软件和信息技术服务企业

排名	企业名称	排名	企业名称
1	塔塔咨询服务有限公司	11	MindTree公司
2	印孚瑟斯科技有限公司	12	KPIT科技有限公司
3	Wipro公司	13	仍萨科技有限公司
4	HCL科技公司	14	Hexaware科技有限公司
5	Mahindra科技集团	15	Cyient
6	拉森特博洛公司	16	NIIT科技公司
7	Syntek公司	17	无限计算机解决方案（印度）有限公司
8	安复仕软件开发有限公司	18	Persistent Systems
9	简柏特印度有限公司	19	Geometric公司
10	iGate	20	MASTEK 公司

数据来源：NASSCOM，赛迪智库整理，2015 年 3 月。

二、发展特点

（一）产业体系成熟，顶层设计完善

经过多年的发展，印度软件和信息技术服务业已形成较为成熟的体系。在该体系中，包括了传统的信息技术服务、业务过程管理、工程研究和设计及产品开发、电子商务、相关硬件设备、软件产品等，其中，信息技术服务的占比明显高于软件产品，这与印度产业以服务外包为主体的产业格局相对应。由于当前全球软件业正呈现出服务代替商品的趋势，因此，印度以服务商业模式为主体的产业体系具有更高的成熟度，符合全球产业发展方向。同时，在印度软件和信息服务业发展中，印度软件和服务业企业协会（NASSCOM）在顶层设计方面开展了多种活动，对促进印度软件产业的发展起到十分关键的作用。近年来，NASSCOM 正大力推动印度国内信息技术市场计划、教育计划、创新计划、全球贸易开发计划以及绿色产业计划等一系列战略计划，这些计划的制定和实施促进了印度软件业向高端化、数字化、绿色化方向发展。此外，印度非常重视信息服务的质量，印度政府在信息技术部专门设立了标准制定组织、产品测试和质量认证机构，促进印度软件产品和服务质量水平的不断提升。

（二）外包带动内需，市场空间广阔

从产业结构上来讲，印度软件和信息技术服务业主要以信息技术服务外包为

主，产业出口产值占到了总产值的三分之二，信息技术服务出口也是印度出口总量的重要组成。印度信息技术服务外包的高度发达是由多种因素共同决定的。从供给方来讲，印度本土信息技术人才培养体系成熟，工程学和计算机科学的高等教育十分普及，可培养出大量的技术人才，印度软件开发者参与服务外包也不存在语言障碍。从需求方来讲，印度的人力成本较低，软件开发的人力成本仅为美国的四分之一。近年来，印度软件和信息技术服务业的出口市场持续保持活跃，信息技术服务水平的不断提升也带来本国市场空间的持续释放，自 2013 年以来，以电子商务、移动应用为代表的国内市场活跃度持续提升，国内市场将成为印度软件业持续发展的重要依托。

（三）聚焦数字时代，创新驱动发展

印度高度发达的软件和信息技术服务业对于全行业的创新发展发挥着非常积极的作用，是推动印度全行业转型和升级的重要引擎。近年来，印度正大力推动政务、医疗、机械等传统行业的数字化，同时提升银行、保险等金融行业的信息化水平。为了更好地开展传统行业的数字化改革，印度政府正大力推进本国的信息系统基础设施建设，并在政务领域率先开展应用试点。2014 年，印度莫迪政府提出了"数字印度计划（Digital India Initiative）"，通过与美国和日本开展全方面合作，加快基础设施建设，例如印度计划在农村地区大范围推广宽带网络。同时，印度政府也加强了对信息技术创业的扶持，力图以技术创新驱动产业发展。印度政府计划投资 560 多亿美元建立一个全国最大的创业孵化基地，总占地面积将达到 6 万平方英尺，该项目可支持至少 1000 家创业企业，从而促进印度软件创新能力的不断提升。

三、主要行业发展情况

信息技术服务出口依旧是印度软件产业发展的主动力。2014 年，印度软件和信息技术服务出口产值达到约 880 亿美元，实现同比增长 13%，成为推动整个产业增长的核心引擎，预计到 2015 年，信息技术服务出口的总产值将达到约 980 亿美元，实现同比增长 11%。2014 年，全球外包市场增长了 110 亿—120 亿美元，印度占有了全部增量的 90%，印度服务外包的市场份额达到全球的 55%，相比 2012 年的 52% 提高了三个百分点，预计到 2015 年，印度将继续成为全球

最大的软件服务外包主体。从出口产品和服务的类型来看，工程研究和设计实现同比增长 13.2%，是出口增长最快的领域。信息技术服务出口的增长速度为 12.6%，信息技术服务主要集中在 SMAC、ERP、CRM、移动应用等领域。业务过程管理出口由行业自动化来驱动，注重整个价值链的应用分析。从出口市场来看，2014 年，美国依然是印度信息技术服务出口的主要市场，美国经济复苏和高科技的不断演进极大地促进了印度信息技术服务外包的发展。而来自欧洲的需求则呈现出较大的波动性，2014 年上半年欧洲的信息技术服务进口需求较为强劲，而下半年则略显疲软，主要原因有两个方面，一是欧洲经济发展面临较多挑战，二是欧洲区货币汇率波动明显。从需求行业来看，制造业、公共事业和零售业是主要的服务需求行业，而传统成熟市场银行、保险等金融行业的成本压力导致其行业对信息技术服务的需求趋缓。

软件和信息技术服务的国内市场是印度软件产业发展的重要支撑。2014 年，受益于电子商务和移动产业的高速发展，印度软件业在其本国市场的产值保持稳步增长态势，总产值约为 420 亿美元，同比略有下降，但剔除汇率因素后实现同比增长 9.7%。预计到 2015 年，国内市场所带来的产值将达到 480 亿美元，比 2014 年增长 14%。电子商务是推动印度本国软件和信息技术产业发展的主要领域，2014 年，印度全国有 2.78 亿互联网用户，这一数值已经超过了美国，互联网用户的迅速增加将极大促进本国电子商务的发展，预计市场规模在 2015 年将达到 140 亿美元，同比增长超过 30%。此外，印度政府还计划投入 200 亿美元，用于促进移动互联网的发展。信息技术服务和软件产品也是促进印度本国软件市场发展的重要领域。2014 年，印度信息技术服务在云计算、移动应用开发等领域实现了快速发展，重点基础设施项目和信息技术咨询服务发展势头良好，越来越多的中小企业使用数据中心来进行业务托管，预计到 2015 年，印度国内信息技术服务业产值将达到 130 亿美元，实现同比增长 10%。2014 年，印度本国软件产品主要聚焦在移动应用开发、安全软件、系统软件、客户分析产品等领域，预计到 2015 年，印度国内软件产品总产值将达到 40 亿美元，实现同比增长 12%。2014 年，印度国内业务过程管理领域发展势头良好，知识服务的需求特别是信息分析为业务过程管理带来较大的市场空间，当前主要的应用市场包括了银行、保险、电信、医疗、零售等行业，预计到 2015 年，印度国内业务过程管理总产值将达到 35 亿美元，实现同比增长 8%。

第十六章　中国

一、整体发展情况

（一）产业规模

2014年，在经济增长放缓成为新常态、产业加速转型调整的背景下，中国软件产业保持平稳较快发展，实现软件业务收入3.7万亿元，同比增长20.2%，增速较2013年下降3.2个百分点，但仍比电子信息制造业增速高出10个百分点。

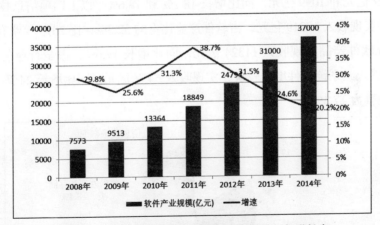

图16-1　2008—2014年中国软件产业规模与年增长率

数据来源：工业和信息化部运行局，2015年1月。

受金融危机以来外部经济不景气影响，中国软件产业出口持续疲软。2014年，我国软件出口规模增长到545亿美元，较2011年增长了57.5%，年均增长率为16.4%；同比增速持续下滑，2014年同比增速为15.5%，低于2013年3.5个百分点。

其中，外包服务出口增长 14.9%，嵌入式系统软件出口增长 11.1%。

表 16-1　2011—2014 年中国软件出口增长情况

年度	软件出口规模（亿美元）	同比增速
2011年	346	29.6%
2012年	394	13.9%
2013年	469	19%
2014年	545	15.5%

数据来源：工业和信息化部运行局，2015 年 1 月。

（二）产业结构

随着云计算、移动互联网等新业态的快速发展，软件服务化趋势继续深入，新兴信息技术服务比重不断提高，推动产业结构优化调整。

2014 年，信息技术咨询服务、数据处理和存储类服务增势明显，分别实现收入 3841 亿元和 6834 亿元，同比增速分别为 22.5% 和 22.1%，高出全行业平均增速 2.3 和 1.9 个百分点。系统集成服务和集成电路设计业增长平稳，分别实现收入 7679 亿元和 1099 亿元，同比增长 18.2% 和 18.6%。以上四项信息技术服务类业务共实现收入 19219 亿元，占软件产业比重的 52.3%，比 2013 年略有提升。

传统软件产品实现收入 11324 亿元，同比增长 17.6%，占全行业的比重为 30.4%。嵌入式系统软件增长较快，实现收入 6457 亿元，同比增长 24.3%，占全行业的比重为 17.3%。

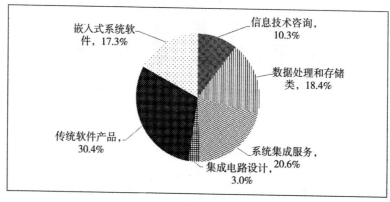

图16-2　2014年中国软件产业分类收入增长情况

数据来源：工业和信息化部运行局，2015 年 1 月。

（三）企业情况

在政策和市场的共同推动下，我国大企业培育初见成效，形成一批具有自主创新能力和一定规模的大型骨干企业，其竞争力不断增强。2014 年软件百家企业实现软件业务收入 4751 亿元，同比增长 29.6%，占全国收入的 15.5%，比 2013 年提高 0.8 个百分点。累计完成软件业务收入较 2005 年 904 亿元增长了 425.6%，年均增长 20.2%。实现利润 899 亿元，比 2013 年增长 37.4%；利润率达 8.6%，比 2013 年提高 1.1 个百分点。

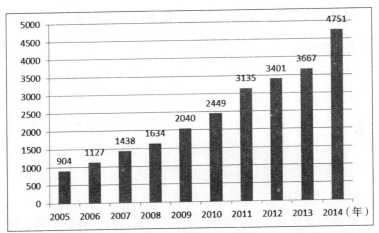

图16-3　2005—2014年软件收入前百家企业软件业务收入增长情况（单位：亿元）

数据来源：赛迪智库整理，2015 年 2 月。

二、产业发展特点

（一）产业规模持续扩大，收入增长稳步趋缓

从软件产业月度收入增长情况看，2014 年，中国软件产业整体增势平稳。1—12 月，软件业务收入累计增速在 20.1%—21.8% 区间波动，波动幅度仅为 1.7%。其中，6 月份累计增速最高，为 21.8%；受产业增速持续下行影响，12 月份的收入确认高峰期被抵消，增速为 20.1%，创全年月度增速的最低值。同时，相比于 2013 年，2014 年单月增速均低于 2013 年同期水平。

尽管软件行业增速放缓，软件产业在电子信息产业中所占比重不断提升，日益成为电子信息产业重要的组成部分。2014 年，由于电子信息制造业受经济不

景气影响下滑明显，软件产业比电子信息制造业增速高出 10 个百分点，占电子信息产业的比重提高到 35.9%，达到新的高点，比 2013 年高出 10.9 个百分点，是 2005 年的比重的 3 倍多。

软件产业的高成长性使其日益成为经济增长的重要引擎，为国民经济在新常态下保持平稳运行发挥越来越重要的作用。从软件产业占 GDP 比重看，近年来，中国软件产业占 GDP 的比重不断上升，2005 年比重仅为 2.1%，2010 年达到 3.3%，2014 年增长到 5.8%，是 2005 年的两倍多。

（二）信息技术服务比重继续提高，服务化转型加速

随着《关于加快发展生产性服务业促进产业结构调整升级的指导意见》《关于加快科技服务业发展的若干意见》《国家集成电路产业发展推进纲要》等促进信息技术服务发展政策密集出台，云计算、大数据、移动互联网等新兴信息技术服务快速发展并与各领域加速融化不断衍生新业态，以及智慧城市建设带动医疗、交通等行业的信息技术服务需求快速增长，信息技术咨询、数据处理和存储、信息系统集成、IC 设计等信息技术服务业务仍表现出较好的增长态势，占软件产业比重不断提高，推动软件产业服务化转型调整。

根据工业和信息化部统计，2014 年，我国信息技术咨询类收入增势突出，完成收入 3841 亿元，同比增长 22.5%，增速高出全行业平均增速 2.3 个百分点，占全行业比重为 10.3%；数据处理和存储类服务在云计算、大数据等新业务的带动下保持较快增长，实现收入 6834 亿元，同比增长 22.1%，高于全行业平均增速 1.9 个百分点，占全行业比重为 18.4%，比 2013 年同期高出 0.3 个百分点。由于外部市场需求减弱，系统集成类收入和集成电路设计收入受到一定影响，分别完成收入 7679 亿元和 1099 亿元，同比增速分别为 18.2% 和 18.6%，占全行业的比重分别为 20.6% 和 3.0%。以上四项信息技术服务类业务共实现收入 19219 亿元，占软件产业比重为 52.3%，与 2013 年同期基本持平。传统软件产品增长平稳，仍是软件产业的主体，共完成收入 11324 亿元，同比增长 17.6%，低于全行业平均增速 2.6 个百分点，占全行业比重为 30.4%，同比下降 0.7 个百分点。在移动智能终端、平板电脑、消费类电子以及汽车电子产品、数控设备、医疗仪器等对嵌入式系统市场需求不断增长的推动下，嵌入式系统软件成为增长最快的领域，实现收入 6457 亿元，同比增长 24.3 %，高于全行业平均增速 4.1 个百分点，

占全行业的比重为 17.3%，高于 2013 年同期 0.5 个百分点。

（三）软件企业加强研发，创新实力进一步增强

2014 年，从软件百强企业排名看，前十五强格局变化不大，华为以 1216 亿元的软件收入仍然稳居第一位。中兴、海尔分别以 463 亿元和 401 亿元的收入排名第二和第三位。受去 IOE 影响，浪潮服务器方面收入增势突出，业务收入从 2013 年的 95 亿元增长到 115 亿元，跻身前五名。除了排名前五的企业，收入超过 100 亿元的企业还有南京南瑞和海信 2 家。2014 年，软件收入前百家企业业务收入最低水平为 9.3 亿元，比 2013 年提高 1.5 亿元，较 2005 年首届软件百强企业的入围门槛提高了 7.2 亿元。

研发投入情况是软件收入前百家企业创新能力的重要体现。2014 年，软件收入前百家企业进一步加大研发投入，投入软件研发经费 687 亿元，同比增长 9.4%。研发经费占主营业务收入比重为 6.5%，比全行业平均水平高 1.5 个百分点，其中 4 成企业比重超过 10%。这些企业创新成果显著，在"核高基"支持下，工业控制系统、新一代通信技术、高端软件操作系统、海量存储系统、中间件应用等取得明显进展，在稳定性和易用性方面获得较大提升；云计算、物联网、大数据等新兴领域应用取得明显成效，出现不少典型的成功案例。从著作权和软件产品登记情况看，软件收入前百家企业软件著作权数超过 9000 件，同比增长 34.7%，软件产品登记数增长 11.5%。中兴和华为的 2013 年国际专利申请量分别位列全球第二、第三。

三、主要行业发展情况

（一）基础软件

基础软件取得新进展。操作系统领域，新产品发布和应用推广加速推进，一铭、普华、优麒麟等发布新产品，深之度研发的两款国产操作系统获得较好的应用推广。中间件领域，金蝶 Apusic 智慧云平台、一汽轿车的云基础架构等中间件云服务器受到广泛关注。预计未来 5 年内我国中间件市场的年复合增长率达 18%，至 2016 年，国内中间件产业规模将达到 50 亿。开源软件领域，我国开源软件社区的发展步入快车道，企业积极参与开源社区建设，开源生态不断成熟。

（二）工业软件

工业软件迎来新的历史发展机遇。据初步测算，2014年我国工业软件市场规模约为1000亿元，比2013年增长16.9%，增速比2013年回落0.6个百分点。2013年初，多家研究机构预测中国工业软件市场将保持约19%的复合增长率直到2015年，从2014年数据情况看远不及预期。我国工业软件市场仍以业务管理和市场营销分析类软件为主体。与2013年相比，生产调度和过程控制软件市场规模出现明显扩大，同比增长超过50%，增长主要来自轨道交通、能源、电力等重点行业的应用发展。

2014年以来，我国显著加快了推进工业转型升级的步伐。工信部联合国家发展改革委员会、财政部、中国工程院、国家质检总局等相关部门正在加快编制《中国制造2025规划纲要》，积极组织实施中国智能推进计划。为抓住工业软件发展的良好形势，国内外工业软件企业纷纷加快布局。用友、金蝶等管理软件加速云转型并通过本土化的跨界结盟寻求差异化竞争优势。德国管理软件巨头SAP大幅度加快云服务在中国的落地。随着市场需求的加速释放和政策环境持续向好，我国的工业软件产业进入新的快速发展期。

（三）云计算

2014年，我国公有云市场规模达到68亿元。同时，云计算的发展也带动和促进了上下游电子产品制造业、软件和信息服务业的快速发展，预计到2015年，我国云计算上下游产业规模将超过3500亿元。据工业和信息化部数据显示，从公有云服务的三个类别来看，我国软件即服务（SaaS）市场规模最大，占比约为70%；基础设施即服务（IaaS）规模占比约为20%，但年增速在100%左右，是2014年我国云计算市场中增速最快的细分领域；平台即服务（PaaS）市场规模占比最小，约为10%。

企业加速云计算产业布局。2014年，包括阿里、京东等互联网企业，以及移动、联通、电信等电信运营商在内的大型云计算企业非常重视云计算服务发展，通过在全国各地建设数据中心加快布局，意图在云服务大范围普及的时候能够拥有最全面的基础设施，掌握未来云服务发展的主动权。

外企云服务落地步伐进一步加快。以SAP为例，2014年SAP在中国市场频频开展合作。公有云方面，SAP中国与微软（中国）公司展开深入合作，利用 Windows Azure 公有云平台为 SAP 用户提供支持，并与中国电信旗下中国通信服务股份有限公司联手建立数据中心，提供 SuccessFactors 公有云解决方案。私有云方面，SAP 与华为、浪潮分别建立战略合作伙伴关系。解决方案和分销方面，SAP 与中金数据联手推出基于 SAP HANA 的 hybris 全渠道电子商务托管云解决方案。

（四）信息安全

信息安全市场继续保持快速增长。2014 年，我国信息安全产业业务收入为739.8 亿元，是 2012 年 313.8 亿元的 2.4 倍。近三年来，我国信息安全产业规模年均增长率超过了 40%。我国信息安全产品种类不断健全，进一步完善了涵盖数据传输安全、网络安全、数据安全、应用安全、计算机安全、安全管理中心（SOC）以及云安全等领域的产品体系。我国信息安全企业市场竞争力进一步增强，防火墙、防病毒、入侵检测、漏洞扫描等传统安全产品具备替代能力，网络与边界安全类、专用安全类等相关产品的功能、性能基本满足国内需求。从安全芯片、网络与边界安全产品、数据安全产品、应用安全产品到安全服务的信息安全产业链不断趋于完善。

随着信息安全问题上升为国家战略，信息安全企业获得难得的发展机遇。据赛迪顾问预计，2015—2018 年我国信息安全市场将保持 30% 以上增速。同时，随着信息安全市场从 2C（面向个人）向 2B（面向企业）转变，企业级安全需求旺盛，为相关企业带来大额订单。在政策和市场的共同驱动下，信息安全行业市场空间广阔，继续成为产业发展的亮点。

企业篇

第十七章　基础软件企业

一、微软

（一）发展情况

在 2014 财年（2013 年 6 月 30 日至 2014 年 6 月 30 日），微软全年收入总额首次突破 800 亿美元，达到 868.33 亿美元，同比增长 11.5%。净利润达 220.74 亿美元，是微软历史上的第二高年度利润额，同比增长 0.97%。在 2014 财年中，微软第四财季的表现略逊，净利润为 46.12 亿美元，同比下滑 7.11%。

2014 年，微软大规模地进行裁员和业务结构调整，但总体运行情况依然乐观。一是实现公司市值稳步增长。2014 年，微软公司市值增长了 40% 以上，是十年来增长幅度最大的一年。尽管如此，微软的总市值仍然落后于苹果和谷歌。二是微软云计算战略得以顺利实施，云服务收入规模已达 44 亿美元，成为云计算领域的领跑厂商，Office 365 和 Azure 的收入增长均超过 100%，Office 365 的用户规模已达 560 万，但云服务总体收入规模仍然远远落后于 Windows 及 Office 等基础软件相关业务。三是核心产品发展势头良好，微软服务器、Bing 搜索服务收入均在 2014 年呈现出快速增长势头，在基础软件领域，微软消费类 Office 在传统桌面端呈现衰退的局面下第四季实现了收入增长 21%。四是产品研发投入保持较高水平，2014 财年，微软研发投入为 113.81 亿美元，同比增长 9.32%，大量的研发投入为微软的产品创新和服务升级提供源源不断的动力。与此同时，微软在 2014 财年发展中也面临着诸多突出困难，呈现出多方问题。例如微软并购的诺基亚手机部门的业务在 2014 年缩水严重，微软智能手机市场开拓步伐缓慢。此外，微软的硬件业务的利润率明显下滑，计算和游戏硬件部门在第四季度出现了 6.5

亿美元的运营亏损。在基础软件业务方面，微软 Windows 在 OEM 收入上增长明显放缓，第四季度同比仅增长 3%。

在 2015 财年第一季度（2014 年 7 月 1 日至 2014 年 9 月 30 日），微软公司营业收入达到 232 亿美元，同比增长 25%。净利润达到 149.3 亿美元，同比增长 12%。微软在该季度主要对诺基亚设备及服务业务进行了整合。在微软重点关注的移动设备消费市场领域，实现收入 109.6 亿美元，同比增长 47%。在 Windows 和 Office 业务方面，Office 365 家庭和个人版订阅用户总数达到 700 万，增长超过 25%，企业级 Office 产品和服务的收入实现增长 5%，Windows OEM 的收入下降了 1%，而 Window 授权许可收入则增长了 10%。

在 2015 财年第二季度（2014 年 10 月 1 日至 2014 年 12 月 31 日），微软公司营业收入达到 264.7 亿美元，同比增长 8%。净利润达到 58.63 亿美元，同比下降 11%。微软在本季度利润下降与其进行大规模整合重组有关。在本季度内，微软的硬件业务发展势头良好，Surface 设备收入首次突破 10 亿美元，达到 11 亿美元，同比增长 24%。在 Windows 和 Office 业务方面，Office 365 家庭和个人版订阅用户总数达到 920 万，比第一季度增加约 220 万用户。

（二）发展策略

专注企业转型，加快组织调整。2014 年，是微软飞速发展的一年，也是转型加速的一年。微软完成了对诺基亚的收购，整合了诺基亚的业务资源；微软发布了手机 Windows 8.1，推出了中国版 Cortana 小娜语音助手；微软发布了 Surface Pro 3，推出了 Xbox One；微软大力推动小冰业务，舍弃了 MSN。种种迹象表明，微软将基于新业务的布局和发展，开创一个新的天地，但其根源则是组织架构的调整。2014 年 2 月，在鲍尔默正式退休后，微软任命内部高管萨蒂亚·纳德拉（Staya Nadella）成为公司新任的首席执行官，并宣布公司创办人比尔·盖茨将辞去董事会主席一职，专任公司科技顾问，一个月后，微软 Windows 业务高管安东尼·勒布朗德（Antoine Leblond）从微软离职。高层管理人员的变动正式拉开了微软企业转型的步伐，之后微软的各项工作沿着纳德拉提出的"移动为先、云为先"不断推进。

瞄准移动平台，加快用户迁移。Windows 操作系统是微软公司在产业界立足的根本，是微软长期以来重点发展的产品系列，Windows 系统已占据了全球 90%

以上的桌面端市场份额。但随着移动互联网的飞速发展，桌面计算机的功能正在逐步弱化，移动终端成为重要的互联网接入设备，微软在"移动为先"战略引领下正逐渐将发展重点转向移动平台。微软要发展移动终端操作系统，要完成两件工作：一是逐步摆脱现有桌面 windows 对其发展的束缚。具体表现为 2014 年 4 月，微软宣布停止对 Windows XP 系统提供技术支持，促使用户对其操作系统及设备进行升级。二是加速引导桌面端用户向移动端的迁移。具体表现为 2015 年 1 月，微软为了进一步打通各平台的操作系统，推出了新一代的 Windows 操作系统 Windows10，被称为"有史以来最全面的平台"，同时微软还发布了全新的浏览器"斯巴达"来取代 IE，不难看出新产品的各项功能均是围绕移动终端来打造，彰显出微软借桌面平台的优势加速发展移动平台的战略思想。

实施开放战略，强化生态布局。在微软"移动为先、云为先"的战略引领下，为了促进其云平台的快速发展，采取了两个方面的措施：一是加快云服务能力的建设，微软将越来越多的基础软件产品部署在云端，通过云平台向用户提供服务。2014 年，微软将其免费的 Office Web Apps 服务更名为 Office Online，依托云平台向用户提供新体验，如与他人的分享和协作，等等。2014 年 4 月，微软（中国）公司宣布 Office 365 云服务正式落地中国，由世纪互联运营，Office 365 借助云端的灵活性、安全性和可控性，可帮助企业完成云时代的商务变革。二是加快产品开放力度，强化生态建设。2014 年，微软将其 .Net 开发框架开源，就是其加速吸引开发者资源，力图推动其云服务能力建设和云生态体系建设。2014 年 3 月，微软发布了 Office for iPad，从而将其生态触角延伸到了行业竞争对手苹果的世界，此外，微软还加强了在 Android 体系中的布局，推出了适应 Android 平板的 Office 预览版，在新发布的斯巴达浏览器中微软将兼容 Chrome 应用扩展，这些事件统统表明，在微软转型发展的过程中，加大了开放的力度，力图在生态体系构建中实现向苹果和谷歌的追赶，重塑其企业发展优势。

二、红帽

（一）发展情况

在 2014 财年（2013 年 2 月 28 日至 2014 年 2 月 28 日），红帽销售总额为 15.3 亿美元，同比增长 15%，其主要收益来源于企业 Linux 和 JBoss 中间件等核心产品的持续增长。2014 财年订阅销售额为 13.4 亿美元，同比增长 16%。其中第四季度销售总额为 4 亿美元，同比增长 15%，订阅销售额为 3.51 亿美元，同比增长 16%。从营业收入构成来看，基于红帽企业 Linux 和 JBoss 中间件的订阅服务仍旧是企业的主要收入来源。

2014 财年，红帽在新技术研发及商业运营创新方面均加大了投入力度，特别是在混合云领域，红帽依托其在开源世界中长期积累的技术和人才资源，产品产业和业务拓展均取得了骄人的成绩。红帽 Linux OpenStack 平台的每天下载量达到 3000 次。在客户开拓方面，红帽的主要客户已遍及全球，包括了亚马逊、Salesforce、IBM、高通、西门子、花旗银行、万豪国际集团、联邦航空管理局、纽约泛欧交易所，等等。在我国，红帽的主要客户包括中国移动、中国网通、中国人寿、中国平安保险等知名企业。在生态建设方面，红帽积极与全球各大企业建立合作伙伴关系，主要合作伙伴包括了 AMD、思科、戴尔、富士通、惠普、英特尔、IBM、SAP 等。

在 2015 财年第一季度（2014 年 3 月 1 日至 2014 年 5 月 31 日），红帽实现销售收入 4.24 亿美元，同比增长 17%，其中主要产品和服务的订阅销售额为 3.72 亿美元，同比增长 18%。

在 2015 财年第二季度（2014 年 6 月 1 日至 2014 年 8 月 31 日），红帽实现销售收入 4.46 亿美元，同比增长 19%，其中主要产品和服务的订阅销售额为 3.89 亿美元，同比增长 19%。此季度是红帽实现营收连续增长的第 50 个季度，使红帽的年营收额保持连续 12 年增长，帮助红帽第二次荣膺《福布斯》杂志评出的"全球最具创新力企业"榜单。此季度中，红帽完成了对 FeedHenry 的收购，并积极开展与思科、诺基亚、谷歌的合作，推出了红帽卫星 6 和红帽企业 Linux OpenStack 平台 5 等新产品和服务。

在 2015 财年第三季度（2014 年 9 月 1 日至 2014 年 11 月 30 日），红帽实现销售收入 4.56 亿美元，同比增长 15%，其中主要产品和服务的订阅销售额为 3.95 亿美元，同比增长 15%。

基于常年在开源软件领域的深厚积累，红帽对前沿技术的发展具有极高的敏锐度。红帽认为，2015 年包括大数据、云计算在内的多项前沿技术将取得飞速发展。大数据的发展将为企业带来新的价值增长点；技术将引领传统 IT 企业的业务变革；混合云将进入快速发展期而公有云将企业各大企业竞争的聚焦领域；

容器技术将从用例转变为标准，深刻改变云服务的业务模式；开源人员依旧是企业人才战的核心；移动平台将加速与桌面等平台的融合；电信和网络运营商将全面部署 OpenStack；从云安全到物联网安全，信息安全问题将受到持续关注；软件将重新定义数据中心。

（二）发展策略

依托开源资源，加速产品创新。红帽成为全球领先的开源软件企业，其自创立伊始就依托开源 Linux 不断进行产品和商业模式的创新。当前，红帽企业 Linux 遍及全球 500 强 90% 以上企业的业务系统，其开创的订阅式的服务模式也使其成为盈利能力最强的开源软件企业。红帽在依托开源软件不断发展的过程中，对开源资源进行了合理的开发利用。一是依托在开源世界中积累的号召力，不断加快对开源核心人才和项目的引进，使红帽的人才体系得以不断加强和完善，业务领域更加全面。2014 年，开源操作系统 CentOS 加入了红帽，其成为了红帽开源和标准团队的一部分，是红帽加快新兴技术开发、丰富产品组合的重要组成单元。二是基于开源软件发展不断推出新产品新服务，持续扩大市场份额。2014 年，红帽推出的重大创新产品包括了红帽卫星 6、红帽企业级 OpenStack 平台 5 以及企业级 Linux 7（RHEL7），推出了新一代的 JBoss 中间件和 OpenShift 产品。特别是在企业级 Linux 7 中，红帽就已经加入了对新兴容器技术 Docker 的支持。

直面产业变革，积极推动转型。云计算、大数据等新兴技术已经为传统软件企业带来了极大的转型挑战，同微软等企业一样，红帽也加快了企业转型的步伐。与红帽发展企业 Linux 和 JBoss 中间件产品相比，红帽在云服务领域的产品创新速度明显加快。一是加快基于 OpenStack 的产品创新，推出了红帽企业级 OpenStack 平台 5。二是加快在云计算领域的企业并购，2014 年，红帽接连并购了 Inktank、eNovance 和 FeedHenry 等企业。并购 Inktank 将有助于红帽掌握 OpenStack 存储领域的核心技术，并提高红帽对云计算开源项目 OpenStack 的渗透度及影响力。并购 eNovance 可协助红帽满足向企业提供开源云平台 OpenStack 顾问、设计及部署的需求。并购 FeedHenry 可对红帽的中间件产品 JBoss 及云平台 OpenShift 产品带来较大附加提升价值，使红帽能够进一步扩展产品组合，丰富应用开发、整合及平台及服务解决方案。

加快商业运作，完善企业生态。作为一家开源软件企业，红帽长期以来就非常注重企业发展生态的建设，积极开展与开源社区的互动，大力推动产业联盟发展，与全球各大企业开展合作关系。2014 年，红帽加快了商业运作的步伐，接连收购了 Inktank 等三家企业，同时也继续加大对开源社区的贡献力度，持续保持对新兴开源项目的关注。此外，红帽还加快了同全球各领域领导企业的合作，以扩大其自身在产业中的份额，减少竞争压力。红帽与诺基亚开展合作，支持基于红帽企业级 Linux OpenStack 平台的诺基亚的通讯云转移到云端服务并提供网路功能虚拟化。红帽与 SAP 合作，将三个全新基础架构组件融合到红帽 Paas 产品 OpenShift 中。红帽与浪潮合作，为浪潮 9 大类 x86 计算产品提供全面的技术及服务支持。红帽与华为开展合作，共同推进 OpenStack 项目发展，将其作为传统电信网络系统的替代选择。

三、甲骨文

（一）发展情况

在 2014 财年（2013 年 5 月 31 日至 2014 年 5 月 31 日），甲骨文营收总额为 382.75 亿美元，同比增长 3%，此业绩表现不及分析师的预测。净利润为 109.55 亿美元，同比持平。2014 财年甲骨文软件和云服务营收总额为 291.99 亿美元，同比增长 5%，占企业全部营收总额的 76.3%，占比较 2013 年度提升了 1 个百分点。其中，新软件授权营收为 94.16 亿美元，略高于 2013 财年的 94.11 亿美元，在营收总额中的所占比例为 25%。云服务 SaaS 和 PaaS 营收额为 11.21 亿美元，同比增长 22%，占营收总额的 3%。云服务 IaaS 营收额为 4.56 亿美元，与 2013 年持平，占营收总额的 1%。软件授权更新和产品支持营收额为 182.06 亿美元，同比增长 6%，占营收总额的 47%。2014 财年甲骨文硬件系统业务营收额为 53.72 亿美元，同比持平，占营收总额的 14%。2014 财年甲骨文服务营收额为 37.04 亿美元，同比下滑 5%，占营收总额的 10%。2014 财年甲骨文研发支出 51.51 亿美元，同比增长了 6%，表明在营收形势不佳的情况下，甲骨文依然在研发领域加大了投入，以加速企业转型发展步伐，保持产品技术领先。

在 2014 财年第四季度（2013 年 3 月 1 日至 2014 年 5 月 31 日），甲骨文营收总额为 113.20 亿美元，同比增长 3%。净利润为 36.46 亿美元，同比下降 4%。软件和云服务营收总额为 89.14 亿美元，同比增长 4%。其中，云服务 SaaS 和

PaaS 营收达到 3.22 亿美元，同比增长 25%。新软件授权和产品支持总营收额为 84.64 亿美元，仍旧是甲骨文主要的营收来源。硬件系统业务营收为 14.66 亿美元，服务营收为 9.40 亿美元，同比变化不大。

在 2015 财年第一季度（2014 年 6 月 1 日至 2014 年 8 月 31 日），甲骨文营业总额为 86 亿美元，同比增长 3%。软件和云服务营收总额为 66 亿美元，同比增长 6%。其中，云服务 SaaS 和 PaaS 营收达到 3.37 亿美元，同比增长 32%，云服务 IaaS 营收达到 1.36 亿美元，同比增长 26%。硬件系统业务营收为 12 亿美元，同比下降 8%。

在 2015 财年第二季度（2014 年 9 月 1 日至 2014 年 11 月 30 日），甲骨文营业总额为 96 亿美元，同比增长 3%。软件和云服务营收总额为 73 亿美元，同比增长 5%。其中，云服务 SaaS、PaaS 和 IaaS 营收额达到 5.16 亿美元，同比增长 45%。硬件系统业务营收为 13 亿美元，同比增长 1%。此季度中甲骨文云服务订单增长率超过了 140%，拥有超过 600 家 ERP 混合云客户。

在 2015 财年第三季度（2014 年 12 月 1 日至 2015 年 2 月 28 日），甲骨文营业总额为 93 亿美元，同比基本持平，净利润为 25 亿美元，同比下滑 3%。软件和云服务营收总额为 72 亿美元，同比增长 1%。其中，云服务 SaaS 和 PaaS 依然保持高速增长态势，营收额为 3.72 亿美元，同比增长 30%。硬件系统业务营收额为 12.99 亿美元，同比下滑 2%。此季度中新软件授权营收额为 20 亿美元，同比下滑 7%。2014 年，甲骨文集成系统的全球出货量超过了 1 万台，以此超过 IBM 成为全球最大的高端服务器供应商，同时积累了超过 1000 个应用实践案例。

（二）发展策略

业务多头并举，加快技术创新。近年来，随着甲骨文云服务业务的逐步深入，云应用已经和数据库、集成系统一起成为甲骨文的三大业务领域之一。2014 年，甲骨文采取了数据库、云应用以及集成系统"三管齐下"的发展策略，并瞄准大数据和移动应用加快技术创新。数据库方面，甲骨文推出了最新版 Oracle 数据库 12c 版本 12.1.0.2（其中包括 Oracle Database），并积极推进新版数据即服务产品 Oracle Big data SQL 的研发。云应用方面，所有的应用软件都逐步向云迁移，成为除 Salesforce 以外全球第二大 SaaS 公司，甲骨文可提供 500 多种 SaaS 产品，涵盖客户体验（CX）、人力资本管理（HCM）和企业资源规划（ERP）等三大领域，开发了全球范围内超过 2000 家 SaaS 新客户。系统集成方面，推出虚拟计算一体机 X4-2、零数据丢失恢复一体机、及 Exalytics In-Memory Machine X4-4 等新产品，稳步推进软硬件一体化策略。

　　强化产品优势，加速云端迁移。甲骨文的传统优势在数据库领域，随着云计算浪潮的来临，甲骨文在发展云服务的同时也进一步强化了其在数据库领域的产品优势，加快实施"数据库作为云服务"（DaaS，Database as a Service）的推广战略。数据库是甲骨文最大的软件业务，甲骨文希望数据库也能够成为最大的云服务。一方面甲骨文加快了其自身云服务的运营实力，甲骨文的各项云服务（包括 PaaS、SaaS 和 IaaS）都保持着同比 30% 左右的增长速度，2014 年 9 月，在甲骨文全球大会上，甲骨文推出了 6 款全新的甲骨文云平台服务，涵盖了大数据分析、整合、流程管理、Java 平台、Java 标准版以及 Node.js 等。另一方面，甲骨文加快原有客户数据库系统向云端的迁移，其已建立了便捷的迁移方案，用户只需点击一个按钮，就能够实现将甲骨文数据库和应用向甲骨文云的迁移。

第十八章　工业软件企业

一、总体发展情况

从全球范围看，2014年工业软件企业发展的关键词是"调整"。一方面，受全球经济发展形势低迷的影响，企业在过去一年中的经营效益存在明显的压力；另一方面，新技术不断发展促使新一轮工业革命呼之欲出。在以上两方面因素的影响下，工业软件企业纷纷对自身的长期发展战略进行重新思考和定位，并采取了一系列举措对公司架构、业务、产品、技术等方面做出优化和调整。

调整动作突出地体现在企业的投融资活动非常活跃，各细分市场领域内的主要领导企业均有频繁的业务重组和并购动作，或补足自身短板，或拓展市场领域。但单笔大额并购行为较少，工业软件的整体竞争格局基本保持稳定。总体看来，工业软件领域的并购行为非常务实，大企业纷纷根据既定的企业发展战略，通过资本运作快速取得新技术，并与已有的产品线融合互补，快速扩大市场份额，强化在各自优势业务领域的领先地位。

研发设计软件厂商的并购以加强功能集成为特征，竞争的焦点是打通企业研发业务全流程，构架全功能集成平台；生产调度和过程控制软件厂商的投融资重点在于面向智能制造时代集中优势资源尽快布局，打通技术环节，力推行业解决方案；业务管理软件厂商和市场分析软件厂商正面临商业模式的重大转换，竞争的关键在于谁能更快在云端提供更多更好的解决方案，占领更多市场份额。

表 18-1　全球主要企业投融资情况

细分领域	主体企业	部分重要投融资事件	简要分析
研发设计	西门子PLM	收购全球MES领导企业Camstar	强化在工业数字化领域的领导地位。
	欧特克	收购影视后期制作流程生产管理软件Shotgun	增强在娱乐制作领域的云服务能力。
		收购多平台游戏发开引擎Bitsquid	使用其技术创造新的多平台实时三维可视化工具。
	达索系统	收购多体仿真技术和解决方案供应商SIMPACK	纳入其多物理仿真技术组合。
		收购高端3D可视化软件、营销解决方案和计算机虚拟技术服务领导企业RTT	创立新品牌"3DXCITE"，加强其3D体验战略。
		收购全球领先的预置和云端产品供应链提供商及运营规划和优化软件供应商坤帝科	将其3D平台体验扩展到商业运营规划领域。
生产调度和过程控制	西门子	剥离出售助听器业务	贯彻"2020公司愿景"，将资源向电气化、自动化和数字化业务集中，布局"工业4.0"时代。
		剥离重组医疗IT部门	
		出售所持博西家电的全部股份	
		收购英国罗-罗发动机公司	
		收购美国压缩机和燃气涡轮公司Dresser-Rand	
		与三菱重工成立合资公司	
		剥离欧司朗业务	
	通用电气（GE）	剥离出售家电业务	缩小金融业务，出售媒体、家电等业绩波动剧烈的业务，转向了可稳定盈利的制造业领域，并拓展基于互联网的维修服务。
		剥离波兰银行业务	
		收购法国能源巨头阿尔斯通	
	ABB	收购荷兰液体流量测量和油气应用监控解决方案供应商SpiritIT	强化油气测量和自动化业务。
	罗克韦尔自动化	收购危险能源控制服务供应商ESC Services	加强风险管理功能并将安全性融入数据驱动型云服务。
	施耐德电气	收购实时绩效管理与预测性资产分析软件及解决方案供应商InStep Software	强化在电力能源市场的实力。

（续表）

细分领域	主体企业	部分重要投融资事件	简要分析
业务管理	SAP	收购电子商务平台厂商hybris	加强云解决方案布局，SAP业务网络所服务的客户交易总额已经超过了亚马逊、ebay和阿里巴巴的总和。
		收购基于云技术的商务网络公司Ariba	
		收购聘请和管理临时雇员与服务的技术供应商Fieldglass	
		收购商旅科技巨头Concur	
	甲骨文（Oracle）	收购酒店行业软件和服务提供商Micros Systems。	加强云解决方案布局，聚焦大数据分析应用。
		收购广告分析公司Datalogix	
		收购广告技术公司BlueKai	
		收购大数据技术公司Front Porch Digital	
市场营销和分析	Salesforce	收购大数据分析公司RelateIQ	加强大数据分析技术能力。
	IBM	出售x86服务器业务	向"IBM即服务"转型：借助数据协助行业和专业转型；面向云计算，重塑企业IT基础架构；通过移动社交构建互动参与体系。
		投资10亿美元发展PaaS服务Bluemix	
		投资健康管理应用开发商Welltok	
		收购营销自动化技术提供商Silverpop	
		收购人工智能创业公司Cognea	
		收购NoSQL数据库Cloudant	
		收购云安全服务商Lighthouse	
		收购德国汉莎航空公司IT部门	
	微软	收购Revolution Analytics	加强大数据分析能力。
		收购机器学习厂商Equivio	
		收购移动开发服务HockeyApp	扩大相关服务的设备支持范畴，涵盖三大移动平台。
		收购网络安全公司Aorato	提供企业级网络安全解决方案。

数据来源：赛迪智库整理，2015年3月。

表 18-2 国外主要企业发展情况

细分领域	市场份额较大企业	发展特点
研发设计	西门子PLM	通过并购实现全功能集成和整合，深耕行业定制化解决方案。
	欧特克	业务线从设计到制造延伸，布局新造业新需求。
	达索系统	增强CAD、CAE集成业务能力。
生产调度和过程控制	西门子	启动业务重组和架构调整，向工业业务领域集中优势资源，布局"工业4.0"时代。
	通用电气（GE）	启动业务重组，强化全球工业基础设施供应商的角色，并大力推广工业互联网应用。
	ABB	重点布局机器人等智能装备业务。
业务管理	SAP	全面向云计算推进，并发展行业解决方案。
	甲骨文（Oracle）	业务重心向云计算转移。
市场营销和分析	Salesforce	营收增长趋缓，但运营效益显著改善。
	IBM	向技术服务供应商角色的缓慢转型。

数据来源：赛迪智库整理，2015 年 3 月。

二、主要企业发展策略

（一）研发设计软件领域主要企业

1. 西门子 PLM Software 公司

西门子 PLM Software 公司是全球领先的产品生命周期管理（PLM）软件与服务提供商，总部位于美国，属于西门子数字化工厂集团。西门子认为，"工业领域应对新形势下挑战的解决方案在于实现虚拟生产和与现实生产环境的融合，采用创新软件、自动化技术、驱动技术及服务，缩短产品上市时间、提高生产效率和灵活性，帮助工业企业保持在市场上的竞争优势"。

2014 年，西门子 PLM Software 总裁兼首席执行官 Chuck Grindstaff 在 2015 年大中华区用户大会指出"西门子 PLM Software 在 2014 年连续第 13 年被 CIMdata 评为协同产品定义管理 (cPDm) 领域的领导者，连续第 9 年被评为数字化制造市场的领导者,并连续三年被 CIMdata 评为中国市场上领先的 PLM 软件供应商。"特别是通过一系列收购举措,西门子 PLM Software 产品组合中的仿真和分析(S&A)软件能力大大增强,CIMdata 数据显示 "西门子 PLM Software 在 S&A 领域的排名上升至第 4 位,较 2013 年的排名上升 6 位"。2014 年底,西门子成功收购企业级 MES 软件市场的领导者之一 Camstar 系统公司(Camstar Systems,Inc.),强化了西门子 MES 产品在重要领域的领导地位,进一步完善了现有的行业产品线,向成为全面集成的数字化公司的发展目标迈进了重要一步。

2. 欧特克

欧特克(Autodesk)公司是三维设计、工程及娱乐软件的领导者,总部位于美国。欧特克认为,被金融市场拖入发展徘徊期的全球制造业正在寻找一个发展的突破口,基于此判断,欧特克从 2010 年开始对旗下的产品进行了深入的整合,以套件形式推出面向不同行业和不同业务需求的解决方案,建立以用户需求为驱动的系统应用模式。先是通过一系列的并购,基本覆盖了设计、制造和材料等全仿真流程,实现了 CAD 和 CAE 的集成应用,然后于 2012 年推出了一系列 SaaS 服务,以 CAD 为核心,将其业务向各个层面延伸发展。

2014 年,欧特克完成对英国 CAM 软件提供商 Delcam 公司的收购,"朝着提供更好的制造体验的道路上又迈出了重要的一步",并推出基于云的计算机辅助制造解决方案——CAM 360,允许用户可随时随地创建数字原型、进行模拟并转化为实体,并可方便实现用户与合作者以及客户之间的互动。这一举动说明,欧特克正在从数字化设计走向现实的加工车间,是其发展历史上最重大的一次业务转型。

(二)生产调度和过程控制软件领域主要企业发展状况

1. 西门子

西门子公司是全球电子电气工程领域的领先企业,总部位于德国。工业自动化是其旗舰业务单元之一,主要面向生产和过程工业中的客户对于迅速、高效、灵活生产的需求,提供各类自动化系统、工业控制和工业软件产品、系统和全面工业解决方案。

西门子公司 2014 财年(2013 年 10 月 1 日至 2014 年 9 月 30 日)订单额达784 亿欧元,营收额共计 719 亿欧元,净收益 55 亿欧元,2013 财年这一数字为

44 亿欧元。2014 年也是西门子面向其 2020 公司发展愿景，调整动作最大的一年。一方面，公司大力推进各项业务部门的重组，把各项资源向优势的工业业务领域集中：原先广泛涉足的工业、能源、保健、基础建设四大业务领域全部取消，公司部门从 16 个缩减为 9 个；剥离出助听器业务；出售博西家电所持的全部股份，彻底退出家电领域；竞购法国阿尔斯通能源业务（因法国政府干预而失败）；并购英国发动机制造商罗 - 罗公司；并购美国压缩机和涡轮制造商 Dresser-Rand；与三菱重工成立冶金工业合资公司等。另一方面，公司正式启动了对组织架构的调整，精简机构、裁撤冗余人员以提升公司的决策和运行效率。

2. 通用电气（GE）

通用电气公司（General Electric Company - GE）是全球最大的技术服务跨国公司，总部设在美国。GE 公司是"工业互联网"概念的发明者，也是工业互联网联盟的发起单位之一。

由于受到国际油价走势的拖累，通用电气曾在 2014 年 12 月发出预警，称其旗下原油和天然气部门的营收和利润可能最高下降 5%，但在工业部门的强势增长推动下，通用电气 2014 财年全年营收仍然达到了 1483 亿美元，略低于华尔街分析师预期。通用电气认为"当前的环境仍旧很有波动性，但我们继续在基础设施领域中看到了增长机会。"围绕此战略定位，通用电气在 2014 年进行了大规模的资产重组和转型，将媒体、电器、消费者金融等不符合其全球基础设施供应商定位的资产出售，同时对原油和天然气、发电和高级制造等业务加大投资力度。GE 已经启动剥离旗下金融业务将日本、澳大利亚的金融业务出售，进一步缩减金融服务公司的规模，同时其 170 亿美元收购阿尔斯通旗下能源资产的交易预计将在 2015 年中期完成。

（三）业务管理软件领域主要企业发展状况

1. SAP

SAP 是全球最大的企业管理和协同化商务解决方案供应商，同时也是全球第三大独立软件供应商，总部位于德国。SAP 认为，"'工业 4.0'战略将从四个方面为制造业带来商机，一是优化产品，二是创造产品附加值，三是加强产品生产流程的灵活性，四是优化整个价值链的物流进程。SAP 不仅仅只是交付单一解决方案，而是通过内存技术，数据库和数据平台，将各种硬件设备和电信网络等连接起来,在此之上开发服务。除了传统的横向管理之外,在纵向又加入了数据平台,把计算和应用能力和'工业4.0'战略对接起来。通过SAP ERP、SAP制造执行方案、SAP制造集成与智能以及SAP车间连接器等解决方案,把信息管理系统、流水线、机器人、设备、产品、监控等所有生产相关流程互联到一起,整合成为一个完整的智能生产网络,在这个网络中,企业可以进行单批次灵活生产,满足市场个性化需求。"

SAP官方预计公司2014全年运营利润将在56亿欧元至58亿欧元(约合71亿美元至74亿美元)之间,不及此前预期的58亿欧元至60亿欧元区间。SAP解释盈利损失的原因在于客户加速从传统的购买授权软件向购买基于互联网的云服务转移,而云服务销售营收需要随着时间和长期合同逐步确认。SAP表示"公司2013年完成了制定的云营收目标,即增长45%至11亿欧元规模,未来将可以在不必担心损害利润率的前提下,进一步拓展云市场。"

2. 甲骨文(Oracle)

甲骨文是全球最大的企业级软件、硬件和服务公司之一,总部位于美国。甲骨文公司最早以数据库业务为核心,通过多次收购切入云计算和管理软件市场并成为有力的竞争者。

甲骨文2014财年全年财报显示,其当年总营收382.75亿美元,比2013财年的317.80亿美元增长3%,业绩不及分析师此前预期的384.5亿美元。具体到软件和云服务,2014财年甲骨文营收291.99亿美元,比2013财年增长5%,在总营收中占比76%;2013财年甲骨文软件和云服务营收为279.20亿美元,在总营收中占比例75%。从营收结构上看,新软件授权营收94.16亿美元,与2013财年持平,在总营收中占比25%;云SaaS和PaaS营收11.21亿美元,比2013财年的2.57亿美元增长22%,在总营收中占比3%;云IaaS营收4.56亿美元,与2013财年相比持平,在总营收中占比例1%;软件授权更新和产品支持营收182.06亿美元,同比增长6%,在总营收中占比47%。

(四)市场营销和分析软件领域主要企业发展状况

1. Salesforce

Salesforce是CRM云服务领域的领导者,也是全球运营SaaS服务最成功的企业之一,其服务可根据用户需求在云端自行定制组合,按需费用。在积累的大量的用户之后，Salesforce 开放了部分 API，推出 Salesforce1 平台，允许用户根据应用需求调用平台功能，实现深度的定制和开发功能。

Salesforce 2014 财年第四财季及全年财报尚未发布，截止到 2014 年 10 月 31 日的第三财季财报显示，Salesforce 当季实现营收 13.83 亿美元，净亏损 3892 万美元，情况略好于华尔街分析师此前预计，尤其是来自重复性订阅产品的收入在 Salesforce 总营收的占比达到了 93%，与 2013 年同期持平。相比于 2013 年同期，Salesforce 的亏损大幅减少。2014 财年第三财季的总营收同比增长了 29%。对于当前的第四财季,Salesforce 官方预计公司营收在 14.36 亿美元到 14.41 亿美元之间，同比增长 25% 到 26%，据此估计 Salesforce 全年营收在 53.75 亿美元到 53.8 亿美元之间。此外，Salesforce 预计公司营收增长速度在即将到来的 2015 财年会继续下滑，2015 年财年营收介于 64.5 亿美元到 65 亿美元之间，比 2014 财年增长约 20% 到 21%。

2. IBM

IBM 是全球最大的信息技术和业务解决方案公司之一，总部位于美国，提供云计算、大数据和分析、企业移动应用、社交商务、信息安全等解决方案。

IBM 2014 全年财报显示，IBM 全年净利润为 120.22 亿美元，不及 2013 年的 164.83 亿美元,全年营收为 927.93 亿美元，比 2013 财年的 983.67 亿美元下滑 5.7%。IBM 全年来自于持续运营业务的净利润为 158 亿美元，比 2013 财年的 169 亿美元下滑 7%。在经营指标惨淡的背景下，IBM 仍在坚定的推进向"IBM 即服务"的转型。2014 年，IBM 在出售了低端服务器业务之后，在大数据、人工智能、移动应用等领域进行了一系列的收购，并大力拓展战略合作伙伴，陆续将数据驱动的 Watson 系统与各应用行业结合，坚决贯彻其向"IBM 即服务"转型的三大战略："借助数据协助行业和专业转型；面向云计算，重塑企业 IT 基础架构；通过移动社交构建互动参与体系"。

三、企业发展展望

创新驱动成为企业主要的发展动力。智能制造和工业软件产业，从本质上是技术驱动发展的一类产业。掌握领先的技术，形成性能出众、切合需求的产品，配合灵活有竞争力的商业模式，是企业在市场竞争中占据有利地位的主要发展路径。在全球积极迎接新一轮工业产业革命的关键时期，技术、产品、市场、服务的每一个环节，都更加强调创新驱动和融合发展。为了应对这种挑战，全球主要企业都在谨慎而积极地实施的业务和组织架构的重组，这是适应新的市场竞争要求的体现。

调整能力成为企业竞争的关键胜负手。智能制造的发展是一次带有鲜明颠覆性特征的技术革新，2014年是变革的初期，相关产业的市场发展也处在初期阶段，格局尚未形成，这意味着存在很多的机会，也有很大的风险。工业企业要发展智能制造，可能首先要重新思考过去很多年已经形成的生产组织形式、流程制度、部门环节是否还适用；工业软件产业要提供智能制造解决方案，也要首先检验自身的技术储备、业务架构和人员结构是否能符合新的市场要求。技术发展的速度正在不断加快，企业的动态调整能力面临考验，能够在当前利益和长期布局方面取得平衡，并立足自身优势，做出能够有利于聚合未来发展要素的前瞻性部署和动态调整的企业，将成为行业的领导者。

第十九章　信息技术服务企业

一、IBM

（一）发展情况

IBM 是全球最大的信息技术和业务解决方案公司之一，1911 年创立于美国，是全球性的信息技术和业务解决方案公司，业务遍及 170 多个国家和地区。公司提供云计算、大数据和分析、企业移动应用、社交商务、信息安全等解决方案。

IBM2014 全年财报显示，企业全年净利润为 120.22 亿美元，不及 2013 年的 164.83 亿美元，全年营收为 927.93 亿美元，比 2013 财年的 983.67 亿美元下滑 5.7%。业绩大幅下滑导致公司大面积裁员。

（二）发展策略

1. 整体战略

在经营指标惨淡的背景下，IBM 仍在坚定地推进向"IBM 即服务"的转型，通过剥离低端业务全力转型云计算。2014 年，IBM 在出售了低端服务器业务之后，在大数据、人工智能、移动应用等领域进行了一系列的收购，并大力拓展战略合作伙伴，陆续将数据驱动的 Watson 系统与各行业应用结合，坚决贯彻其向"IBM 即服务"转型的三大战略："借助数据协助行业和专业转型；面向云计算，重塑企业 IT 基础架构；通过移动社交构建互动参与体系"。

2. 战略合作

2014 年，IBM 在移动、云计算和物联网领域大力拓展战略合作伙伴，与 SAP、苹果、美亚柏科、微软、腾讯、AT&T、英特尔和中国教育部达成了多项合作协议。先后跟德国汉莎航空公司、荷兰银行、广告巨头 WPP、音响电子厂商 Woox Innovations、Dow Water 达成了大单交易。移动业务方面，公司与苹果达成战略协议，共同推进企业级移动市场转型。两大龙头企业的结盟，不仅给双方带来新的发展机会，也给全球电子信息产业格局带来不弱于"Wintel"体系形成所造成的影响。云方面，公司微软在云平台方面达成合作。此次合作为 IBM 和微软双方的客户、合作伙伴和开发者提供更多的云选择，帮助他们推动创新、降低成本，把握新的商机。并且公司与法国 Completel 达成 IaaS 合作，共同开拓法国市场，这意味着 IBM 进一步把业务重心转移到高利润的云计算业务上，同时积极开拓全球市场。物联网方面，公司与 AT&T、通用电气、思科等签订全球联盟协议，以合作开发各类物联网解决方案推动产业建设发展。该联盟将使各个组织能够更便利地连接和优化资产、操作及数据，提升灵活性，释放所有工业领域的商业价值。

3. 业务创新

2014 年，面对新兴技术带来的新一轮应用变革，IBM 积极推动大数据、移动办公等新兴服务发展，致力于满足企业用户的新需求，完成多方面业务的创新工作。

大数据服务方面，IBM 与数据虚拟化平台供应商 Actifo 合作推出云计算数据虚拟化服务 IBM SmartCloud Data Virtualization（SCDV），之后企业发布 DataWorks、dashDB 和 Cloudant 三款数据服务产品，组成基于云计算的、面向企业的大数据分析工具链，结合其大数据解决方案，帮助企业全面监控商业流程，预测和塑造所预期的商业结果，并在医疗、公安、保险、公共服务等领域拥有成功案例。面向中国市场，IBM 和巨杉数据库公司以及中国民生银行展开合作，通过 IBM BigInsights 大数据解决方案和企业级 NoSQL 数据库 SequoiaDB 为中国民生银行搭建数据平台。同时，公司与美亚柏科信息股份有限公司合作发布大数据智能应用中心。

移动服务方面，IBM 联合苹果交付第一批为 iOS 系统定制的 IBM MobileFirst 应用解决方案，可以应用于银行、零售、保险、金融服务、电信以及政府和航空等行业，公司客户包括花旗集团、加拿大航空公司、Sprint 和 Banorte 银行等。借此 IBM 可以让自己的企业软件和云服务更快融入到用户的移动设备中。并且，公司推出一项基于网络的电子邮件服务 Verse，该服务在基础的电子邮件功能外还支持协同办公和社交媒体。这项基于云的服务计划面向个人和小微企业用户提供，未来将向大型公司提供商用版服务。此次服务创新意味着终端用户将可以以自助的方式直接使用 Verse 服务，这对 IBM 来说是自其 2005 年出售个人电脑部门以后所实施的一种罕见战略。

4. 技术创新

2014 年，IBM 继续领跑 2014 年美国专利获得数量排行榜，大力投资新兴领域，包括大数据、云计算、移动互联、社交媒体和信息安全。IBM 共获得 7534 项美国专利，同比增长 10.6%，这是首家在一年内获得美国实用专利量超过 7000 项的公司。其专利覆盖计算机、半导体、电信、商务应用等领域。同年，IBM 为劳伦斯·利弗莫尔国家实验室和橡树岭国家实验室开发和部署"以数据为中心"的超级计算机系统。IBM 的新系统采用"以数据为中心"的方法，基于 OpenPOWER 技术的系统可使数据流动及能耗降至最低，提供具备高成本效益的建模、模拟和大数据分析技术。

5. 投资收购

2014 年，应对业务发展的新需求，IBM 采取更为积极的收购策略进行新兴业务的布局，在收购中有明确的策略，即弥补自身不足，通过收购提升公司创新能力。2 月，IBM 投资医疗服务公司 Welltok，这是公司首次启动旗下的"沃森基金"对外进行投资，该基金用于支持开发者为其沃森超级计算机开发应用。同月，公司收购数据库即服务提供商 Cloudant，后者通过数据库云服务为用户开发移动和 Web 应用程序提供支撑。Cloudant 的加入将提升企业在大数据分析、云计算及移动领域的能力，进一步帮助客户把握关键增长领域的主动权。7 月，公司收购意大利云安全厂商 CrossIdeas，之后公司将把 CrossIdeas 服务添加到自己的身份和访问管理投资组合当中，对于 IBM 金融、制造以及其他行业的用户十分有益，同时将使公司安全服务组合实力进一步增强。

二、惠普

（一）发展情况

惠普是世界最大的信息科技公司之一，成立于 1939 年，业务涵盖打印、个人计算、软件、服务和 IT 基础设施等多个领域。公司提供包括分析和数据管理、业务流程、企业安全等企业服务、技术咨询以及云和大数据解决方案。

2014 年，惠普的净营收为 1115 亿美元，比 2013 财年下滑 1%；净利润为50 亿美元，比 2013 财年的 51 亿美元下滑 2%。第四季度，惠普企业服务部门营收 55.11 亿美元，比 2013 年同期的 59.18 亿美元下滑 7%；运营利润率为 6.8%。其中，应用和商业服务营收同比下滑 6%，基础设施技术外包营收同比下滑 7%。软件部门中，专业服务营收同比下滑 5%，SaaS(软件即服务) 营收同比持平。虽然营收情况不及预期，惠普的分拆企业服务业务与个人电脑业务计划被市场广泛看好。

（二）发展策略

1. 组织架构

惠普宣布企业分拆计划实施。惠普公司将拆分成两个独立的上市公司，分别为惠普企业 (Hewlett–Packard Enterprise) 和惠普公司 (HP Inc)，前者从事面向企业的服务器和数据储存设备、软件及服务业务，后者从事个人计算机与打印机业务。对于惠普管理层而言，个人电脑业务和企业服务业务正面临不同发展前景，很难被纳入统一战略体系来发展，分拆有利于大力发展主要增长业务。分拆后惠普将转型成为企业解决方案提供商，高增长业务有望获得更高估值，并为企业并购提供机会。随后，惠普计算出这一分拆的具体成本，即 20 亿美元，此次分拆还会带来一系列的一次性支出，比如架设两个独立的 IT 系统、拆分咨询费用、法务费用、房地产支出以及庞大的境外税金支出。

2. 业务创新

2014 年，惠普宣布推出 HP Helion，涵盖现有的惠普云产品，如CloudSystem、以及新的基于 OpenStack 技术的产品，同时支持统一产品组合下的服务。随后，公司推出其首款具备全面商业支持机制且结合 Cloud Foundry 技术成果的 Helion OpenStack 方案，同时配合一套企业级 OpenStack 私有云存储方案。公司云服务业务得到快速发展，截至 2014 年底，惠普在 27 个国家或地区运营着超过 80 个数据中心，基于 OpenStack 的惠普 Helion 云服务通过由全球 110 多家服务提供商组成的惠普合作伙伴网络以及惠普的数据中心进行全球销售。未来 18 个月内，惠普计划在全球 20 个数据中心提供基于 OpenStack 的公有云服务。配合云技术业务发展,公司推出 HP Helion OpenStack 保障计划以及专业服务。HP Helion OpenStack 技术保障计划将为使用 HP Helion OpenStack 代码且符合条件的客户提供服务,使其免遭第三方就 OpenStack 代码或结合 Linux 代码提出的专利、版权和商业秘密侵权索赔。此外,HP Helion OpenStack 专业服务,由惠普顾问、工程师和云技术人员联合提供服务,包括简化的培训认证、企业级的混合云方案、全面的激励计划等,满足客户在云规划、实施和运营方面的需求,帮助其加快向 IT 新形态转型。

3. 合作战略

2014 年,惠普持续推动与中国市场的战略合作,与企业和政府携手拓展新兴领域。2 月,公司与安全服务提供商趋势科技合作,将趋势科技的安全服务 Deep Discovery 与惠普的企业安全解决方案 TippingPoint 结合,整合网络入侵防护、新防火墙、沙盒分析以及 SIEM 系统,共同对抗 APT(高级持续性威胁)攻击。7 月,公司与贵阳市政府签署战略合作备忘录,就国际金贸云基地、智慧医疗云、国际农业云、新一代 IT 教育培训等达成合作共识,并且与重庆市金融办签署"非传统金融业务信息监管平台项目"战略框架协议。随后中国惠普有限公司重庆分公司挂牌成立,该公司将统筹惠普公司在云计算大数据方面与重庆市合作的业务发展和运营。8 月,公司与云运营商北京阅联信息技术有限公司(简称阅联)签订协议,将由阅联建设并运营面向国内企业客户的社区云。这是首次在国内部署基于 OpenStack 技术的惠普 Helion 解决方案,此项协议有助于惠普公司在中国满足客户对云服务日益增长的需求,同时展现惠普 Helion 产品组合的良好发展势头。

4. 投资收购

2014 年,惠普展开大数据和云计算领域投活动,加快提升新兴领域服务水平。7 月,公司与大数据企业 Hortonworks 达成战略伙伴关系,并向后者注资 5000 万美元。Hortonworks 是一家基于 Hadoop 框架提供大数据服务的公司,未来将和惠普会联手开发 Hadoop,使其在惠普的 Haven 大数据平台上运行。9 月,公司收购云平台供应商 Eucalyptus,后者提供的开源软件可以帮助企业建设私有云、公开云及互联网计算服务,有助于惠普进一步扩大自有云网络客户的数量。

三、埃森哲

（一）发展情况

埃森哲是全球最大的管理咨询、信息技术和业务流程外包的跨国公司。得益于咨询和外包业务营收的增长，2014年埃森哲盈利与营收持续好于市场预期。2014年第三财季，公司营收77.4亿美元，增长7.5%，净利润8.2亿美元。2014年第四财季，公司营收77.8亿美元，增长10%；净利润7.6亿美元，增长4.5%。2015年第一财季，营收79亿美元，增长7%；净利润为8.82亿美元，增长10.1%。

（二）发展策略

1. 业务创新

2014年，埃森哲与微软合作推出微软 Azure 埃森哲混合云解决方案，使得微软云服务和功能整合并建立在微软、埃森哲以及两者共同创新的合资公司 Avanade 联手运营之上。该混合式云捆绑服务包括 Azure、Windows Server、System Center 和 Azure Pack，埃森哲云平台提供中心仪表盘以及管理、安全和操作服务。

2. 合作战略

2014年，埃森哲与华为签署战略联盟协议，共同面向电信运营商、企业信息与通信技术两大市场的客户需求开发并推广创新解决方案。根据该战略协议，双方将针对客户需求制定合作计划，初期聚焦于中国、东南亚及其他新兴市场，并有选择性地关注发达市场机会。双方将充分利用华为领先的软硬件产品和解决方案的丰富组合，借助埃森哲在咨询、系统集成和服务外包方面的能力，协同为电信运营商提供业务支撑系统（BSS）及系统集成服务，以满足运营商在计费、客户及其他业务支撑部门的需求。双方还将结合埃森哲 IaaS 解决方案与华为私有云基础设施方案，为各个行业的企业客户提供预先设计的、集成的私有云解决方案。

3. 投资收购

2014 年，埃森哲通过外向收购不断强化公司数据分析能力，推进创新型的数据分析和大数据的实施。公司收购意大利数据分析公司 i4C Analytics，后者是高级分析软件平台提供商，致力于帮助客户通过简单、易用的数据分析应用软件，解决复杂的业务问题。随后，埃森哲并购甲骨文公司的系统集成商 Enkitec，以此扩展其企业服务能力。这项收购有助于埃森哲客户通过甲骨文软件系统简化解决方案实施过程、提高生产效率、加速时间到价值的转换过程，再结合埃森哲的智能基础设施能力，将提高公司帮助客户改造其数据中心的能力。

4. 品牌战略

2014 年，埃森哲再次获得 Gartner 公司发布"在华企业应用服务提供商魔力象限"报告中的"领军者"头衔，这是埃森哲连续第三年获此殊荣。该评估通过考察企业针对套装企业应用软件的咨询和实施服务的能力，以及企业在多个维度的能力，包括在多个行业中开展业务、针对目标细分市场提供服务以及为其在华服务组合中特定的应用软件提供服务的能力。

第二十章　嵌入式软件企业

一、总体发展情况

由于嵌入式软件与设备的结合程度不断提高，从事嵌入式软件开发和销售的企业已经很难界定，不仅包括纯软件企业，也包括大量设备制造企业。比如 GE 作为全球最大的电子技术的企业之一，随着工业互联网的发展，其通过在设备中部署传感器和监控软件实现数据的遥控采集和远程传送，按照其在能源、电力等工业设施领域的市场占有率计算，其嵌入式软件规模也居世界前列；华为、思科等通信设备企业，因为其产品中必须依赖嵌入式软件，所以也都是嵌入式软件的领先企业；大众、丰田、福特等大型汽车企业，随着现代汽车信息化成程度的提高，其整车中的嵌入式软件所占的比重也不可忽视；西门子、罗克韦尔、施耐德等工业监控和过程控制企业，从传统的自动化厂商向智能工厂解决方案供应商转型，其产品系统的网络化、智能化特征凸显，嵌入式软件已成为关键。

实际上，由于嵌入式芯片和平台技术的飞速发展，嵌入式硬件平台的计算性能已经大幅度提升，而传统的功耗已经不是问题，驱动"泛在化计算"迅速发展，嵌入式软件也由此渗透至 IT 产业、工业、交通、能源等各个技术产业的方方面面，几乎每个细分领域的龙头企业，其嵌入式软件业务的体量都十分巨大。因此，本章节在介绍嵌入式软件主要企业时，主要选取重要的专业嵌入式软件厂商，以及嵌入式软件收入统计居前的重点企业作为代表。随着技术的发展，可能越来越难以清晰地界定嵌入式软件的主要企业范围。

二、主要企业发展策略

（一）嵌入式平台软件

1. 风河

风河系统公司创立于 1981 年，总部设在美国加利福尼亚州，分支机构遍布全球主要市场，于 2009 年 06 月被 Intel 收购(公开披露的收购金额为 8.84 亿美元)，但其作为 Intel 全资子公司仍保持业务独立运营。风河系统公司（Wind River）是全球领先的嵌入式软件与服务商，官方资料宣称其为"业界唯一提供面向行业市场的嵌入式软件平台的厂商，提供的嵌入式软件平台包括集成化的实时操作系统、开发工具和技术等"。风河系统公司的产品和服务覆盖多个市场领域，特别是在空间技术及国防、汽车、消费电子、工业自动化和网络基础设施等强安全要求市场占据主要地位，其嵌入式软件产品已被全球范围内的电子设备制造商广泛接受作用行业标准。

风河系统公司在嵌入式软件平台全球市场的占有率超过 40%，领先第二名 1 倍以上。2014 年，风河公司将其旗舰产品 VxWorks 全面升级，面向物联网应用强化功能，积极布局物联网市场。

2. QNX

QNX 是商业类 Unix 实时操作系统，主要针对嵌入式系统市场，第一代产品发布于 2007 年 9 月，当时 QNX 软件系统公司注册在加拿大。QNX 在汽车领域应用十分广泛，2011 年的出货量就达到了 900 万套，占市场份额的 60%。大部分知名的厂商包括奥迪、宝马、保时捷、路虎、本田等都使用了 QNX 系统，保守估计全球搭载 QNX 软件的汽车多达数千万辆。QNX 还涉足医疗、航天、核电厂、高速列车、赌场等安全性要求极高的行业。2010 年 4 月, Research In Motion（RIM）公司发宣布收购 QNX 软件系统公司，同年 9 月，基于 QNX 发布了 BlackBerry PlayBook 和操作系统。2013 年，RIM 宣布基于 QNX 与松下合作开发车载信息娱乐系统，提供给欧洲、北美和日本的汽车厂商使用，这使得 QNX 在车载信息系统市场进一步扩大了优势。

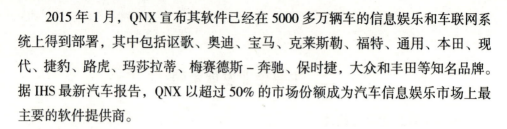

2015 年 1 月，QNX 宣布其软件已经在 5000 多万辆车的信息娱乐和车联网系统上得到部署，其中包括讴歌、奥迪、宝马、克莱斯勒、福特、通用、本田、现代、捷豹、路虎、玛莎拉蒂、梅赛德斯 – 奔驰、保时捷，大众和丰田等知名品牌。据 IHS 最新汽车报告，QNX 以超过 50% 的市场份额成为汽车信息娱乐市场上最主要的软件提供商。

3. Green Hill

Green Hill Software 成立于 1982 年，全球总部设在美国加利福尼亚州的圣塔芭芭拉，欧洲总部设在英国。Green Hill 具有美国联邦航空管理局的最高级别安全标准 DO–178B 水平 A，参与了美国国防部多种尖端设备的研制，其技术和服务已被 50 多个国家的知名企业所采购，应用领域覆盖各类电子产品，小到 MP3 播放器，大到喷气式客机。Green Hill 产品的安全和可靠性能非常突出，2008 年，其实时操作系统产品 INTEGRITY–178 RTOS 被美国国家安全局认证达到 EAL 6 ＋高鲁棒性，是首家也是唯一一家通过此认证的操作系统厂商，是软件产品有史以来，所获得的最高安全等级认证。

自成立以来，30 年间 Green Hill 一直保持盈利，其营收年均增长率高达30%，已成为全球最大的独立嵌入式软件供应商。

（二）工业控制领域

1. 西门子

西门子公司是全球电子电气工程领域的领先企业，总部位于德国。工业自动化是其旗舰业务单元之一，主要面向生产和过程工业中的客户对于迅速、高效、灵活生产的需求，提供各类自动化系统、工业控制和工业软件产品、系统和全面工业解决方案。

西门子公司 2014 财年 (2013 年 10 月 1 日至 2014 年 9 月 30 日) 订单额达784 亿欧元，营收额共计 719 亿欧元，净收益 55 亿欧元，2013 财年这一数字为44 亿欧元。2014 年也是西门子面向其 2020 公司发展愿景，调整动作最大的一年。一方面，公司大力推进各项业务部门的重组，把各项资源向优势的工业业务领域集中：原先广泛涉足的工业、能源、保健、基础建设四大业务领域全部取消，公司部门从 16 个缩减为 9 个；剥离出书助听器业务；出售博西家电所持的全部股份彻底退出家电领域；竞购法国阿尔斯通能源业务（因法国政府干预而失败）；

并购英国发动机制造商罗－罗公司；并购美国压缩机和涡轮制造商 Dresser-Rand；与三菱重工成立冶金工业合资公司等。另一方面，公司正式启动了对组织架构的调整，精简机构、裁撤冗余人员以提升公司的决策和运行效率。

2. 通用电气（GE）

通用电气公司（General Electric Company – GE）是全球最大技术服务跨国公司，总部设在美国。GE 公司是"工业互联网"概念的发明者，也是工业互联网联盟的发起单位之一。

由于受到国际油价走势的拖累，通用电气曾在 2014 年 12 月发出预警，称其旗下原油和天然气部门的营收和利润可能最高下降 5%，但在工业部门的强势增长推动下，通用电气 2014 财年全年营收仍然达到了 1483 亿美元，略低于华尔街分析师预期。通用电气认为"当前的环境仍旧很有波动性，但我们继续在基础设施领域中看到了增长机会。"围绕此战略定位，通用电气在 2014 年进行了大规模的资产重组和转型，将媒体、电器、消费者金融等不符合其全球基础设施供应商定位的资产出售，同时对原油和天然气、发电和高级制造等业务加大投资力度。GE 已经启动剥离旗下金融业务将日本澳大利亚金融业务出售，进一步缩减金融服务公司的规模，同时其 170 亿美元收购阿尔斯通旗下能源资产的交易预计将在 2015 年中期完成。

（三）移动终端领域

1. 谷歌（Google）

谷歌是全球规模最大的在线互联网搜索引擎，也是全球 5 大最受欢迎的网站之一。在移动互联网领域，谷围绕开源的安卓操作系统平台，组建开放手机联盟（Open Handset Alliance），成功构建了全球规模最大、用户数量最多的移动生态体系，2014 年，安卓平台的全球市场占有率已经接近 80%。同时，谷歌通过不断创新的搜索、地图、语音、社交和广告等一系列移动服务满足用户的差异化需求，已经成为全球领先的移动互联网设备和服务商。

2014 年，在继续拓展和维护安卓生态体系优势的同时，谷歌从可穿戴设备、机器智能、智能家居和模块化智能手机等领域广泛着手，全面布局面向未来生活的互联生态体系。一是推出面向可穿戴设备的操作系统平台 Android Wear。2014 年 3 月 19 日，谷歌宣布推出为可穿戴设备，尤其是为智能手表定制的操作系统平台 Android Wear，同时开始向第三方开发者提供系统的开发者预览版和软件开发工具包（SDK），并宣布将在后期陆续开放更多的平台接口（API）。Android Wear 平台以 Google Now 等服务为核心，突出了语音控制、智能搜索、健康监控和位置服务等功能。谷歌着重强调了 Android Wear 的智能特性，能够根据用户习惯自动判断并在不同场合筛选并提示重要信息。同时，该平台还有望带动智能手表成为安卓智能手机和平板电脑的信息和控制中心。智能手表仅仅是该项目的起点，未来包括 Google Glass 在内的多种可穿戴设备均将被整合到该平台中，目标是将整个安卓生态体系拓展到可穿戴设备领域。谷歌已经与华硕、HTC、LG、摩托罗拉和三星等多家消费电子生产商，以及博通、Imagination、英特尔、联发科技和高通等芯片厂商在可穿戴设备领域达成了合作关系，同时还与一些时尚设计品牌结盟。其中摩托罗拉和 LG 已经宣布，将在即将上市的智能手表产品 Moto360 和 G Watch 中搭载 Android Wear 系统。依托安卓平台在智能手机领域的强大资源背景和广泛影响力，Android Wear 可能迅速成为可穿戴设备领域中新的灯塔，在短期内积聚大量支持群体（包括合作厂商、第三方开发者和用户），带动可穿戴设备集中化发展。二是通过收购 Nest 进军智能设备领域。从 2013 年开始，谷歌开始加快在智能设备领域的布局。2014 年 1 月 14 日，谷歌宣布以 32 亿美元收购智能家居公司 Nest。作为一家仅成立 3 年，只提供 2 款产品的新兴企业，谷歌收购 Nest，并不是单单看中其现有恒温器和烟雾探测器这两款智能家居产品，更是有意图地在为应对未来多种智能设备"智能互联"营造全新生态体系的超前布局。通过研发推广谷歌眼镜（Google Glass）和成立开放式汽车联盟（Open Automotive Alliance），谷歌已经全面进军可穿戴和车载等智能设备重点领域。此次收购 Nest，谷歌再次在智能家居领域填上了一块重要拼图。在多数智能设备厂商仍然停留在通过移动终端远程控制智能设备，或着力宣传单个智能设备的时候，谷歌已经借鉴安卓平台在移动终端领域的成功经验，通过在智能设备各个重点领域广泛布局开放式平台，吸引合作伙伴和第三方开发者，着力打造不同类型智能设备之间智能互联的全新开放式生态体系，意在构建未来"泛在化"的信息服务体系。在多类型的智能设备之间实现智能互联，完全实现设备间信息流的数字化传输和处理，让各种设备之间能够形成信息随时交互和智能处理，构建跨设备融合一体化的信息服务平台，即"Internet of Everything（IOE）"，才能形成新的智能互联生态体系，真正发挥出智能设备的核心价值。三是加快推动模块化智能手机计划（Project Ara）市场化。2014年4月15日，谷歌召开了模块化手机Project Ara研发者大会。Project Ara是Google先进科技与计划部门的一项专案。目的是希望透过开源硬件的方式开发一款可高度模组化的智能手机。该专案允许消费者自由选择与替换包括处理器、屏幕、键盘、电池及其他手机常见的零组件，这使得消费者可以轻松替换掉单一的一个故障致或过时的零组件，从而减少电子垃圾，并且延长手机的生命周期。会上，谷歌宣布首款模块化智能手机将在2015年1月发售，最低价为50美元（311元人民币）。

2. 苹果

自2007年在乔布斯领导下推出第一代iPhone产品以来，苹果公司就成为全球移动互联网"终端+系统+内容"生态体系革命的引导者，迅速扭转了在PC时期濒临出局的困境。通过后期连续推出iPhone、iPad等移动设备，不断加快对iOS操作系统的创新，通过移动应用商店吸引大批第三方开发者和用户，苹果已经巩固了其在移动互联网领域创新领导的地位。当前，苹果公司正在从移动创新的领跑者向跟随者转型，通过公司长期积累的创新资源，在可穿戴设备和未来的智能设备领域强化创新步伐。

2014年，苹果从战略上完成两大调整。一是由移动创新领跑者向跟随者转型。自乔布斯过世，库克接任苹果公司CEO以来，苹果的创新策略也有了显著的改变。公司的产品和服务不再向乔布斯时代那样具备"偏执狂"般的"破坏性"创新，而是开始通过自主创新和模仿创新相结合的方式，在强化自身功能创新的同时，通过引入其他移动生态的优秀功能，不断完善自身生态。这种较为温和的创新思路虽然受到了业界的诟病，但却对苹果自身移动生态起到了良好的补充作用，毕竟移动互联网本身就是一种新兴业态，苹果自身的生态体系也并非铁板一块，在面对安卓等移动平台的直接竞争下，过分追求突破式创新反而可能由于方向问题导致失去先机，而苹果这种较为温和的创新路径能够在学习对手的同时强化自身，起到筑墙的维稳效应。二是加快将生态延伸到可穿戴和智能设备领域。当前，以智能手机和平板电脑为主的移动终端已经进入到创新的稳定期，短期内除非在电池、显示和人机交互领域出现重大突破，整个体系难以发生重大改变。因此，以苹果为代表的国际巨头均在努力寻求拓展移动生态的方向。可穿戴设备以及以智能家居、智能汽车为代表的各类新兴信息终端正在成为未来的移动领域的创新焦点。在2014年3月份结束的日内瓦国际汽车展览会上，苹果联合法拉利、奥迪、丰田和本田等主要汽车制造商一同推出了面向汽车中控平台的 CarPlay 操作系统，虽然截至 2014 年底，CarPlay 仍处在将 iOS 设备的内容直接映射到汽车中控显示屏幕的初级阶段，但是苹果正在不断完善语音、驾驶辅助、信息交互等驾驶员亟须的功能，同时 CarPlay 更重要的占位效果已经实现。同时，苹果在全球开发者大会（WWDC2014）上推出新版本的 iOS8 时，着重介绍了健康管理系统（Healthkit）和智能家居管理系统（Homekit）这两款全新的功能。其中 HealthKit 可以使 iOS 收集健康配件的监测数据，虽然苹果自身的可穿戴设备仍未现身，但从 HealthKit 中我们已经可以看到苹果正在通过开放更多接口和更加专业化的功能力求在该领域寻求突破。而 HomeKit 的推出更是彰显了苹果在智能家居领域的野心，例如使得所有使用 iOS 系统的智能设备成为智能家居的核心接口，用户可以通过触控、语音等多种方式，对家庭中的各种智能设备发出操控指令，同时通过后台云计算和大数据服务，帮助各种设备强化自身的智慧学习功能，并通过感应器网络强化设备之间的联系。

3. 微软

作为 PC 时代全球个人电脑 PC 操作系统和商用软件领域的霸主，微软在移动互联时代却被苹果和谷歌抢得先机，始终处于被动跟随转型阶段。无论是在移动操作系统还是终端领域，微软始终无法获得期望的市场份额。从当前全球移动操作系统市场份额来看，安卓占据接近 80% 市场，iOS 占 15%，Windows Phone OS 的份额不足 5%。从智能终端领域来看，虽然 2014 年增幅明显，但微软的 Windows Phone 以及 Surface 仍无法与苹果 iPhone/iPad 以及谷歌的安卓智能手机和平板电脑相抗衡。

为了应对在移动市场中的不利局面，自 2014 年初任命印度人萨蒂亚·纳德拉 (Satya Nadella) 为新任 CEO 以来，微软提出了移动和云优先的全新战略，打破公司原有架构，在移动互联网领域开展了一系列创新。一是推出"触控为主"的 Office 套件。iPad 版 Office 实际是三个独立的应用：Word、Excel 和 PowerPoint，这三款应用都是免费产品，但免费版本只能查看和演示文档，如果想使用完整的编辑功能必须订购 Office 365 服务（Office 365 家庭版的订购年费为 99 美元）。同时，微软还公布了专门针对移动设备的触控版本 Office 套件，该产品的操作进行了全面优化，包括重新设计 UI 界面，调整菜单大小和位置等。此外，触控版 Office 增加了"后台（backstage）"区域，用户可以在这里打开最近的文档、存储在 OneDrive 的文档，或基于模板创建项目。预计将于年内上市。微软不断强化针对移动平台推广专门设计的 office 套件，将极大的推动将移动终端向生产力的转移步伐，经由办公应用加快自身移动体系的普及。二是发布 Windows Phone 8.1。Build 2014 大会上，微软公布了 Windows Phone 移动操作系统的最新版本 8.1，并称为自该系统发布以来的首次大幅度调整。更新后的系统增加了语音助手 Cortana，新的控制中心，并支持自定义锁屏屏幕和背景。Windows Phone 8.1 将在 5 月销售的新 Lumia 智能手机上装配。此次更新还增加了商务方面支持，如企业版 VPN、S/MIME 加密、新版移动设备管理 MDM 功能。同时，微软还宣布 Windows 操作系统将同时支持智能手机和 9 寸以下平板电脑。三是宣布 Windows "部分免费" 计划。同样是在 Build 2014 大会上，微软还公布了 Windows "部分免费" 这一全新的操作系统授权方式，未来将不再针对 9 英寸及以下的移动设备收取操作系统授权费。在此之前，手机和平板制造商如果要搭载 Windows 操作系统，每一台设备必须向微软支付 5 美元到 15 美元不等的 Windows 授权费，这也是微软几十年以来的重要收入模式。对微软而言，Windows "部分免费" 是一个划时代的革命，这意味着微软终于决定放弃过去 "隔几年升级 Windows 重新卖钱" 的模式，效仿谷歌和苹果免费向移动用户提供操作系统，将 Windows 作为用户终端设备的一项基础设施。除了对移动设备免费之外，微软也已经在谋划电脑端的 Windows 大幅降价或推出免费版本。四是推出 Windows 通用应用拓展生态体系。微软正努力将其 PC 和移动终端的两大核心 Windows 平台开发工作统一起来，激励开发者创建 Windows 通用应用。此举可以让开发者将 Windows Store 中的应用和 Windows Phone 应用进行关联，更容易在两种应用之间重复利用相同代码，同时锁定两个平台的用户群体。此外，微软还将宣布未来的通用应用还将支持 Xbox One（微软新推出的家庭游戏和多媒体一体机）。未来的通用 Windows 应用主旨在于，消费者只需要购买一次，就能在所有兼容 Windows 的设备上下载并使用应用。

三、企业发展展望

嵌入式平台软件领域，通用型嵌入式平台软件市场以风河、QNX、Green Hill 三分天下的格局已基本稳定，面向具体行业的平台市场将成为新一轮竞争的焦点。随着智能产品和物联网的发展，嵌入式软件的"泛在化"发展对于平台软件业提出了不同的需求，尤其是在消费品一端，对嵌入式平台系统的可靠性要求有所降低，更强调平台与应用场景的适配，因此面向应用定制的嵌入式平台软件的市场份额会明显提高，也有很多系统制造企业会因为自身产品需要，开发供自己产品系列使用的嵌入式平台软件。

工业控制嵌入式软件领域，聚焦主要业务领域加大创新投入力度成为企业的主要选择。在智能制造快速发展的背景下，面向工业控制的嵌入式软件市场在快速增长的同时，对软件的功能、性能要求也越来越高，要求企业必须不断追求技术突破，形成市场领先的软件和控制器产品，以适应不断更新的市场需求。当前，全球正在迎来新一轮工业技术革命浪潮，各类新理念、新技术、新产品、新模式快速更迭，工控嵌入式软件相关企业都在集中优势资源，加大创新投入，以保证企业在快速发展的技术潮流中保持足够的创新密度和节奏。

第二十一章　云计算企业

一、微软

微软是全球最具实力的桌面操作系统产品提供商。在网络时代的推动下微软也及时推出了自己的云计算平台。

2014年，微软新CEO纳德拉将公司发展战略确定为"云服务为先、移动为先"，指出"云操作系统是最大的机遇"。在这一战略指导下，微软裁减了诺基亚部门3000员工，弱化了Windows，向合作伙伴在Office 365、Windows Azure、在线CRM等方面提供更多的优惠和扶持政策，构建云生态。微软的企业级云服务收入实现翻倍增长，年收入超44亿美元。

表21-1　2014年微软云计算主要发展情况

市场	公有云服务市场份额达到10%，企业级云服务收入超过44亿美元。超过57%的全球财富500强企业使用Azure云服务。
战略	将"Windows Azure"云计算系统的品牌调整为"Microsoft Azure"。
	改变之前的"设备+服务"战略，改为"移动"和"云"。
生态圈布局	Azure伙伴生态继续扩大，新增加的合作伙伴包括甲骨文和Salesforce.com等。在继2013年向渠道开放Office 365授权之后，微软进一步对渠道伙伴发布Azure开放授权Azure in Open Licensing，合作伙伴可自主经销Azure云。
	与IBM在云平台方面达成合作协议，共同进入混合云领域。
	与"老对手"Salesforce.com达成合作。Salesforce.com CRM SaaS应用将与微软Office 365工具进行整合；Salesforce将使用微软Azure的IaaS云托管其Exact Target营销产品。
	与甲骨文就云合作协议达成一致，甲骨文推出的数据库、WebLogic Server以及Java开发工具已经先后登陆Azure，并正式商用。
	与SAP在云服务领域合作，方便用户通过云端和微软的移动设备使用SAP商业软件和应用。

（续表）

数据中心	全球总数为17个，服务器数据超过100万台。
应用	收到美国政府云计算采购单，发布Azure政府云，即专为政府打造的对外封闭专用安全云。

数据来源：赛迪智库整理，2015年3月。

二、IBM

　　IBM是云计算的重要倡导者与推动者。2014年IBM已经提出了完整的云计算战略，组织参与制定云计算的相关规范，并积极探索云计算的新型商业模式。

　　随着互联网、移动互联网的高速发展，企业和消费者希望随时随地获取服务的需求在迅速上升。传统硬件和软件屡屡遭遇挑战，为迎合市场需求，IBM大力布局云计算、大数据、智慧城市等新兴业务，并通过并购等方式加速扩，争夺市场份额。作为传统IT业巨头，原以硬件为主的IBM一直谋求转型。2014年，IBM将PC业务出售给联想，意在剥离低利润业务，把业务重心转移到高利润的云计算、大数据、智慧城市等高端服务。

表21-2　2014年IBM云计算主要发展情况

市场	公有云市场占有率达到7%，规模增速接近50%，季度收入超过10亿美元。
战略	将PC服务器出售给联想，剥离低利润业务，把业务重心转移到高利润的云计算、大数据、智慧城市等高端服务。
	对收购的云平台企业SoftLayer进一步投资12亿美元新建15个数据中心。
技术产品实力	已在云计算领域投资70亿美元，拥有1560多项云专利，超过100种领先的SaaS产品；已在超过100国家开展了5000多个私有云和混合云项目，IBM公有云的每日交易量达到550万次。
生态圈布局	和苹果公司达成合作协议，共同推进企业级移动市场转型。
	与微软在云平台方面达成合作协议，双方将在IBM Cloud和Microsoft Azure上提供对方企业级软件。
	联合法国Completel公司，共同开拓法国市场。
数据中心	预计在全球建设27个数据中心。

（续表）

应用	与北京市合作，用"云计算"实时测污。
	与荷兰最大银行ABN AMRO签署为期10年、数十亿美元的服务合约，利用云系统为ABN AMRO提供计算机基础设施服务。
	与德国汉莎航空（Lufthansa）签署价值10亿欧元（约合12.5亿美元）的7年期外包合约，IBM将接管汉莎航空的IT基础设施服务部门及其员工。
投融资	收购云计算公司Cloudant。
	收购意大利云安全厂商CrossIdeas。

数据来源：赛迪智库整理，2015年3月。

三、亚马逊

亚马逊是一家以电子商务闻名的企业，是美国最大的在线零售商，业务覆盖全球。在运营网上交易平台的过程中，亚马逊积累了丰富的大规模基础设施管理和维护的经验。在云计算方面，亚马逊起步较早。亚马逊结合自身特点搭建基础设施私有云，并在这一基础上推出了一系列云计算服务。名为 Amazon WebService（AWS）的亚马逊云计算为全球各地的用户提供随时随地的服务。

亚马逊在云计算领域的发展走在世界领先之列，其从自身的应用需求出发来开发自身的云计算产品和提供云服务，最大程度地利用自身的优势来实现自身的价值。2014 年，亚马逊积极同戴尔公司等企业合作，布局云计算生态圈；通过建设数据中心，向中国、韩国等新兴市场加速扩张，布局全球业务发展；通过云服务价格战，加速抢占全球云计算市场。通过一系列举措，亚马逊在 2014 年的市场占有率依然高居榜首，远远超过其他竞争对手。

表 21-3　2014 年亚马逊云计算主要发展情况

市场	云计算业务规模保持高速增长。据市场研究公司Synergy的数据，2014年，亚马逊市场占有率为30%，远远超过其他对手。
	活跃付费用户已经突破了100万。
	亚马逊AWS的利润率最高时可达80%，这是由于网络存储、服务器、CPU资源等成本相对廉价，净收空间巨大。

（续表）

战略	主要发展AWS公有云服务，通过位于美国、澳大利亚、巴西、中国、德国、爱尔兰、日本以及新加坡的数据中心向全球190个国家与地区的企业、机构与政府部门提供云计算服务，包括计算、存储、数据库、分析、应用及部署等服务。
	大力投资基础设施，为未来业务的增长奠定坚实基础。
生态圈布局	与戴尔公司成为合作伙伴，戴尔将依赖亚马逊等主流云合作伙伴而不再创建自己的独立公有云体系。
数据中心	在全球11个地区部署了服务器。每个地区建立了数个数据网络，全球共拥有28个数据网络。据保守估计，亚马逊在全球范围拥有150万台服务器。
应用	美国国防部企业云服务代理国防信息系统局（DISA）授权亚马逊处理政府高安全级别信息，AWS成为第一家获得临时授权的商业云服务。

数据来源：赛迪智库整理，2015年3月。

第二十二章　大数据企业

　　2014 年，大多数涉足大数据领域的企业总体发展态势良好，企业大数据业务收入稳步提升。提供大数据服务的企业并不集中，除了谷歌、IBM、亚马逊、微软等大型企业外，众多初创企业参与其中，为大数据发展带来了新的活力。大数据相关产品和服务不断成熟，企业越来越多的基于云计算面向大规模分析和应用开发大数据服务，传统 IT 巨头不再限于在原有解决方案基础上拓展大数据业务，而是通过一系列并购投资来提升大数据解决方案服务能力。

　　2014 年，跨国发展的大数据企业数量明显增多。以中国市场为例，2014 年除了 IBM、微软、谷歌、甲骨文、亚马逊等已经在中国市场站稳脚跟的传统企业外，Teradata、Splunk、Cloudera、Tableau、Hortonworks、10Gen 等大数据企业也纷纷入驻。这些企业凭借成功经验和成熟的应用模式，迅速地敲开中国市场大门，迎合用户需求。

一、谷歌

（一）发展情况

　　谷歌财报数据显示，2014 年营业收入为 660 亿美元，比 2013 年同期增长 10.28%。净利润为 144.4 亿美元，同比增长 11.76%。其中大数据业务占比约为 1.2%，实现收入 8 亿美元左右。

（二）发展策略

　　谷歌大数据业务已经覆盖到智能家居、人工智能、无人汽车、无人飞机、电商、医疗健康、广告、交通、企业管理等领域。谷歌在为用户提供大数据服务的同时，利用大数据技术拓展和精炼自身业务。

表 22-1　2014 年谷歌大数据相关大事记

类型	事件概述
并购	以现金32亿美元收购了智能家居设备公司Nest。并在智能家居领域拓展大数据应用。
	5月3日，谷歌收购了英国大数据公司Rangespan，强化其电子商务业务，尤其是零售门户谷歌 Shopping。
投资	谷歌风投和T Rowe Price等投资者投资帮助企业管理和分析数据的Cloudera1.6亿美元。
	美国新创企业Flatiron正在利用大数据寻找治疗癌症的办法，公司已获得谷歌风投1亿美元注资。
	谷歌向基因组学进军，可以为那些已经在医疗保健领域投入大量资金的公司打开更为广阔的市场。
技术	9月23日，谷歌发布了一个全新的搜索功能——结构化片段，能够在搜索结果列表中展示从web网页图表中抓取的数据信息。
	谷歌发布开源容器集群管理系统Kubernetes，构建于Docker之上。
项目	谷歌 X实验室启动Baseline项目，大量收集人类基因组标本并利用大数据合成一份完美的健康人类基因图谱，为多种疾病的提早发现及治疗提供前提。
产品	谷歌开发了一款名为Smarty Pins的产品，基于谷歌地图数据，能让用户在谷歌地图测试和提升自己的地理知识水平。
	发布第一辆已经完成的无人驾驶汽车原型，应用大数据分析技术，在没有方向盘、油门和刹车踏板的情况下，最快时速不超过25英里每小时。
合作	泰利特无线通讯有限公司与谷歌云平台合作推出首届物联网大数据挑战赛，是一项旨在促进和加速物联网创新的竞赛。
人事	谷歌 Glass业务发展总监Kelly Liang跳槽到SmartThings，后者是一家智能家居开放平台。
	谷歌公司近日迎来红帽前首席技术官布莱恩·史蒂文森，并任命其担任谷歌副总裁，并负责云计算、大数据业务。

数据来源：赛迪智库整理，2015 年 3 月。

二、IBM

（一）发展情况

2014 年，IBM 跟 SAP、苹果、美亚柏科、微软、腾讯、AT&T、英特尔和中国教育部达成了多项合作协议。先后跟德国汉莎航空公司、荷兰银行、广告巨头 WPP、音响电子厂商 Woox Innovations、Dow Water 达成了大单交易。截至 2014 年 12 月 31 日，IBM 全年营收为 927.93 亿美元，比 2013 财年下滑 5.7%。净利润为 120.22 亿美元，比 2013 年同期下降 27%。业绩大幅下滑导致公司大面积裁员。

（二）发展策略

2014 年，IBM 发布了"开源"服务器，以及 DataWorks、dashDB 和 Cloudant 三款数据服务产品，结合其大数据解决方案，帮助企业全面监控商业流程，预测和塑造所预期的商业结果，并在医疗、公安、保险、公共服务等领域拥有成功案例。

表 22-2　2014 年 IBM 大数据相关大事记

类型	事件概述
并购	在Pulse大会上宣布，收购NoSQL数据库初创公司Cloudant。
实验	IBM实验室声称已经为大数据打破了一项速度纪录，其最新的信号转换芯片能以"非常低功率"将互联网速度提高到200—400Gbps。
合作	和AT&T达成战略合作协议，将在物联网、大数据、智慧城市等方面展开合作。
	宣布与美亚柏科信息股份有限公司进行合作，发布大数据智能应用中心。
	7月16日，苹果和IBM宣布，两家公司达成排他性合作，把IBM的大数据和分析能力带给iPhone和iPad平板电脑。
	与中国教育系统携手开展重要合作。IBM将向100所中国高校捐赠一系列价值1亿美元的大数据及分析软件，并提供专业知识，支持这100所中国高校培养下一代数据科学家。
	将与IBM的Watson深度合作，通过大数据挖掘做健康解决方案。
	IBM和巨杉数据库公司携手，通过IBM BigInsights大数据解决方案和企业级NoSQL数据库SequoiaDB为民生银行开放大数据平台。
	与腾讯达成战略合作，成为腾讯体育社交媒体数据分析合作伙伴。

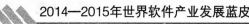

（续表）

类型	事件概述
产品	宣布推出一款全新的"开源"服务器（IBM Power S824L），处理器架构整合了IBM的POWER8开源处理器和英伟达（Nvidia）GPU加速器。
	发布名为DataWorks、dashDB和Cloudant的三款云数据服务，组成了基于云计算的、面向企业的大数据分析工具链。这三款云数据服务分别涵盖了企业大数据分析的数据准备、实时分析以及分享使用三大环节。
项目	获得美国能源部价值3.25亿美元的合同，为劳伦斯·利弗莫尔国家实验室和橡树岭国家实验室开发和部署"以数据为中心"超级计算机系统。
数据中心	宣布将在全球新建15个数据中心，而且这些数据中心将是构建在Softlayer平台上。
会议	召开2014大数据新闻发布会，全面展示其从大数据与分析实力向认知计算商业实践的大阔步发展。

数据来源：赛迪智库整理，2015年3月。

三、Facebook

（一）发展情况

Facebook公司2014年财报显示，全年营收为124.66亿美元，同比增长58%，净利润为29.40亿美元，同比增长96%。Facebook公司在广告推送中大量使用大数据技术，其广告营收比2013年同期增长了60%以上。

（二）发展策略

Facebook大数据业务涉足多个领域，通过合作、并购、自用等方式，不断提升大数据服务能力，发展态势强劲。已与微软、谷歌、推特、IBM等企业在大数据领域多个方面形成直接竞争关系。

表22-3　2014年Facebook大数据相关大事记

类型	事件概述
并购	收购互联网安全企业PrivateCore，后者可帮助脸谱保护其服务器和数据中心，支撑大数据业务发展。
	收购语音识别初创公司Wit.ai，将大数据与语音识别技术结合。

（续表）

类型	事件概述
数据中心	位于瑞典北部城镇吕勒奥的数据中心是Facebook在美国本土之外建立的第一座数据中心，也是脸谱在欧洲最大的数据中心。
	推出其"Wedge"开放数据中心交换机。
技术	"图谱搜索"技术将于12月中旬正式登陆iPhone版。"图谱搜索"为企业大数据分析带来变革
开源	开源了能可视化监控数据中心能耗与用水效率的"公共仪表盘"（public dashboards）程序代码。
项目	正在使用一个大约600人的团队参与一个关于信息流的改进项目，通过数据挖掘来完成最终的智能化推荐。
	9月，公司公布了其无人机联网项目计划，并预计在明年测试无人机。在联网项目上，拥有Connectivity实验室与internet.org项目。
应用	为警方提供线索，将外逃5年的杀人犯—爱德华多·罗德里格斯绳之于法。
合作	与谷歌、Twitte合作推出专为大型互联网公司设计的大规模关系型数据库WebScaleSQL，一个MySQL的定制化版本。
人事	eBay全球战略副总裁斯坦·查德诺夫斯基跳槽至Facebook，担任通讯产品主管。

数据来源：赛迪智库整理，2015 年 3 月。

第二十三章　信息安全企业

一、赛门铁克

（一）发展情况

赛门铁克是全球领先的信息安全企业，公司成立于 1982 年，拥有全球丰富的数据智能网络，公司能够面向全球提供领先的安全、备份及可用性解决方案。公司在全球 50 多个国家设有分支机构，拥有 20000 多名员工。全球 99% 的财富 500 强企业都在使用赛门铁克所提供的解决方案。

公司经营业绩保持稳定增长。2014 财年（ 2013 年 4 月 1 日至 2014 年 3 月 28 日），公司营业收入为 66.8 亿美元，同比下降 3%，净利润达到 8.98 亿美元，同比增长了 19%，保持了良好的盈利能力。2015 财年第二季度（ 2014 年 1 月 1 日至 2014 年 10 月 3 日），公司营业收入为 16.2 亿美元，营业利润率高达 28.7%，突显出强大的提升利润的能力。

（二）发展策略

高度重视技术和产品创新。2014 年公司陆续推出了一系列安全产品和解决方案。2014 年 2 月，公司推出 NetBackup7.6 解决方案，针对企业用户基于现代化的数据中心架构以及在灵活性、可扩展性和异构计算方面更高的需求，提供全方面的保护；2014 年 5 月，公司推出全新的高级威胁防御（ATP）集成解决方案线路图，针对高级威胁防御的安全托管服务和高级威胁防御解决方案，实现了基于一系列不同安全技术的安全智能情报和安全预警功能的协同整合，提供更强大的防御和保护能力。2014 年 10 月，公司发布了端点安全防护的升级版本，以增强防御针对性攻击的能力；同时还发布了事件响应和攻击分析托管服务，为企业客户提供更为智能、准确的威胁信息。

加强资源整合和战略合作。2014 年 10 月，公司宣布了拆分为两家上市公司的计划，一家专注于安全业务，另一家专注于信息管理业务。拆分后的安全业务公司将提供诺顿杀毒软件、加密工具和用户认证产品等一系列网络安全服务，信息管理业务公司将提供数据备份、恢复、存档等服务，这两部分业务 2014 财年的营收分别为 42 亿美元和 25 亿美元，预计将在 2015 年年底前完成拆分。2014 年 12 月，公司宣布与惠普企业服务基于 HP Helion OpenStack 开展合作伙伴关系，开发全新的灾难恢复服务解决方案（DRaaS），该 DRaaS 解决方案将利用惠普的企业云，向客户提供灾难恢复服务，降低成本，并带来自动化且自助的用户体验。

二、迈克菲

（一）发展情况

迈克菲公司是全球领先的专业安全技术公司，总部设在美国加利福尼亚州，公司主要提供先验式和可验证的安全解决方案与服务。凭借其专业安全知识和不断的创新，主要帮助家庭用户、企业、公共部门和服务供应商阻止攻击和破坏，并跟踪和提高其安全性。

（二）发展策略

加强并购，提升核心竞争力。2014 年，迈克菲公司在资本市场也开展相关收购活动，重点增强和丰富自身的安全产品线。2014 年 12 月份迈克菲公司分别完成了对安全技术公司 NitroSecurity 以及加拿大 IT 安全创业公司 PasswordBox 的收购。对于前者，早在三年前双方就签订收购协议，此次收购能够为迈克菲公司的企业产品生产线提供强有力的支持，提升对风险和威胁的评估速度和能力。对于后者，重点是将 PasswordBox 的服务整合进旗下安全产品，提升用户对密码安全管理的能力。

三、趋势科技

（一）发展情况

趋势科技公司于 1988 年在美国成立，现在财务总部位于日本东京，营销总部位于美国，2014 年趋势科技全球约有 5500 名员工，在亚洲、美国、南美洲和欧洲等 36 个国家和地区设有分公司，并建立 7 个全球研发中心。作为一家全球领先的互联网内容安全提供商，无论从防毒技术到防毒产品的研发，还是从软件市场经营到硬件市场扩展，再到推出颠覆整个行业的云安全技术，公司一直处于全球领先行列。公司具有较强的技术和产品竞争力。2014 年，据全球著名评测机构 AV–Comparatives 的动态防护测试报告显示，趋势科技公司的 PC–cillin 云安全软件以 99.8% 的拦截成功率荣登排行榜榜首，并获得了 AV–C 授予的 Advanced+（最佳）级别认证。

（二）发展策略

深化合作，提升市场拓展能力。2014 年，公司与惠普进行战略合作，共同对抗 APT 攻击，重点将趋势科技的 TDA 信息安全解决方案与惠普公司网络入侵防护及威胁管控的解决方案 HP TippingPoint 有效结合，整合网络入侵防护、新一代防火墙、沙盒分析以及安全信息和事件管理系统，为企业提供更完整的防御。2015 年初，趋势科技与东华软件签订战略性行业合作协议，双方将在我国大陆地区开展全面战略合作，重点为医疗、金融、运营商和政府等行业用户提供更安全的服务，通过本次战略性合作共同帮助终端用户应对不断演化的网络威胁。

四、卡巴斯基

（一）发展情况

当前卡巴斯基实验室拥有超过 2900 名高素质专业人才，在全球 30 个国家和地区设立了 32 个区域办事处。公司的产品和技术为全球超过 3 亿的个人用户以及超过 25 万的企业用户提供安全保护，公司重点为大型企业和中小型企业提供安全解决方案。

（二）发展策略

高度重视决策咨询和战略研究。2014 年 2 月，卡巴斯基实验室创立了国际咨询委员会，包括来自安全业内、公共领域和学术领域的 7 位国际知名 IT 安全专家，能够为公司制定战略计划并在企业优先发展领域提出针对性、实用性以及预见性的专业建议。

具有全面的专利技术和强大的研发能力。2014 年 3 月，卡巴斯基实验室的网络流量扫描技术成功获得专利授权，该技术增强了网络流量扫描过程中网络威胁的检测效力，能够在不影响防护系统可靠性的情况下，最大程度降低待检测数据的数量。截至 2014 年 10 月，卡巴斯基实验室在俄罗斯、美国、欧盟和中国已经获得 248 项专利。此外，还有 290 项专利申请正在等待相关机构审理。

五、Palo Alto

（一）发展情况

Palo Alto 是美国知名的网络安全公司，于 2012 年在纽约证券交易所上市，2014 年公司在全球拥有超过 1300 名员工，对超过 120 个国家的 16000 多个客户提供支持。在中国、新加坡、印度、泰国和韩国等亚太地区均设有办事处。

（二）发展策略

公司平台化发展布局。随着云计算、大数据、移动互联网等创新技术的快速发展，引领当前 IT 环境的发展与变迁，同时也使得网络安全进入了一个全新的时代。当前网络信息安全面临的威胁和入侵更加的复杂多变，原有的传统的开关式防火墙产品、打补丁式的技术演进已不能满足用户对信息安全的需求。当前公司主要致力于网络安全新架构的开发，打造"下一代的安全平台"，重点汇集了先进的威胁保护、防火墙、IDS/IPS 以及 URL 过滤等所有关键的网络安全功能，将安全策略与应用程序、用户和数据有效关联，与传统网络安全产品不同，公司的安全平台可根据当今动态计算环境中最重要的元素提供应用感知、用户感知和内容感知等相应保护。未来，下一代安全平台重要架构将是面向云、网络及终端的全新体系，其将使企业的信息安全实现本地集成的、可扩展的、自动化的防御。

高度重视亚太地区业务拓展。当前公司正努力找准定位、制定策略，探寻着新形势下网络安全发展的轨迹，重点开拓亚太地区业务，满足市场需求。在中国，公司重点布局企业、教育、金融、医疗、数据中心网络等领域；2014 年 3 月，公司宣布在新加坡建立首个亚太地区总部，并开设一个全新的网络安全实验室，能够提供产品的演示和概念性的验证测试，以便让客户能够更直观地了解公司的高级持续性威胁 (APT)、防火墙和 URL 过滤等领域的产品和技术。

通过并购提升核心竞争力。2014 年 1 月，公司完成收购 Morta Security 公司，Morta Security 是硅谷一家初创公司，公司由美国空军和国家安全局前雇员创建和管理，此次收购从技术上符合 Palo Alto 公司的高度整合、自动及可扩展平台方针，其贡献可以直接转化成叠加威胁检测和防范技术。2014 年 3 月，公司宣布收购以色列的网络安全创业公司 Cyvera，Cyvera 公司主要提供零日攻击端点解决方案，通过此次收购 Palo Alto 公司旨在削弱零日攻击的影响，计划利用 Cyvera 的资源来扩展其企业安全平台，以便更好地涵盖网络、终端和云计算等各个方面。

六、FireEye

（一）发展情况

FireEye 公司成立于 2004 年，2013 年在美国纳斯达克交易所正式上市，公司作为一家专业的处置高级持续性威胁的安全解决方案提供商，主要从恶意代码检测入手来制定其检测和防御方案，其开发的安全平台能够对新一代网络攻击进行识别和封锁。通过在客户的系统之上加载虚拟机器，可以观测所有的网络行为；任何进出客户系统的数据都要经过这些虚拟机器，如果这些数据包被认为是恶意的，虚拟机器就会阻止进入客户的网络。当前公司致力于拓展全球市场，在全球 67 个国家拥有超过 2700 个企业客户，全球财富 500 强企业中有 157 家都是其客户。

（二）发展策略

加强全球业务拓展。早在 2012 年公司就在澳大利亚、韩国、日本、新加坡设立了分支机构，致力于拓展全球市场，2014 年 8 月，公司宣布将和日本关西电力旗下系统公司"关电系统解决方案"（位于大阪市）合作，在日本西部地区正式开展业务，在日本的业务版图也逐渐从关东地区微向西部扩展。2014 年 12 月，公司与德国电信共同宣布确定合作伙伴关系，致力于在欧洲市场提供网络安全服务。

通过并购加强资源整合。FireEye 斥资 10 亿美元收购网络安全公司 Mandiant 公司，成为近三年来规模最大的网络安全并购交易案。Mandiant 公司是先进的端点安全产品和安全应急响应管理解决方案主要提供者，通过本次收购，FireEye 将创建一个满足企业实时检测、威胁情报和对安全事件做出迅速反应的安全防护体系，为企业提供最先进的网络安全，包括完整的和可操作的情报威胁库、智能检测、网络和端点攻击防护等服务。

展望篇

第二十四章　主要研究机构预测性观点综述

一、2015 年全球 IT 支出增长情况

根据 Gartner 发布的最新预测，2015 年全球 IT 支出将平稳增长到 3.8 万亿美元，同比增长 2.4%，低于先前预测 1.5 个百分点。Gartner 同时指出，美元升值是下调 2015 年 IT 支出的主要原因，如果排除汇率因素影响，下调幅度仅为 0.1%，与上一季度预测的 3.8% 基本持平。另外，终端设备、IT 服务与电信服务的增长预测略微下调也导致 IT 支出的放缓。

表 24-1　2015 年全球 IT 支出预测（单位：十亿美元）

类别	2014年支出	2014年增长率（%）	2015年支出	2015年增长率（%）
终端设备	696	3.8	732	5.0
数据中心系统	141	0.8	143	1.8
企业级软件	317	5.8	335	5.5
IT服务	956	2.7	981	2.5
电信服务	1626	−0.1	1638	0.7
IT支出总计	3737	1.9	3828	2.4

数据来源：Gartner，2015 年 1 月。

Gartner 提出，企业软件市场方面支出将稳步增长到 3350 亿美元，较 2014 年增长 5.5%。同时，随着云端软体厂商与企业内软体厂商彼此竞争日益激烈，厂商间的价格战与并购整合在 2015 年将进一步升级。尤其在客户关系管理 (CRM) 市场这一云端主战场，销售人力自动化 (SFA) 等领域的基底价格将出现较大幅度下调，预计 2018 年下跌幅度达 25%。这是现有企业内软体厂商大砍其云端产品

价格以试图留住现有客户的结果。其他领域同样也会面临云端厂商日益恶化的价格竞争，例如资料库管理系统 (DBMS) 以及应用程式基础架构与中介软体，尽管情况应较 CRM 市场来得缓和。

Gartner 还预计，2015 年 IT 服务增长率将降至 2.5%，低于上一季度预测值 1.6 个百分点。从全球市场看，由企业级软件增长率下降所致的软件支持服务的减少，将对该市场至 2018 年的增长率带来重要影响。就区域而言，俄罗斯和巴西的短期增长率将略微下降，原因是两国的经济衰退以及政局不稳定。

二、2015 年 10 大战略技术趋势

Gartner 提出 2015 年对企业组织而言最重要的十大战略性技术趋势，分别涵盖了三大主题：真实与虚拟世界的融合、实现智能无处不在的概念，以及技术对数字化商业转变所带来的影响。10 大战略技术如下：

一是无处不在的计算。随着移动设备日益普及，Gartner 预测，未来会愈发重视如何满足移动用户在各种情境与环境下的需求，而非仅聚焦于设备本身。

二是物联网。将各种事物数字化以便结合数据流与服务，就能创造出四种基本使用模式：管理、获利、运营和扩张。这四种基本模式可应用于四种"网络"中任意一种。企业不应限制自身，认为只有物联网（资产与机器）才具有利用这四种模式的潜力。

三是 3D 打印。2015 年全球 3D 打印机出货量可望增长 98%，到 2016 年出货量更将翻倍。3D 打印技术将在未来三年内达到临界点，因为相对低价的 3D 打印设备持续快速发展，工业应用范围亦显著扩展。

四是无所不在却又隐于无形的先进分析技术。随着嵌入式系统所产生的数据不断增加，分析技术将成为市场焦点，企业内外各种结构与非结构的数据都可以拿来分析。大数据仍将是这股趋势的推动者，但必须将重点转移至问题与答案方面，继而再考虑大数据。毕竟技术的价值在于答案，而非信息本身。

五是充分掌握情境的系统。无所不在的嵌入式智能与信息分析相结合，将催生出具备周遭环境感应与回应能力的系统。具备情境感知能力的安全防护正是这项全新技术的早期应用，不过，未来还会有其他应用问世。

六是智能机器。环境感知技术加上深度的信息分析，为智能机器世界提供

了所需的先决条件。这项基础集合了能让系统认识环境、自我学习以及自主行动的高级算法。自动驾驶汽车原型、智能机器人、虚拟私人助理以及智能顾问都是2014年已经实现且未来将快速发展的领域，带领我们迈入机器助手的全新时代。

七是云/用户端计算。短期之内，云/用户端架构的重点在于内容与应用程序状态在多重设备间同步，以及解决跨设备的应用程序可移植性。但长期而言，应用程序将朝着支持同时使用多重设备的方向发展。如今的第二屏幕应用热潮主要着重于电视搭配移动设备的观赏体验。未来，由于企业应用程序都将利用多重屏幕，并开发可穿戴式设备与其他设备来提供更好的体验。

八是软件定义的应用程序和基础架构。为了满足快速变迁的数字化商务需求，并且迅速扩展或缩小系统的规模，计算正从静态架构转型至动态架构。这就需要能动态地组合与设定所有必要元素（从网络到应用程序）的规则、模型与代码。

九是网络规模IT。"网络规模IT（Web-scale IT）"是一种在企业IT环境当中提供大型云端服务供应商能力的全球级计算模式。越来越多的企业将像Amazon、Google、Facebook等网络巨头一样地思考、行动、开发应用程序及建立基础架构。

十是基于风险的安全与自我防卫。企业将逐渐认识到要提供一个百分之百安全的环境是不可能的。一旦企业承认这点，就能开始采用一些较为复杂的风险评估与缓解工具。就技术而言，认知周边防御的不足以及应用程序必须扮演更积极的安全角色，将带来全新的多层次方法。未来，这将进一步发展成为直接在应用程序当中内建安全防护的全新模式。周边防御和防火墙再也不足以提供保障，每一个应用程序都必须能够自我感知及自我防卫。

三、2015年全球科技10大预测

IDC提出2015年最重要的全球科技趋势，分别涵盖了无线数据、云计算、大数据、物联网、3D打印等新兴热点领域。10大科技预测如下：

一是支出增长将100%来自新技术。2015年世界IT和电信支出将增长3.8%至3.8万亿美元以上，几乎所有的支出增长和总支出的1/3将集中在新技术，如移动、云、大数据分析和物联网上。

二是通信行业最大的部门——无线数据也将实现最快增长。无线数据将是电信行业最大的部门（5360亿美元）和增长最快的部门（13%）。网络中立将在美国强制实行，并制定综合措施，为所有人使用服务提供基本准则。

三是"平板手机"将成为移动增长引擎。智能手机和平板电脑的销售将放慢，收入明年可达到 4840 亿美元，占 IT 增长的 40%。中国公司将占全球移动增长的 15% 以上。"平板手机"（Phablet，超大屏手机）销售将增长 60%，削弱平板电脑市场。可穿戴设备市场将令人失望，明年只销售 4000 万—5000 万台。戴在手腕上的手机将出货但会失败。移动应用下载会放慢，收入达到 1500 亿美元，中国独立应用店占 18%。但企业移动应用开发将增长一倍多。

四是新合作伙伴关系将改变云计算格局。大的云生态系统（公共云、私人云、相关 IT 和服务）的支出将达到 1180 亿美元（到 2018 年约 2000 亿美元），其中 700 亿美元（2018 年为 1260 亿美元）将花在公共云上。亚马逊将在很多战线上抵御攻击以维持甚至提升市场份额。金斯预计，我们将在 2015 年看到云市场出现"奇怪的伙伴"，如 Facebook、微软和 IBM 或亚马逊与惠普合作。

五是数据即服务将推动新的大数据供应链。全世界与大数据有关的软件、硬件和服务支出将达到 1250 亿美元。富媒体分析（视频、音频和图像）将作为大数据项目的重要推动力出现，至少规模会增长两倍。25% 的顶级 IT 厂商将会把数据即服务作为云平台提供，分析公司将提供来自商业和开放数据集的增值信息。物联网将是数据/分析服务的下一个重要关注点，未来 5 年年复合增长率为 30%，2015 年我们将看到日益增长的应用和竞争者（如微软、亚马逊、百度）提供认知/机器学习解决方案。

六是物联网将使传统 IT 行业继续快速扩张。物联网支出将超过 1.7 万亿美元，比 2014 年增长 14%（到 2020 年将达到 3 万亿美元）。1/3 的智能/嵌入设备支出将来自 IT 和电信行业以外。金斯表示，这等于"大大扩大了我们对 IT 的看法"。看到这个机会，很多传统 IT 公司（可能有思科、IBM 和英特尔）将组建"物联网解决方案公司"。预测维护将成为重要的物联网解决方案门类。

七是云服务提供商将成为新的数据中心，改变 IT 格局。大规模转向云服务提供商运营的数据中心，将激发"云优先"硬件创新爆发，在服务器、存储器、软件和网络厂商中推动更大的整合。到 2016 年，超过 50% 的计算能力和 70% 的存储容量将安装在超规模数据中心。IDC 预计会看到 2—3 次重大合并、收购或重组。

八是行业专用数字平台的快速扩张。新技术结合起来可创造业务创新平台而不只是技术平台，有助于改造"地球上任何行业"。每个行业 1/3 的市场份额领先者将被销售新 IT 产品和服务的公司颠覆。这种例子包括金融服务中的新支付网络（2 年内全球 2% 的支付由比特币完成）；物联网技术进入城市安全、公共建设项目和交通系统（到 2018 年占所有政府物联网支出的 25%）；和零售行业定位服务的扩张。行业平台数量—行业专用云数据和服务平台，通常由行业领先者开发—将快速扩张，2015 年增长一倍至 60 个。

九是采用新的安全和打印创新。15% 的移动设备将采用生物识别技术（到 2020 年将超过 50%）。到 2015 年底 20% 的受控数据将加密（到 2018 年为 80%）。威胁情报将作为杀手级数据即服务门类出现：到 2017 年，55% 的企业将收到客户化威胁情报数据推送。3D 打印将在传统文档打印公司非常活跃，2015 年支出将增长 27% 至 34 亿美元，到 2020 年，10% 的消费产品将通过 3D 打印"按需生产"提供。

十是关于中国的发展。中国将在 2015 年对 IT 和电信市场有"火箭式影响"，支出增长将占行业增长的 43%，占智能手机销售的 1/3，占所有在线购物的 1/3。中国有巨大的国内市场，云和电子商务领先者（电商领域的阿里巴巴、社交领域的腾讯和搜索领域的百度）在全球市场的地位日益突出。中国品牌智能手机制造商 2015 年将占全世界智能手机市场的 40%。

四、2015 年全球云计算预测

IDC 从企业应用角度对 2015 年全球云计算作了具体预测：

一是 2016 年前超过 65% 的企业会将 IT 系统迁移到混合云中，混合云的发展将为 IT 组织架构的变革提供巨大的驱动力。二是 2017 年，20% 的企业将清醒的认识到开源标准化 / 架构社区在其发展历程上的意义。三是截至 2017 年，25% 的 IT 机构将允许员工开发属于自己的私人自动化工作方式。四是截至 2017 年 IT 采购人员将积极的拿出 20% 的预算用于行业云建设，以便在灵活合作、信息共享以及贸易上更加灵活。五是截至 2016 年，超过 50% 的企业 IT 机构将构建混合云并通过部署或者升级达到将工作负责通过云解决方案来管理的目的。六是 60% 的 SaaS 应用的主要驱动力来源于新的功能，2018 年 IaaS 的价格将非常便宜，服务上的创新将是厂商制胜的关键。七是 2015 年，全球 IT 市场上 65% 的企业对其云工作负载有较高的数据隐私保护要求。八是 75% 的 IaaS 服务提供商的产品将被重新设计或者定义，未来一到两年的时间中部分 IaaS 服务提供商将淡出这个市场。九是截至 2016 年，将有 11% 的 IT 预算脱离传统的 IT 解决方案，各种云解决方案将作为新的选项出现在企业中。十是截至 2017 年，35% 的新应用可以被部署在云上，届时新功能的开发周期和企业的创新速度都会得到改善。

五、五大新兴技术趋势将影响未来数字化

一是为我互联：商业高度定制化。随着日常生活用品接入网络，客户体验也随之成为在线活动，从而形成了众多深入个体生活的数字渠道。据调研，企业表示正在使用或试用的客户联系新渠道包括可穿戴设备（占受访者比例：62%）、互联网电视（68%）、互联网汽车（59%）及智能产品（64%）。为了把控这些个人体验的接入点，企业正努力打造高度个性化的体验，以此吸引和取悦客户。

二是成果经济：硬件缔造实际成果。智能硬件正在弥合数字化企业与物理世界之间的最后距离。随着领先企业开始拥抱产业物联网，他们正抓住机会将硬件与传感器纳入其数字化工具阵营，并利用这些高度互联的硬件组件来满足消费者真正的需求。87% 的受访者均认为应该更多地应用智能硬件、传感器和网际接入设备，引导企业越来越多地从销售产品和服务向销售成果转变。84% 的受访者表示，企业借助植入产品的智能硬件可以深入了解客户对产品的使用体验，以及客户期望的使用效果。

三是平台革命：新生态、新产业。数字化的产业平台和生态系统正推动下一轮的突破性创新与颠覆式增长。随着数字化经济的进步，那些基于平台运营的企业抓住了更多的增长和赢利机会。75% 的受访者认为下一代平台的引领者将不再是大型科技企业，而是产业内的实体企业和领军企业。近四分之三（74%）的受访企业正在使用或试用产业平台与数字化业务伙伴进行数据整合。云计算和移动技术的快速发展不仅为这类平台的使用降低了成本，消除了技术障碍，而且激发了新的市场格局，使得不同行业、不同国别的企业均可参与其中。简而言之，基于平台的生态系统就是新的赛场。

四是智慧企业：超大数据 + 智能系统 = 出色业务。先进的软件已能够帮助员工作出更快、更好的决策。然而随着大数据的迅速崛起，以及处理能力、数据

科学和认知技术的进步，软件智能已能支持机器作出更有依据的决策。80%的受访者都同意，这是一个软件智能的时代，应用软件和工具将越来越具备类人智能。而78%的受访者认为，软件很快就能够学习和适应不断变化的世界，并根据学到的经验作出决策。软件智能的最新成果将推动企业更高层级的进化与探索，并在整个企业中加速创新，从而将卓越运营和软件服务提升到新的高度。

五是员工再造：人与机器无间合作。数字化进程凸显了人与机器加强合作的必要性。多数受访企业（57%）正在利用数据可视化等相关技术，使业务部门的用户在不必求助IT专家的情况下便可自行完成某些任务。自然界面、可穿戴设备和智能机器的进步，为企业发挥技术力量、善用员工资源带来了新的机遇。但这也带来了新挑战，即如何妥善管理人机协作的团队。78%的受访高管认为，成功企业需要管理好员工和智能机器，确保两者顺畅合作。77%的受访者则判断，企业需要在未来三年内集中精力像培训员工一样培训机器（例如运用智能软件、算法和机器学习技术）。成功企业会意识到，人力资源与智能技术并肩协作才能带来收益，企业在重新规划员工队伍时，应将两者都视为关键部分。

第二十五章　2015年世界软件产业发展形势展望

一、整体发展形势展望

（一）产业规模保持平稳增长

近 3 年来，受金融危机后全球市场需求疲弱的影响，全球软件产业的年均增长率低于 5%。2014 年，随着全球经济逐渐复苏以及云计算、移动互联网、大数据等新兴业务的快速发展，全球软件产业发展回暖，实现产业规模约 15003 亿美元，同比增长 5%，高于 2012 年和 2013 年增长率，但仍低于 2011 年两位数的增长率。从企业发展情况看，全球 IT 支出的缓慢增长给企业营收和利润增长带来较大影响。2014 年，IBM 全年营收为 927.93 亿美元，比 2013 财年下滑 5.7%，净利润为 120.22 亿美元，比 2013 年同期下降 27%，业绩大幅下滑导致公司大面积裁员。赛门铁克实现营业收入为 66.8 亿美元，同比下降 3%，净利润达到 8.98 亿美元，同比增长了 19%。甲骨文实现收入 383 亿美元，同比增长仅 3%。

2015 年，软件产业的外部环境没有重大改善，全球经济增长仍缺乏稳定且较为脆弱，国际货币基金组织（简称 IMF）在最新的《世界经济展望报告》中再次下调全球经济增长预期，预计 2015 年和 2016 年全球经济增长率分别为 3.5% 和 3.7%。其中，美国经济出现较快的增长反弹，国内需求在政策支持下不断增长，预计 2015—2016 年美国增长率将超过 3%；欧元区受投资疲软、通胀下降因素影响经济复苏仍然缓慢，预计 2015 年和 2016 年的增长率分别为 1.2% 和 1.4%；日本经济在油价下跌和日元贬值的作用下将在未来两年提高到趋势水平以上；新兴经济体和发展中国家经济增长在 2015 年将稳定在 4.3% 左右，2016 年将提高到 4.7%。

外部经济不景气将直接削弱降低企业对软件和信息技术服务的市场需求。Gartner 预计，2015 年，企业软体市场支出将增长到 3,350 亿美元，较 2014 年增长 5.5%，IT 服务支出将增长到 9810 亿美元，同比增长 2.5%，低于 2014 年 0.2 个百分点。近年来，各国为促进经济增长采取各种行动（如加大基础设施投资、推进宽带网络建设等），并大力支持云计算、大数据等战略性新兴产业发展，将其为作为经济的新增长点。尽管如此，这些推动因素仍无法对冲外部需求疲弱给软件产业增长带来的压力。加上全球软件产业处于转型调整中，云计算、移动互联网、大数据等新兴业务短期内无法带来收入的快速增长，全球软件产业将延平稳增长的态势。按照 5% 的保守增长率估计，2015 年全球软件产业规模约为 15753 亿美元。

（二）软件服务化进程推动信息技术服务快速增长

随着经济全球化和信息产业转型调整步伐加快，"服务前台化、软件后台化"特征日益凸显，软件服务化趋势深入发展。在软件服务化推动下，产品和服务之间的关系发生了改变，传统以产品为核心、服务为附加价值的体系正在被以产品为基础、向用户提供长期定制服务、产品和服务进一步结合的模式所取代。软件产业的中心从产品转向服务，信息技术服务不断丰富和细化，逐渐形成独立业态，进而引领软件产业的发展。软件产业的竞争焦点由产品研发生产向服务提供转移，服务成为决定软件产业价值的重要因素。从产业结构演变看，软件产品的增长速度逐步放缓，信息服务市场以高于软件产品的速度增长。随着 IT 服务的成熟以及用户对服务的认识愈加深入，信息技术服务占软件产业整体的比重不断提升，美国、日本等成熟市场 IT 服务已占到 70%，新兴国家这一比例在快速上升。从产业组织看，硬件、软件、互联网和电信运营企业等纷纷加快服务化转型步伐，将其作为重要的发展战略。产业中以 IBM、HP、微软等为代表的传统 IT 巨头抓住产业服务化机遇，将业务重心由产品转向服务领域，将服务作为企业发展的核心动力，通过扩大在服务领域的投入，加强在服务领域的兼并重组，进一步开拓了服务市场。2014 年，IBM 重新调整发展战略，通过剥离 X86 服务器业务、加大云计算领域投资布局，将业务重心从硬件转移到高利润的云计算和大数据等高端服务，获得丰厚回报。

随着网络技术和软件开发技术的发展，研发周期过长、产品的可扩展性和自适应能力不强以及软件的整体架构、重复使用性和模块特殊性有待优化等阻碍因素将不断得到解决，软件服务化进程将不断加快。信息技术服务作为软件产业的核心，对产业的创新引领作用将更加突出。预计2015年信息技术服务在全球软件产业中的比重继续提升，达70%以上。

（三）云计算、移动互联网等新兴领域快速发展

以云计算、移动互联网、物联网、大数据等为代表的新兴领域创新活跃，发展迅猛，正成为推动产业变革的重要力量和拉动产业增长的新增长点。以云计算为例，其潜力不断释放，企业级应用不断普及，得到很多大型风险投资机构的亲睐。据Gartner预测，2015年，全球云计算服务市场规模达到1800亿美元，年增长率达18%。物联网则被称为是下一个万亿美元级的信息技术产业，Gartner预测，2015年市场规模将达到695亿美元，2020年市场规模将突破2630亿美元。移动商务、移动广告、应用内购物、应用即服务模式等因素成为移动互联网迅速增长的重要因素，预计2016全球移动互联网规模将达7000亿。

2015年，在政策、需求和产业资本的共同推动下，云计算、大数据等新兴领域将进入新一轮快速发展期。政策方面，各国围绕云计算、大数据等新领域密集出台了一系列政策。云计算领域，美国、英国、澳大利亚等政府积极推动云计算在政府领域的先行应用。大数据领域，美国继2012年3月推出《大数据的研究和发展计划》后，不断地出台各种相关政策、法规、行政命令等支持大数据发展，于2014年5月发布名为《大数据：抓住机遇，保存价值》的白皮书；欧盟通过《个人数据保护规定》，并将大数据技术列入欧盟未来新兴技术（FET）行动计划，加大技术研发创新资助力度。需求方面，随着云计算、大数据等新业务技术和商业模式的不断成熟，其发展从概念炒作阶段向实际应用转移，与金融、交通、医疗等传统领域加速融合渗透，成功案例相继在不同的领域中涌现。以云计算为例，云计算以政府机构的应用为突破点，在健康、教育、交通等民生领域和金融、保险、电信等行业领域应用不断推广。产业资本方面，移动互联网、云计算、大数据、人工智能等新领域仍将得到大型投资集团的青睐，获得丰富的资金支持，为这些领域的创新发展增加动力。预计2015年云计算等新兴领域将继续保持高速增长，成为产业发展的亮点和新增长点。

（四）软件在传统领域中应用更加深广

随着传统产业改造升级以及行业信息化发展步伐的加快，应用软件的市场需求空间不断扩大。而软件技术的突飞猛进尤其是云计算、移动互联网、大数据等新业务新模式迅速发展，软件加快向金融、零售、交通、医疗、教育等各个传统领域渗透，衍生出很多新业态。在此背景下，行业应用软件不断发展壮大，在软件产业中所占比重不断提高，并成为软件产业发展的重要驱动力。传统产业和软件产业发展是相互促进、共同发展的关系，传统产业改造将为应用软件的发展提供广阔的市场，行业应用软件为传统产业转型升级提供基础和动力。在金融、电信、电力、政府、医疗、能源等行业应用软件快速发展的同时，钢铁、石化、机械电器、建筑材料、医药化工、汽车等领域的应用软件将不断成熟，成为行业新竞争点。

以工业软件为核心的智能制造是软件在传统领域中最新应用。随着全球新一轮工业革命的到来，以工业软件为核心的智能制造日益成为制造业生产方式变革的重要方向，跨领域、协同化、网络化的创新平台正在重组制造业创新体系。以德国、美国、英国为代表的发达国家纷纷将智能制造上升为国家战略，加快部署，对高端制造业进行再调整、再布局，打造国家制造业竞争新优势。西门子、ABB等全球领先企业加大智能制造布局，抢占发展先机。如西门子等行业领先企业开始面向智能工厂的要素特征，整合相关的技术、产品和服务，并推出按行业定制的综合解决方案，引领生产调度和过程控制市场进入重视实施和深度定制的新发展阶段。在互联网、物联网、云计算、大数据等技术的强力支持下，智能制造将推动制造业的产业模式发生根本改变。在提升制造业竞争力的同时，智能制造将为信息技术产业带来新的巨大发展空间。

（五）软件大企业继续主导重要领域投资并购

在企业间业务体系竞争日益激烈、技术创新加快，尤其是云计算、大数据等新一代信息技术快速发展的推动下，软件行业投资并购仍处高峰期。微软、甲骨文、SAP、谷歌、IBM等软件大企业均开展较为频繁的大规模并购，刷新并购记录，并购方向聚集于云计算、大数据、人工智能等新兴领域以及智能制造、游戏等垂直行业应用领域。2014年，谷歌展开30多笔并购，全部集中在云计算、大数据、人工智能等新兴领域。云计算的爆发式增长引发投资集团的关注，云笔记应用开发商 Evernote 获 2000 万美元投资，SaaS 型数据分析公司 GoodData 获得 E 轮融资

2750 万美元。2015 年，云计算、大数据等新兴领域仍将保持高增长态势，市场竞争将更加激烈。实力雄厚的软件大企业将在移动互联网、云计算、大数据、物联网等新兴领域以及游戏等行业领域进一步加快并购步伐进行并购整合。在跨界融合的背景下，企业将再掀跨界并购热潮，以进入新领域、补足自身短板，并与自身的产品线、业务体系进行整合，增强市场竞争力。

（六）多因素驱动人工智能爆发式增长

人工智能是全球公认的尖端领域和创新前沿，有着超乎想象的广阔前景。由于涉及众多学科，创新难度大，故其既往进步并不明显，产业化应用更是困难。但随着近年来新技术、新模式的出现，应用空间的加速拓展以及各国的积极推动，人工智能发展不断涌现突破性成果，正逐渐趋近由量变到质变的奇点，人工智能产业已处于爆发性增长的前夜。

技术层面，以云计算为代表的新型计算技术、计算模式快速发展，使数据的存储、运算能力大幅提升，大数据、深度学习等技术进展显著，支撑实现了机器视觉和知觉、语音识别的进步，使"谷歌大脑"能够自主学习认知"猫"的概念并进行识别。应用层面，互联网、移动互联网和各种智能终端的普及不断拓展人工智能的应用空间。为满足人们方便快捷获取信息和完成日常任务的需求，音频搜索、图形搜索、视频搜索正在积极研制，Siri、小冰、小 I 等具有工作、生活辅助功能的智能语音助手应运而生；为满足人们提高家居生活质量的需求，具有扫地、擦窗等功能的智能机器人已经面世，空调、电饭煲、微波炉等智能家电产品不断推出。而自动驾驶汽车、可穿戴设备等新产品的出现，为人工智能的推广应用提供更为广大的舞台。政府和企业层面，全球主要发达国家、地区和企业均对人工智能给予了前所未有的重视，如美国和欧盟分别实施"大脑活动图谱项目（BRAIN）"和"人脑工程项目（HBP）"，意图强化对大脑工作机制的研究。谷歌、IBM、微软、Facebook、百度等龙头企业的巨大投入，以及人造大脑、自动驾驶汽车、语音助手、家庭服务机器人等项目和产品的研发，使人工智能在产业层面快速推进，逐渐进入到现实生活。

预计 2015 年，伴随新技术、新产品的进一步发展，人工智能的产业化步伐和应用推广速度将会加快，智能穿戴设备、智能家居产品将更加成熟，智能汽车、智能机器人等高端智能产品有望成为新的经济增长点。

（七）开源软件影响力不断提升

近年来，随着云计算、大数据等新兴信息技术的不断演进，开源软件基于其合作共享的开发模式受到软件企业和开源爱好者的普遍欢迎，社会各界对开源软件的关注度逐步提升，开源软件的影响力将持续增强。

从规模看，开源软件的整体规模持续增大。开源软件的规模提升主要来自三个方面。第一是企业基于其自身发展考虑，将其自有项目开源。2014年微软将其开发语言.Net框架开源，其主要目的就是通过开源来获得开发者支持，从而在云计算等领域扩展自身业务。第二是现有项目的分支将持续增多。2014年，Docker项目的火暴就引发了Docker相关项目的持续增长，截至2014年底在GitHub上与Docker紧密相关的开源项目已超过100个。三是新兴开源项目也将不断涌现，从而使开源项目整体规模不断增大。

从创新方面看，开源软件的蓬勃发展与新兴技术创新加速的同步是有着内在联系的。一方面，云计算、大数据等新兴信息技术的创新已无法由单个企业来主导实现，企业主要新技术创新存在技术能力不足和产品生态构建困难两个瓶颈，这就为开源模式的发展创造了广阔空间。另一方面，开源软件合作、开放、共同参与的开发模式使得通过开源的方式，软件可以得到快速迭代进步。在开源模式的驱动下，开源软件特别是云计算、大数据等新兴领域的开源软件将实现快速的迭代更新。

从应用角度看，开源软件的应用领域将持续扩大，开源软件已逐渐融入到全球各行各业的发展。如大多数的互联网也均基于开源Linux来构建其自身的技术体系。基于开源软件的商业价值提升具有较大能力，而红帽通过订阅式的商业模式实现了企业盈利，这就是一个成功商业模式创新案例。2015年，随着开源新兴技术的不断进步，各行业企业部署开源软件、开展应用创新的积极性将得到持续增强。

二、重点行业发展展望

（一）基础软件展望

操作系统领域：一是在桌面及智能手机操作系统领域，产业格局难以发生大的变化。由于微软和谷歌已在桌面及智能手机等领域建立了较为完善的生态，产业发展基础较为牢固，其自有市场很难受到其他企业的冲击，市场格局将保持稳定。二是在智能穿戴、车载操作系统、云操作系统等新兴领域，市场竞争将更加激烈。全球主要的操作系统及互联网企业都以认识到操作系统在产业发展中的核心地位，在新兴操作系统领域加紧布局，同时微软、谷歌利用其生态优势也在新兴领域加快发展。展望 2015 年，智能终端设备操作系统、云操作系统、车载操作系统等领域将呈现诸强争霸的态势，新的产业格局有望形成。

中间件领域：平台特征将进一步加强，云端发展持续提速。传统的中间件可以看作是建立了操作系统和应用软件之间的小平台，在云计算时代，平台系统正逐渐变大，走向云服务基础平台。2014 年起，传统中间件厂商均加大了对云服务的重视程序，加快其传统中间件产品的云端化。展望 2015 年，中间件的平台特征在主要厂商和开源力量的推动下将得以进一步凸显，中间件有望演变成为重要的云服务平台。

数据库领域：一是产品品牌将更加丰富，新型数据库有望持续保持高速发展。大数据技术正在颠覆传统的数据存储类型，云计算技术正在颠覆传统的数据存储模式，新兴信息技术成为推动数据库领域创新的核心力量。2015 年，用于处理复杂结构的数据库持续受到各方关注，继续保持高速发展。二是数据库即服务模式将更加成熟。2014 年，甲骨文、微软、IBM 等全球主要数据库企业均推出了其数据库即服务的云服务产品，数据库走向云端已成为广泛共识。展望 2015 年，数据库即服务的应用实践将更加丰富，应用模式将更加成熟，新型的云服务模式将实现快速普及。

办公软件领域：一是云办公的概念及应用将得到持续增强。微软 Office 365 的用户数目正保持快速增长态势，随着服务模式的不断成熟和应用实践的不断丰富，云办公系统的普及速度将得到进一步加快。同时，微软 Window 8 的市场份额正不断提升，基于云服务的 Windows 10 操作系统加速面世，云办公系统将受到更多用户的认可和使用。二是移动办公软件将持续保持快速发展态势。金山办公软件正大力推动其 WPS 移动版的应用推广，在 Google Play 排名中长期保持着商务软件类别的第一名。微软也加快在移动办公软件领域的市场布局，推出了基于 iPad 和 Android 平板的办公软件。2015 年，移动办公软件将成为各企业展开竞争的重点领域，产品的类型、用户的规模将持续保持高速增长态势。

（二）工业软件展望

产业规模方面，Gartner 预测，2015 年，企业级软件市场将稳步增长至 3350 亿美元，与 2014 年相比增长 5.5%，低于 2014 年 5.8% 的增长率，主要受全球经济发展持续低迷的拖累。

产业结构方面，ERP 和 CRM 在总产业市场中的占比仍会进一步提升，主要的增长更多来自于移动端，并将进一步带动其他企业移动应用快速增长，比如移动协作工具、移动安全应用等。

市场发展方面，更多企业软件和应用将采用混合云的部署方式，工业大数据将是年度应用发展的最大热点。工业制造业本身就是数据驱动型产业，但是传统情况下，数据分散在价值链的各环节。工业大数据理念和技术帮助企业把散落的数据充分整合，与企业所积累的应用知识融合之后形成新的业务驱动模型，可以产生显著的经济效益，并增强企业在研发、市场和服务方面的核心能力。工业云是工业大数据分析的载体，但在市场诚信、法制环境和风险共担机制均不完善的条件下，企业不愿意承担核心数据技术外泄的风险，因此自建大数据分析的工业云平台将是大多数企业的选择。但是私有云平台的部署和维护成本很高，对企业的应用和维护能力的要求也很高，所以多数企业，尤其是中小企业，有很强的动力采购一些与数据联系不太紧密，但也是企业运营所需要的公有云软件服务。因此混合云部署将是未来很长一段时间内，企业的主要应用部署方式。

技术发展方面，ERP 向平台化发展的趋势更加明显，企业安全技术将获得长足进步。越来越多的功能向 ERP 集成，包括客户关系管理的功能，而且伴随着大数据分析技术的集成。越来越多的研发设计工具向 PLM 集成，PLM 的功能向 MES 延伸。产品平台化带来数据的集成化，由此对数据和服务的安全可靠提出更高要求。软件安全对于企业的重要性，其优先级要高于软件的应用体验。如果软件系统漏洞、故障造成企业关键信息的泄露、停产甚至发生事故，带来的损失可能非常巨大。在强劲市场需求的推动下，企业级安全技术将获得长足发展。

投融资方面，投融资活动将更加活跃。由于全球经济发展进入新一轮调整期，大多数地区的市场较为低迷，全球工业软件企业的营收和利润在 2014 年都承受了明显的压力。但是从长远看，信息技术仍然代表了先进生产力发展的方向，而先进制造业也已经成为各国优先发展的产业领域，所以工业软件产业的发展前景仍被普遍看好。基于这样的认识，当前阶段就成为工业软件产业估值水平较低的投融资窗口期，可预见 2015 年该领域的投融资活动将更加活跃。企业投融资活动的重点将围绕差异化定位策略开展。当前技术更新的速度正不断加快，给企业的技术创新带来很强的紧迫感，通过并购手段快速获得新技术成为企业加快发展的主要手段。为了取得明显的技术领先优势，大型企业不得不放弃以往大而全的业务布局，向更加专业化的方向发展。在 2014 年这种趋势已经非常明显，IBM、GE、西门子、SAP 等综合业务集团几乎都在对重新进行差异化定位，并大刀阔斧的进行重组、并购和人员调整，2015 年的调整动作会更大。

（三）信息技术服务产业

全球经济弱势复苏，带动 IT 支出回暖。信息技术服务业在全球经济弱势复苏的环境下，仍将保持稳定增速。随着社会和各行业移动化、网络化、智能化需求不断加大，企业对信息资源的挖掘、利用和开发提出更多的要求，消费者对信息技术产品、数据资源的利用也有了多样化、个性化的需求，这将推动信息技术服务市场规模的持续增长。预计 2015 年，全球信息技术服务业将保持 3% 以上的稳定增长，位居信息产业增速前列。

数据分析、人工智能等技术融合发展。随着信息技术的快速发展，移动互联、大数据将得到更为广泛的应用。移动终端和云计算的普及率不断提升，信息技术服务满足不同场景下移动用户的多元化需要成为重点。物联网技术推动硬件与软件、内容与应用的高度融合，催生更多新兴服务模式。手机、传感器等终端集成将成为信息系统设计的一部分，深层次的嵌入式技术为用户创造无处不在的接触点，用户体验的重要性逐步凸显。在此形势下，2015 年，数据分析将获得快速发展。随着垂直领域软硬件、服务和数据资源加快整合，基于云与大数据的行业数据及服务平台有望快速增长，企业内外数据利用率将得到提升。

人工智能技术成为信息技术服务业创新发展的新兴动力。数据存储和计算能力的快速提升，带动智能算法不断成熟，引领人工智能走向新的阶段技术走向。智能算法的先进性有助于智能系统实现自我学习并做出反应，环境感知手段的多样化拓展智能技术的分支，加快人工智能技术产业化。智能产品的普及度将逐步提升，例如利用语音识别和自然语言理解技术的虚拟咨询服务、基于图像检索技术的新型检索方式。人工智能技术和智能信息处理在信息安全服务领域的应用也将成为重要发展方向，包括异常行为发现和检测、安全信誉、安全度量、网络安全态势感知等关键技术及标准的研究。

基于互联网的新型业态不断涌现。随着互联网加速从生活工具向生产要素转变，信息技术与传统产业的结合更加紧密，催生以互联网为基础的新型业态密集涌现。工业互联网、移动医疗、智慧交通等新业态发展快速，这些领域的数据处理平台建设和信息服务平台建设对系统集成服务、数据处理和运营服务等信息技术服务需求更为强劲。2015年，信息技术服务发展空间持续扩大，不断向与行业更深交融、更广交互、更宽渗透的方向发展。

信息安全服务成为产业新增长点。随着个人信息消费领域安全问题日趋复杂，以及面向云计算、移动互联网等新兴领域安全需求不断提升和安全应用不断深化，2015年，伴随着移动互联网的蓬勃发展，与信息安全产品相关的专业安全服务也将继续保持快速增长。以移动支付、信息安全数据分析等代表的面向个人信息消费领域的安全服务将不断涌现，并随着应用不断成熟，成为信息技术服务市场新的增长点。

（四）嵌入式软件展望

产业规模方面，随着移动通信领域、移动互联网领域、消费电子领域、新型工业控制领域、汽车电子领域、医疗电子领域、物联网领域等对嵌入式软件的要求不断提高和需求的不断扩大，2015年全球嵌入式软件产业仍将保持持续快速发展的良好势头，全年的嵌入式软件产业规模有望突破5000亿美元。

产业结构方面，移动通信终端三大操作系统份额排序不会发生大的变化，但是微软发布的windows 10致力于打造全平台的统一应用体验并采取全免费策略，有望带动其市场份额的提升，Android市场占有率相应有所下降，iOS市场占有率保持稳定。工业控制领域现有市场结构格局继续保持稳定，风河公司遥遥领先。

市场发展方面，嵌入式软件与网络技术和人工智能技术进一步融合发展，新的智能设备成为新的应用市场，比如智能家居、智能网联汽车、可穿戴设备、智能制造装备等。以智能网联汽车为例，随着汽车的电动化、网络化、智能化发展，电子系统及其软件在汽车中的重要性越来越大，2014年的中高端汽车中，汽车电子占整车成本已超过30%，装备有50—100个ECU（电控单元），20000万行左右的源代码，代码量与空客A380客机相当。麦肯锡报告称传统汽车硬件占90%，软件占10%；而未来智能网联汽车以信息环境互联、智能控制和人机交互为主要特征，硬件价值占 40%，软件价值占 40%，内容价值占 20%，汽车 90%的创新将由汽车电子来支撑，其中 80% 取决于软件。

技术发展方面，平台化嵌入式软件系统解决方案将不断丰富，在图形支持、媒体支持、专用领域中间件、面向具体行业的集成应用等方面发展迅速，嵌入式虚拟化系统等新型体系结构设计成为发展热点。

企业发展方面，风河等领先企业一方面提升产品性能，另一方面探索与合作伙伴共同针对具体行业开发专业解决方案，其市场领先地位将进一步巩固。

（五）云计算展望

数据中心架构技术不断创新。随着数据中心数量不断增多，规模不断变大，围绕数据中心建设的相关技术将不断突破和优化。能耗管理等节能减排技术、服务器定制设计技术、数据中心高温化技术、模块化数据中心技术有望取得新的成果。

混合云将成为云服务业态的重要方向。混合云将成为大型企业普遍采用的云架构，有望在未来两年内成为企业的标准配置。混合云模式可以将公有云和私有云的优点融于一体。对安全性要求不高的内容可以放置在公有云中，以充分利用其配置简便和成本相对低廉的优势；而重要的业务流程和数据则可以保存在私有云环境中，在确保较高安全性的同时，还可以享受到云技术的部分优势，例如增减容方便易行以及程序标准化。众多大型企业需要私有云和公有云对接，在私有云和公有云之间自由切换，对混合云架构产生巨大需求，Gartner 的报告也显示了这样的趋势。

移动云技术快速发展。移动云技术是指把虚拟化技术应用于手机和平板，适用于移动 3G 设备终端（平板或手机）使用企业应用系统资源，是云计算移动虚拟化中非常重要的一部分。随着移动互联网和云计算的加速融合，移动云服务将快速普及，移动云相关技术也在引起各企业的重视。2015 年，能够把互联网上所有的终端，服务器统一在一个安全可控的统一架构下来运作，从而解决第三方开发者开发、运营、推广和变现方面难题的移动云技术将取得大量进展。

企业级的移动云应用将持续升温。企业物理边界的逐渐模糊及移动互联网使用的普及，使得移动办公的需求越来越迫切。移动云服务把移动应用连接到云后台，能够对移动用户的需求做出灵活的反应，还能减少把通讯连接到企业数据库的工作量和风险。越来越多的企业表示将在 Saas 层面增加预算投入，而移动云办公领域将成为优先考虑的项目之一。

容器技术进一步融入云平台架构。由于容器技术可以灵活地封装软件，使软件应用通过网络自由传播，而不受终端环境的控制，符合云计算提倡的应用模式，正受到云计算企业的广泛青睐。其中，开源容器项目 Docker 成为人们关注的焦点。2014 年，Docker 已成为仅次于 OpenStack 的全球开源项目。包括 IBM、红帽、亚马逊在内的各大公司均加大了对 Docker 的研究和部署。未来几年，容器技术将拥有更多企业支持者。

（六）大数据展望

2015 年，大数据总体加速发展趋势不变。Wikibon 预计 2015—2017 年全球大数据的市场规模分别可达到 383 亿美元、452 亿美元和 500 亿美元，自 2011 年开始年复合增长率为 27%。

开源正成为技术创新主要模式。经过多年来的高速发展，与大数据相关的数据采集、存储、分析、可视化等多个基础性技术领域已经取得较大的突破，形成了实用性强、稳定度高的技术能力，大数据整体技术体系已初步构建完成，未来大数据技术的发展方向将主要集中在非结构化数据的价值提取方面。从大数据技术的发展历程上可以看出，大数据核心技术如分布式存储、云端分布式及网格计算均是依赖于开源模式，即通过开放式的平台，吸引全球开发者通过开源社区来进行代码的开发、维护和完善，从而集全球智慧推动大数据技术的不断进步，当前全球各大企业加大了对开源社区的赞助和智力投入，开源社区在大数据技术进步中将占据核心地位，开源模式将成为大数据技术创新的主要途径。同时，大数据的技术发展与物联网、云计算、人工智能等新技术领域的联系将更加紧密，物联网的发展将极大提高数据的获取能力，云计算与人工智能将深刻地融入数据分析体系，开源模式在新技术的发展中举足轻重。

大数据聚集资源能力更加明显。大数据技术已经在商贸、交通、城市管理等多个领域中得到了应用，各产业领域未来的发展方向几乎都能和大数据挂钩，社会各界对大数据的未来充满信心，大数据产业正成为社会各类资源的聚集地。随着大数据产业的不断成熟，其对社会资源的吸引力将进一步加大。各国政府均将发展大数据作为推动信息技术产业发展的重心，大数据成为"政策资源"的聚集地。美国、欧盟、日本、韩国等发达国家及地区均将发展大数据作为重要的国家战略，印度、俄罗斯等国家更是将发展大数据产业看作经济赶超的黄金机遇。中小微企业和创业者对大数据热情高涨，大数据成为"智力资源"的聚集地。大数据产业是典型的知识密集型服务业，智力是大数据产业发展的推动力。当前，越来越多的中小微企业和创业者投身于大数据产业，力图依赖新兴技术获取快速发展。社会各界加大了对大数据的投资，大数据成为"金融资源"的聚集地。近年来，全球各大企业对大数据的投入不断提升，不仅设立自己的大数据研发和应用中心，还通过并购等方式加大对大数据产业的布局。大数据创业企业也吸引着更多的市场关注，更容易获取到投资机构的资金支持。

数据和应用将成为驱动创新的主动力。当前，大数据的技术体系逐步完善，大数据技术的开源模式有效地降低了产业技术的壁垒，基础技术在大数据创新中的作用依然存在，但其重要性将逐步降低，大数据创新将更多地依赖于数据驱动和应用驱动。数据驱动创新源于大数据的基础技术体系。在大数据技术体系中，数据的采集是一切的基础，而数据存储、分析、可视化均与数据模式紧密相关，传统的结构化数据将不再成为大数据中重点关注的内容，而大量存在的非结构化数据和半结构化数据带来的技术和应用领域是大数据的蓝海。多样类型的数据分析、复杂的数据组合、多源的数据融合等问题将成为大数据创新的重要聚焦点。应用驱动创新源于大数据的价值释放机制。大数据应用的基础是数据的采集、存储等环节，而大数据的市场价值主要体现在对海量数据的分析和可视化。在不同行业中，大数据应用需求也不尽相同，数据的分析手段、可视化方式均有所区别，因此符合实际应用需求的价值获取将是未来大数据关注的重点，应用将驱动大数据解决方案提供商采取不同的数据源，使用不同的数据分析方法，进而推动产业创新。

商业模式伴随连接层次的加深不断创新。在大数据技术体系中，数据是各方连接的中心，而核心价值也是在不同的连接中体现的，大数据的商业模式将根据连接方式的不断拓展而持续创新。大数据中初级的连接方式是数据源和中心的连接，从而带来了数据托管和数据交易商业模式。数据托管是当前最为成熟、最为普遍的大数据商业模式，本质是发挥规模效应从而降低数据信息的存储和查询成本。数据交易平台促进了大数据链的上下游整合和横向的多种产业整合，当前如亚马逊、微软等企业均建立了大数据的数据商店。大数据中中级的连接方式是数据和价值的连接，数据关系挖掘和沉淀价值利用的商业模式应运而生。关系挖掘是当前主流的大数据商业模式，是数据科学的主要应用方式，通过数据发现隐藏的相关性，从而实现商业指导、精准服务、决策服务。沉淀价值利用是将传统无意义或垃圾数据进行利用，从而得出有价值的结论，是大数据技术能力的重要体现。大数据中高级的连接方式是需求和供给的连接，其商业模式如数据社交O2O。在这种模式中，数据成为连接网络各个节点的中介，个体作为网络节点可以通过数据相连，而大数据可以促进网络中个体间的交流，从而有效地降低需求和供给之间的连接成本。

市场格局将呈现多层多样竞争态势。大数据正处在快速发展期，市场上呈现出各类企业竞相参与共同发展的态势。随着大数据的不断成熟，市场格局也将随之变化，呈现出截然不同的态势。在数据采集领域，互联网企业根据自身的优势展开激烈的竞争。大数据数据源主要来源于三个方向：互联网数据、政府数据和企业数据，由于后两类数据的采集主体一般不变，市场相对稳定，而对于互联网数据，全球各大互联网企业已经认识到数据的价值所在，将在数据获取入口等方面展开激烈的竞争，小型企业在该领域很难有所作为。如我国百度、腾讯、阿里分别重点掌握着搜索、社交和电商数据。在数据存储和交易领域，市场将呈现平台化发展趋势，大型企业将占据一定的优势。未来，随着云端数据中心的不断推进和企业存储能力的开放，数据存储将会更趋于集中，大型数据平台将应运而生。在该领域，传统大型IT企业和大型互联网企业将依靠其技术能力和数据资源，占据绝大多数的市场份额。在数据分析和可视化等领域，市场将呈现多样化、定制化发展趋势，各类企业特别是中小企业将成为市场的主力。一方面，大数据技术的开源特征和企业级计算能力的开放使得大数据分析的技术门槛逐步降低；另一方面，应用需求的多样化使得定制化服务成为主流，小型企业能够获得更多的市场发展空间。当前，很多的大数据创业企业均聚焦在该领域，提供各类多样化、定制化的服务方案。

数据安全保障能力得到提升。更加健全的数据分级制度为数据开放提供保障。当前大数据应用主要集中在互联网领域和政府治理两个方面。对于互联网数据，其中包含着大量的个人用户数据，个人隐私的保护不仅关系到个人的财产安全，还关系到社会的诚信建立和歧视消除，关系到大数据未来的健康发展。对于政府数据，其中包含着事关国家发展的数据，其可能对国家安全产生影响。数据开放已成为各界共识，健全的数据分级制度将在政府和产业界的共同努力下得以实现。更加完善的技术审查制度为技术开放带来支撑。大数据技术的开源性是技术开放的核心体现，其具有两方面作用：一是降低了企业进入大数据领域的技术门槛，使得大数据领域充满活力，促进产业的快速发展；另一方面也为不法分子提供了获取不当利益的技术手段，如通过大数据技术定向获取个人隐私，这将极大地危害整个产业发展，可能促使技术能力逐渐转为封闭。为了保证产业的快速健康发展，更加完善的技术能力提供和审查机制将是政府和产业界的工作重点，从而进一步完善整个产业生态。

（七）信息安全展望

在产业规模方面，随着移动支付、物联网技术、大数据安全、云安全等信息技术的快速发展和演进，为全球信息安全市场带来了十分旺盛的市场需求。预计2015 年全球信息安全市场规模将突破 1100 亿美元，未来 5 年，全球信息安全市场规模仍将保持 10% 以上的年均复合增长率。

在产业结构方面，伴随着移动互联网的蓬勃发展，面向移动智能终端与数字内容的安全产品将迎来增长的热潮；同时，与信息安全产品相关的专业安全服务也将继续保持快速增长。

在市场结构方面，随着个人信息消费领域安全问题日趋复杂，以及云计算、移动互联网等新兴领域安全需求不断提升和安全应用的不断深化，2015 年，以基于生物识别的身份认证、移动支付、智能穿戴等代表的面向个人信息消费领域的安全产品和服务将不断涌现，并随着应用的深化不断成熟，将成为全球信息安全市场新的增长点。

在技术创新方面，一是安全智能化将成为技术创新的重要方向。当前智能化技术已经在物联网、移动智能终端、车载信息服务等领域得到了一定的应用，但与网络安全技术和产品的融合还处于起步阶段。传统的依赖于边界防御的静态安全控制措施将逐渐被基于大数据分析的高级、智能安全手段所取代。信息安全未来的重点将转向智能驱动的信息安全模型，能够感知风险，基于上下文背景以及灵活的并能抵御未知高级网络威胁的模型。2015 年，将重点关注智能信息处理及人工智能技术在信息安全领域的应用，包括异常行为发现和检测、安全信誉、安全度量、网络安全态势感知等关键技术及标准的研究。同时，安全智能化也将为改进信息集成和协同、风险和业务决策提供助力。二是信息安全测评技术创新将更趋细化和专业化。传统安全技术测评专注于物理安全、网络安全、主机安全、应用安全和数据安全,针对不同的信息系统所采用的测评技术大同小异。2015年,随着云计算、移动互联网、物联网等技术的兴起,传统安全测评技术将要发生改变。云计算使得网络和主机虚拟化,安全测评趋向扁平化,云计算中心建设使得传统物理安全测评独立化和规模化;移动互联网使得针对移动操作系统、移动应用的安全测评需要重新研究,需要重新建立针对移动互联网测评体系、研制新的测评工具;物联网涉及众多行业和领域,广域范围的海量数据信息处理和业务控制策略是其安全性最大挑战,针对这种特定安全需求的安全测试需要有专门的评价体系和测评方法。三是安全网关将迈入创新变革发展的新阶段。伴随着信息安全攻防技术和模式的发展,安全网关也将进入新的发展阶段。新一代的安全网关将采用状态检测、智能协议识别和智能内容识别等核心技术来加强对安全威胁的全面检测,同时也将融合应用层复杂的防护技术对网络进行全方位防护。此外,2015年,网关安全产品将和终端产品深度融合,形成更加有效的立体化防御体系,对网络边界实现统一管理,对整个网络边界实现统一的访问控制策略,并进行统一配置和监控。

在企业发展方面,一是技术创新将成为企业发展的源动力。信息安全产业具有技术性和专业性极强的特点,信息安全的本质就是攻击和防御的问题,终究遵循的是"魔高一尺道高一丈"的发展模式。因此,这就注定信息安全是必须依赖于最先进的技术和产品来实现可持续发展,落后于网络攻击技术的安全防护技术和产品对于被保护的网络而言,可谓形同虚设。这就使得信息安全技术和产品的创新能力成为企业做大做强的重要基石。二是企业将逐步实施"走出去"战略。网络安全技术是不分国界的,网络攻击和网络安全防护也具有全球性的特点。对于当前国内信息安全龙头企业而言,单纯依赖国内市场是远远不够的,伴随着自身技术和产品竞争力的进一步提升,必须"走出去",在全球信息安全市场的大舞台与国外产品进行直接竞争,才是国内企业做大做强的必经之路。

在投融资方面,一是信息安全市场竞争加剧将加速行业整合。随着国内信息化建设的深入和信息安全需求的不断提升,信息安全领域的竞争将不断加剧,行业整合快速推进。2015年,具有核心关键技术、产品和较强服务能力支撑的信息安全骨干企业,以及具有较强集成能力的系统集成商、平台服务商等大型信息技术服务企业，都将继续利用自身的优势地位加大并购重组的力度，以实现人才、技术、市场等资源的整合，进一步提升企业核心竞争力。二是信息安全基础设施的投资力度将进一步加大。从全球信息安全投资情况来看，美国信息安全投资占IT总投资占比约为10%左右，而我国这一比例不到2%。2015年，随着信息安全产业上升到国家安全战略层面，我国信息安全的潜在需求将快速得到释放，国家将会加大对自主信息安全产品的采购力度，在国防、金融、电信、能源等行业信息安全基础设施和体系建设方面的投资也将不断加大，进一步提升IT基础设施防御能力。

后 记

　　《2014—2015 世界软件产业发展蓝皮书》由赛迪智库软件与信息服务业研究所编撰完成，力求为中央及各级地方政府、相关企业及研究人员把握产业发展脉络、研判软件和信息技术服务业前沿趋势提供参考。

　　本书由王鹏担任主编，安晖为副主编。全书共计约 15 万字，主要分为综合篇、行业篇、区域篇、企业篇和展望篇五个部分，各篇章撰写人员如下：

　　综合篇：安晖、吕海霞、韩健、陈光、周大铭、蒲松涛、杨婉云；行业篇：蒲松涛、安琳、杨婉云、陈光、周大铭、韩健；区域篇：韩健、陈光、周大铭、蒲松涛、杨婉云；企业篇：蒲松涛、安琳、杨婉云、陈光、周大铭、韩健；展望篇：安晖、吕海霞、蒲松涛、安琳、杨婉云、陈光、周大铭、韩健。在研究和编写过程中，本书得到了工业和信息化部软件服务业司领导以及行业协会等专家的大力支持和指导，在此一并表示诚挚的感谢。

　　本书虽经过研究人员和专家的严谨思考和不懈努力，但由于能力和水平所限，疏漏和不足之处在所难免，敬请广大读者和专家批评指正。同时，希望本书的出版，能为我国软件服务业管理工作和软件服务相关产业的健康发展提供有力支撑。

赛迪智库

面向政府　服务决策

研究，还是研究
　　才使我们见微知著

信息化研究中心	工业化研究中心	规划研究所
电子信息产业研究所	工业经济研究所	产业政策研究所
软件与信息服务业研究所	工业科技研究所	财经研究所
信息安全研究所	装备工业研究所	中小企业研究所
无线电管理研究所	消费品工业研究所	政策法规研究所
互联网研究所	原材料工业研究所	世界工业研究所
军民结合研究所	工业节能与环保研究所	工业安全生产研究所

编 辑 部：赛迪工业和信息化研究院
通讯地址：北京市海淀区万寿路27号电子大厦4层
邮政编码：100846
联 系 人：刘颖　董凯
联系电话：010-68200552 13701304215
　　　　　010-68207922 18701325686
传　　真：010-68200534
网　　址：www.ccidthinktank.com
电子邮件：liuying@ccidthinktank.com

面向政府　服务决策

思想，还是思想
才使我们与众不同

《赛迪专报》	《两化融合研究》	《装备工业研究》
《赛迪译丛》	《互联网研究》	《消费品工业研究》
《赛迪智库·软科学》	《信息安全研究》	《工业节能与环保研究》
《赛迪智库·国际观察》	《电子信息产业研究》	《工业安全生产研究》
《赛迪智库·前瞻》	《软件与信息服务研究》	《产业政策研究》
《赛迪智库·视点》	《工业和信息化研究》	《中小企业研究》
《赛迪智库·动向》	《工业经济研究》	《无线电管理研究》
《赛迪智库·案例》	《工业科技研究》	《财经研究》
《赛迪智库·数据》	《世界工业研究》	《政策法规研究》
《智说新论》	《原材料工业研究》	《军民结合研究》
《书说新语》		

编 辑 部：赛迪工业和信息化研究院
通讯地址：北京市海淀区万寿路27号电子大厦4层
邮政编码：100846
联 系 人：刘颖　董凯
联系电话：010-68200552　13701304215
　　　　　010-68207922　18701325686
传　　真：010-68200534
网　　址：www.ccidthinktank.com
电子邮件：liuying@ccidthinktank.com